"外交风云亲历记"丛书
首发暨向青年同志赠书仪式

主办：外交部机关党委（国外局）
　　　外交部离退休干部局
协办：外交部老干部笔会
　　　中宣部五洲传播出版社

2019年4月25日

外交风云
亲历记

出使友邻十三载

周 刚 邓俊秉 著

五洲传播出版社

图书在版编目（CIP）数据

出使友邻十三载 / 周刚，邓俊秉著. —— 北京：五洲传播出版社，2019.3（2020.9重印）
（"外交风云亲历记"丛书）
ISBN 978-7-5085-3844-0

Ⅰ.①出… Ⅱ.①周… ②邓… Ⅲ.①周刚 – 回忆录 ②邓俊秉 – 回忆录 Ⅳ.①K827=7

中国版本图书馆CIP数据核字(2019)第040700号

"外交风云亲历记"丛书

出使友邻十三载

著　　者：周　刚　邓俊秉
出 版 人：荆孝敏
责任编辑：高　磊
助理编辑：高倩倩
装帧设计：丰饶视觉
出版发行：五洲传播出版社
地　　址：北京市海淀区北三环中路31号生产力大楼B座6层
邮　　编：100088
发行电话：010-82005927，010-82007837
网　　址：http://www.cicc.org.cn，http://www.thatsbooks.com
印　　刷：中煤（北京）印务有限公司
开　　本：787x1092mm 1/16
印　　张：18.5
字　　数：230千
版　　次：2020年9月第1版第2次印刷
书　　号：ISBN 978-7-5085-3844-0
定　　价：36.00元

总　序

国际形势瞬息万变，外交工作错综复杂，做一名合格的外交官不容易。有人说外交官是用特殊材料历经千锤百炼才能造成，不无道理。

外交官最重要的是忠于祖国、忠于人民、不辱使命。如果说一个发展中的社会主义国家中国的外交干部与别国外交官有什么不同，那就是更要实事求是、联系实际、平等待人、勤奋好学、与时俱进，践行习近平新时代先进外交理念，以中国人民和世界人民的利益为中心，为维护和平和共同发展多做实事。

在任驻美大使的近三年里，最难处理的问题莫过于以美国为首的北约轰炸我驻南斯拉夫使馆并野蛮炸死我三位年轻记者，为让美方进行道歉、赔偿，我同美国人展开了一场又一场的较量；最劳心费力的莫过于台湾问题，台湾是中国领土完整不可分割的一部分，而美称霸世界，频频干涉我内政，有一回我馆上上下下为涉台问题向美方严正交涉达十多次。

外交部老干部笔会与中宣部五洲传播出版社联合编辑的"外交风云亲历记"丛书，就是讲外交官如何炼成的故事。老一代和上上一代外交官，都是在伟大的中国共产党和革命老前辈的言传身教下和建国初期的艰苦岁月里成长起来的。该丛书作者马振岗大使等九位资深外交官都听党的话，勤奋学习，谦虚谨慎，广交各国朋友，都令我敬佩。他们从不同角度生动记录新中国外交的点点滴滴，其中有他们自身成长的苦乐经历和不忘初心、牢记使命的人生感悟，也有各种典型的外交案例、感人的友好故事以及别具一格的异域风情。这些珍贵的回忆融思想性、知识性和趣味性于一体，对存史、资政、育人具有重要的价值，青年一代更会从中受益。

党的十八大以来，在以习近平同志为核心的党中央直接领导下，面对国际形势风云变幻，我国对外工作攻坚克难、砥砺前行，开创性推进中国特色大国外交，取得了举世瞩目的历史性成就。外交部老干部笔会秉承"书写多彩世界，服务和平发展"的宗旨，先后出版发行

300多部专著以及"我们和你们"丛书等十几套丛书，共约9000多万字，获得多方好评。老外交官们虽已离开外交第一线，但笔耕不辍，奉献外交的热情依旧，为新一代外交人员树立了榜样。相信他们将继续发挥自己的独特经验优势，继续为我国外交大业和人类命运共同体的构建增添正能量。

2018年10月1日于北京东交民巷

目录

序　言

退休之后，一些老同事和媒体的朋友劝我把出使马来西亚、巴基斯坦、印度尼西亚和印度的亲历故事写出来。很长时间内我未敢接受他们的好意。首先，我觉得自己没有经历什么惊心动魄的斗争，没有扣人心弦的故事，做的只是正常的工作，读者对之不会有多大兴趣。其次，我虽然长期从事外交工作，写过不少请示报告、讲话稿、声明、照会和调研成品，但外交文书和回忆录的写作文风不同，本人对后者并不熟悉。还有，退休后我被一些研究机构和社会团体返聘，经常有些事情，难以静下心来写书。

近几年来，国人日益关心国际形势和我国的对外关系。不少老外交官写了回忆录，增加了读者对我国外交政策和对外工作的了解。朋友们多次请我把出使南亚和东南亚四国的亲身经历写出来。我考虑再三，接受了他们的盛情。

我这一生同外交结下不解之缘。在大学里，我学的是外交专业。毕业之后加入中国外交部。在四十年的外交生涯中，有一半是在我国驻邻国的使馆度过的。退休16年来，又从事民间外交工作。对我来说，外交事业是我的一切，是我最大的追求，终生的乐趣。把我在外交第一线亲身经历的事情、亲自接触的各国各界人士的故事记下来，是我的一大心愿。希望我和我的夫人邓俊秉在书中介绍的亲为、亲见、亲闻能对亲爱的读者近距离了解中国驻外国大使馆和中国外交官的工作和生活，有更真切的了解。

觥筹交错，只是工作的一种方式。西装革履，只是工作的需要。驻外使领馆是外交工作前线。使馆内机构的设置，从大使到随员各级外交官和职员，办公室、政治处、领事部、经商处、文化处、科技处、教育处、武官处等职能部门，像一个小"联合国"。大使馆的主要任务是在外交部的领导下，执行我国的外交政策，开展对驻在国的工作，发展双方的友好合作关系，为我国的改革开放、社会主义现代化和建设小康社会服务，维护我国的主权、安全和发展利益。报效国家，服务人民，是外交人员的天职。大使馆作为国家的外交代表机构，大使作为国家和政府的代表，无疑任务是光荣的，但也是艰巨的。外交工作的复杂有时出乎人们的想象。工作和生活的艰辛，一般人很难理解。外交人员长期居住国外，抛亲别友，思乡之情时时萦绕在心头，夜深人静时只有窗前的明月分担他们的思念之苦。

我想完成本书的一个初衷是把它献给我亲爱的祖国和人民。在远离祖国的天涯海角工作，无时不感到日益繁荣昌盛的祖国是我们坚强的后盾，亿万同胞对我们的关心和期望。中国外交官感到骄傲的是，他们代表的是一个屹立在世界东方的新中国，一个不断发展强大并且越来越为世界各国关注和重视的社会主义中国。正在崛起的中国使她的外交使节受到外国同事的尊重。

我要借写这本书向十三年中同我在使馆一起工作的各部门的同志表示衷心的感谢，他们给予我宝贵的支持和合作。中国大使馆是一个有共同理想、共同奋斗目标、同甘共苦的战斗集体。团结、友爱、合作是使馆能够不辱使命、完成祖国和人民重托的保障。

最后，我要把这本书献给邓俊秉教授。她不仅是我相依为命五十余载的伴侣，而且为了祖国的外交事业放弃了自己的专业，半路改行，在长达十三年中甘当扶助"红花"的"绿叶"。现在，她又同我一起完成了本书，把它献给读者。

周　刚

马来西亚篇

周　刚

1. 候任大使

1988 年 8 月 27 日，我和邓俊秉离开北京，取道曼谷，于 29 日抵达马来西亚首都吉隆坡。马来西亚外交部礼宾司司长助理、中国驻马来西亚大使馆临时代办龚沪生夫妇和使馆高级外交官到机场迎接我们。欢迎的人群中有巴基斯坦驻马来西亚高级专员（大使），这反映了他对中国的友好，以及中巴两国关系的密切。

第二天星期六及随后的星期日，我们没有休息，而是立即同龚代办和办公室、研究室主任等同志见面，听取他们介绍马来西亚外交部关于大使递交国书的规定，以及使馆的有关准备工作。

国书是一个国家派遣和召回大使时，由派遣国元首致接受国元首的正式文本，其中表示任命某人为派遣国驻接受国特命全权大使，同时召回现任驻该国大使某人。国书由派遣国元首签署，外交部长附署。国书正本由新任大使亲自递交驻在国元首，国书副本由大使在此之前交给接受国外长部礼宾司长或副司长。

新任大使到任后，在递交国书前，是候任大使，只有向驻在国元首递交国书正本后，才能正式履行大使职务。候任的时间有长有短，短则不到一天，长则多达数月。

9 月 1 日，我由龚代办陪同，拜会马来西亚外交部礼宾司长卡利姆，商谈递交国书事宜。我首先交了国书副本。卡利姆对我到任表示欢迎。他说，大使在向马来西亚最高元首递交国书正本前，可以先拜会外交部官员，是否拜会外交使团自己决定。递交国书后，马外交部再安排我拜会马政府有关部长。当日，马方还安排我先后拜会了主管中国事务的襄理秘书黄柏海和外交部副秘书长马吉德。马吉德表示，以后有事可来找他，双方多交换意见。后来在我近三年的任期中，马吉德是我常会见的外交部高官。他为人坦率、平易，不打官腔，对发展中马关系态度务实、积极，对我的工作多有帮助。

从外交部返回使馆后，我请使馆办公室按照马外交部关于候任大使礼节性拜会的规定，尽可能多安排一些拜会，主要是马来西亚政府部门主管官员，同中国大使馆打交道比较多的马来西亚职能部门负责人和社会友好人士，以及友好国家驻马来西亚的使节（大使或高级专员）。高级专员是英联邦成员国派驻另一成员国的最高级外交代表，其地位和职能同其他国家间派驻的大使是一样的。我之所以急于安排这些礼节性拜会，是想尽快尽多地结识一些官员和朋友，以便在递交国书后早点开展工作。

中马于 1974 年 5 月 31 日建立外交关系。在我上任时，中马关系已经历了 14 个春秋。由于双方的努力，中马双边关系已有一定发展。我的前任王幼平大使、叶成章大使、陈抗大使和胡岗大使及使馆的同志们为发展中马关系做了巨大的努力。但是，中马关系的发展还面临很多困难，不少深层次的问题有待解决，如华人和华侨问题、南海争端以及马来西亚同中国台湾的关系等问题。总的说来，双方的高层往来不多，各领域的交往和合作处于起步阶段，民间往来困难重重，双方缺乏政治互信。如何进一步增加交往、扩大合作、增进互信和逐步解决两国关系中的历史遗留问题，对我来说是十分艰巨的任务和巨大的挑战。这就是为什么我有一种强烈的"只争朝夕"的使命感。

随后几天，我拜会了外交部规划司长哈希姆·泰布、副秘书长哈龙。8 月 6 日，我拜会了马来西亚外交部长阿布·哈桑。可以看出，马方对我的上任拜会安排是及时的、友好的。我在正式递交国书之前已同马来西亚外交部的高官建立了正常的工作关系。

接下来，我马不停蹄地拜会了马来西亚贸易和工业部秘书长萨尔吉·阿卜杜勒、副部长郭伟杰、农业部副部长李裕隆等。他们是我以后经常打交道的有关部负责人。为了工作开展的方便，我拜会了马工商联合会主席、全国投资委员会主席、橡胶执照局主席、制造商协会主席、国际战略问题研究所所长，以及社会友好人士萨丽哈。萨丽哈

女士是马来西亚著名的社会活动家，是马来西亚总理马哈蒂尔夫人的姐姐。她为人热情友好，乐于助人，在马来西亚有"嘎嘎"（大姐）之称。

在这期间，我还拜会了外交使团长和不少友好国家驻马来西亚的大使。

在开展上任拜会活动的同时，我同中国大使馆各职能室、处的同志见面，了解使馆各部门的工作情况，并处理日常业务。毫无疑问，当时我和使馆领导最关心的一件事是我何时向马来西亚最高元首递交国书。这不仅因为只有递交了国书，我才能作为中国大使全面开展对外工作，而且因为我馆面临着很快就要举行国庆招待会。一般来说，邀请马政府官员、驻马使团以及马来西亚各界友好人士出席使馆招待会的请柬需要提前半个月左右发出。随着"十一"越来越靠近，使馆多次向马外交部了解何时安排我递交国书，并向马方说明这涉及是否以我的名义印制和发送请柬的问题。在马外交部迟迟不能做出答复的情况下，我的夫人邓俊秉想到了上面提到的马来西亚大姐萨丽哈。在这个重要时刻，这位大姐伸出了友谊之手。在后面的章节中，邓俊秉有专门的叙述，这里不再累述。

9月14日，马来西亚外交部秘书长尤素夫·希塔姆约见我，商谈递交国书事宜。希塔姆通知我，马来西亚最高元首将于9月16日接受我递交国书。会见时，秘书长和我还就中马关系交换了意见。

在此之前，马外交部礼宾司已向我介绍了递交国书的程序，并提供了程序册。使馆同志也同我谈过有关注意事项，还特别提到某国新任驻马大使递交国书时不慎掉了鞋子的趣闻。原来，按马方礼仪，大使在递交国书之后向最高元首告辞时，不能立即转身背向最高元首而行，必须在握手告别后，后退至大厅出口的门槛前才能转身跨过门槛出厅。这位大使在后退时，一不小心掉了一只皮鞋。他不好拾起穿上，只得光着一只脚退出大厅，其后由马方工作人员将鞋子捡起来送给他。

会见秘书长后回到使馆，我在脑子里对递交国书的程序又"过了一遍电影"，按程序册的要求操练了一遍，可以说已烂熟于心，不会像我的外国同事那样为人留下笑谈。

2. 别开生面的递交国书仪式

9月16日，马来西亚外交部通知我，递交国书安排在上午10：30。约10：00许，马外交部礼宾司副司长率礼宾车队抵达中国大使馆。他请我登上主车。因为我还未递交国书，主车的前面只插挂马来西亚国旗，我是马方的客人，坐在汽车后排的左边，礼宾司副司长作为主人坐在我的右边。参加仪式的中国大使馆的政务参赞和商务参赞乘坐马方的其他礼宾车。礼宾车队在两辆开道摩托车的引导下离开使馆，快速驶向王宫。

抵达王宫大殿后，礼宾司副司长请我下车。王室典礼官已在门口恭候。他带领我步入正厅，沿着对面的台阶上楼到达典礼大厅门口。我左手持国书，跨过大厅门槛。举目望去，只见最高元首苏丹伊斯坎达尔站在大厅正中，两旁有王宫总管和外交部高级官员陪同。最高元首距离大厅门口约七八米。按照礼宾程式，我向前走了七步，稍停一下，向最高元首致鞠躬礼。之后，又向前走三步，再次鞠躬致意如仪。接着，我按礼仪规定致颂词。我表示，本人被任命为中国驻马来西亚特命全权大使深感荣幸。我首先转达了中国国家主席杨尚昆对最高元首的亲切问候和良好祝愿。我赞扬马来西亚近年来在国家建设中取得的成就和在中马双方共同努力下两国关系的不断发展。表示我在任职期间将为进一步发展两国人民的友谊和两国的友好合作关系而竭尽全力。相信在我履行这一崇高使命时，一定会得到最高元首和马来西亚政府的支持和合作。我祝愿最高元首身体健康，马来西亚繁荣昌盛，人民幸福。接着，我用双手将国书递交给最高元首。

最高元首在双手接到国书后，热烈欢迎我出任中国驻马来西亚大使。他表示，他本人和马来西亚政府将对我为发展中马关系的努力给予帮助与支持。

1988 年 9 月 16 日，周刚大使向马来西亚最高元首递交国书

周刚大使向马来西亚最高元首递交国书后，在留言簿上签字

之后，双方握手。最高元首向我介绍出席仪式的马方高级官员。我同他们一一握手，并介绍了陪同的大使馆参赞们。在我向最高元首告辞时，按照礼仪，我向后退三步，向最高元首颔首致意，随后再后退七步，再次向最高元首致鞠躬礼。由于事先做好了准备，这时正好退到大厅的门槛前。我随即转身迈过门槛，走出典礼大厅。

接着，王宫典礼官陪同我走到楼下，登上检阅台，检阅王室仪仗队。仪仗队人数虽不多，但仪态庄重，精神抖擞，步伐整齐划一，体现了马来西亚对递交国书仪式的重视。在此隆重场合，你会感到作为一国使节的荣耀。

整个礼仪完毕后，礼宾司副司长引我登上礼宾专车。这时，礼宾车的左前端已插挂中国国旗（马来西亚的交通规则是左行）。作为已正式就任的大使，我已经成为主人，礼宾司副司长作为客人坐在我的左手。礼宾车队在摩托开道车引导下离开王宫，很快抵达中国大使馆。使馆招待员礼貌地打开车门，请礼宾司副司长下车。我随后从汽车右门下车，并请礼宾司副司长进入使馆会客室。服务员上茶点。宾主友好交谈，我感谢他和马来西亚外交部的周到安排和友好合作。副司长起身告辞，我礼送他登车离去。

下午 1 时，我和夫人邓俊秉前往柔佛宫，出席最高元首和元首后的午宴。见面握手后，我们向最高元首夫妇赠给了纪念品。宴会气氛轻松友好。由于应邀出席宴会的还有其他国家新任驻马大使夫妇，大家系初次见面，宴席间的话题主要是有关马来西亚的风土人情。

在递交国书和应邀出席马来西亚最高元首的欢迎宴会之后，我完成了由候任大使向在任大使的转变。新的工作开始了。

3. 做马来上层工作

我抵达马来西亚的时候，中马建交已经 14 年。建交以来，两国领导人开始互访，在各领域开始一些往来。在当时的国际大背景下，总的来看，中国同包括马来西亚在内的东盟各国关系处在初始阶段。中

马之间既存在南海争端等历史遗留问题，又存在华人、马台关系等现实问题。要进一步推动中马关系的发展，开创两国关系的新局面，需要增加双方的往来，增进相互了解，不断开展经贸合作，拓展双方的共同利益，建立政治互信。开展这些工作的关键是做马来西亚上层的工作，特别是政府中马来族领导人和高级官员的工作。

1957 年 8 月 31 日，马来亚联合邦宣布独立。占人口多数的原住民马来人在国家政治生活中占主导地位。独立后，以马来民族统一机构（简称"巫统"）为首的国民阵线长期执政。在马来西亚政府中，由马来人出任总理和副总理，国防、外交、财政、内政、贸易和工业、教育、文化等重要部的部长也由马来人担任。

我在上任之初，礼节性拜会了文化旅游部长沙巴鲁丁、新闻部长拉赫马特、贸易工业部长拉菲达女士、外交部长哈桑、青年体育部长纳吉布·拉扎克、农业部长萨努西·朱尼德、国防部长里陶丁和副部长阿布·巴卡尔、教育部长安瓦尔·伊卜拉欣、福利部长穆斯塔法、

周刚大使和夫人邓俊秉拜会马来西亚贸易工业部长拉菲达女士（右 2）和丈夫

马来西亚青年体育部长纳吉布与周刚大使夫妇

上院议长艾哈迈德·乌来和下院议长扎希尔·伊斯迈尔、最高法院院长阿卜杜勒·哈米德、武装部队参谋长哈希姆、森美兰州苏丹（马来西亚最高副元首）、初级资源部副部长阿里亚斯·阿里、公共企业部副部长西蒂·扎哈拉，以及吉隆坡市市长伊利亚斯、前最高法院院长苏菲安、前外长阿卜杜勒·卡迪尔和穆罕迈德·卡扎利·沙菲。

在一般情况下，在征得对方同意后，我的夫人邓俊秉教授和我一同去拜会马方高官及其夫人。一些德高望重的上层女士则由邓俊秉去拜会，如前总理拉扎克的夫人、马哈蒂尔总理夫人的大姐萨利哈等人。我们还利用马来西亚部长们访华和中国部省级领导访问马来西亚的机会为马来西亚高官及其夫人举行宴会。

马来西亚的重要节日，如穆斯林的开斋节，也是我们结识马来朋友的机会。每年逢开斋节，马哈蒂尔总理和贾法尔·巴巴副总理，以及马来族部长都举行开门迎宾活动，欢迎各界人士前往其府邸共度佳节。人不分男女，位不分高低，一律欢迎。这些场合，张灯结彩，人

马来西亚福利部长廖莫宜参加中国大使馆国庆招待会

流如鲫，互相祝贺和问候，到处都是欢笑的面孔，家家户户都有宾至如归之感。

这里特别要提到同马哈蒂尔总理和贾法尔·巴巴副总理的会见。

11月3日，我拜会了马来西亚副总理阿卜杜勒·加法尔·巴巴。20天前，我和邓俊秉在大使馆宴请了他的7位子女。10月26日，我在拜会马来西亚前外长阿卜杜勒·卡迪尔议员时，卡迪尔告诉我，马政府对发展马中关系持积极态度，马方拟放宽对中国大使馆的一些限制。因此，我同加法尔副总理谈话的气氛轻松友好，很自然地谈到中马双方增加往来的问题。我表示，中马两国一衣带水，隔海相望，两国人民应该多来往。据我了解，马方对马来西亚华人到中国大陆探亲访友和旅游经商有一些特殊规定。有些规定是否可以做些修改。例如，到中国探亲的马来西亚华人的年龄要求夫妇二人都在60岁以上，要组团而行，每个团必须有30人。我开玩笑地说，如果一位60多岁男子的夫人比丈夫年轻得多，这对夫妻不知何年何月才能到中国省亲，能否只要求一方的年龄满 60 岁。我请阁下运用你的崇高影响，早日取消这些限制。加法尔听后微微一笑并表示，马政府将对此进行研究。

由于中方的多方推动，以及中马关系的进一步发展，1990 年马政府取消了对马公民访华的限制，中马民间交往出现了新局面。

12 月 22 日，马哈蒂尔总理在总理府会见我。这是我到任之后第一次正式拜会他。在这之前，在很多别的正式外交场合，如外国政府首脑来访的欢迎仪式和宴会、马来西亚的重要庆典，作为外国大使都有机会同他见面和握手寒暄。但是，在这些场合，外国使节们都不可能同他多作交谈。这一次情况却不同。这是马来西亚政府首脑正式会见中国新任驻马大使。我首先感谢他在百忙中会见我，并向他转达了李鹏总理的问候。我表示，到任之后，亲眼看到马来西亚在阁下的领导下在经济发展方面取得了显著成就，也亲身体验到在中马双方共同努力之下两国关系不断发展。我特别强调，中马是隔海相望的近邻，两国人民之间有悠久的友好交往历史。中马都是发展中国家，同马来西亚发展友好合作关系是中国政府坚定不移的政策。中国真诚希望中马两国进一步增加往来，扩大双边贸易，发展在各领域的合作，不断把两国关系推向前进。马哈蒂尔总理欢迎我出任中国驻马来西亚大使。他对近年来马中关系的发展表示高兴。他说，中国是一个大国，也是一个邻国。他本人和马来西亚政府重视同中国的关系。他相信，在双方的共同努力下，马中关系一定能够得到进一步的改善和发展。

4. 我所了解的马来西亚总理马哈蒂尔

我在马来西亚工作的近 33 个月中，有机会同马来西亚总理马哈蒂尔近距离接触。除向他进行礼节性的到任和离任拜会之外，还多次陪同到访的中国领导人和政府高官拜会他。至于在马来西亚的重大节日和国事活动中同他见面的机会就更多了。不用说，研究马哈蒂尔总理为首的马来西亚政府的内外政策、特别是对华政策，更是我和中国大使馆的重要任务之一。

马哈蒂尔 1925 年 12 月生于马来西亚西北部吉打州的一个普通印

度裔穆斯林家庭。时逾耳顺之年的他总是精神矍铄，双目炯炯有神，表情虽然有些严肃，但给人平易近人之感。在不同场合，马哈蒂尔或着马来传统服装，或穿政府官员工作服。工作服相当于我们的猎装，一般为浅灰色，左胸处标有自己的名牌。

马来西亚朋友向我提及马哈蒂尔总理时，总带着敬佩之情，赞扬他工作认真，孜孜不倦，处事果断，讲求效率，说他是工作型的总理。

在吉隆坡和我访问过的一些州的首府，城市一般不大，人口也不多，但市场繁荣，物价稳定，人民安居乐业。1981 年，在侯赛因总理因健康原因辞职后，时任副总理的马哈蒂尔出任第四任总理。马哈蒂尔总理坚持奉行已故总理拉扎克制定的"新经济政策"，提高马来人的经济地位，发展汽车、钢铁、电子等民族工业，大力招商引资，发展外向型经济，积极开拓海外市场，学习外国先进科技和管理经验，使马来西亚经济从 80 年代中期起持续 8% 的高速增长，从而改变了马来西亚的经济面貌。

马来西亚是一个多民族国家。在当时的 1800 多万人口中，马来人占 60% 以上，华人约占 30%，印度人占 7% 左右。虽然种族关系有一定敏感性，马来人在政治上居主导地位，在经济上享有特权，但在马哈蒂尔的领导下，主要民族马来人、华人和印度人关系比较稳定。马哈蒂尔重视民族和睦，视其为国家稳定的基石。华人和印度人的诉求和利益也受到一定的照顾。华人和印度人都有自己的政党，保有自己民族的文化传统。在以"马来民族统一机构"为主体的执政党联盟"国民阵线"中，华人政党"马来西亚华人公会"、"人民运动党"（又称"民政党"）和"马来西亚印度人国大党"是重要成员。在马政府中，"马华公会"、"民政党"和"印度人国大党"占有约四分之一左右的部长和副部长席位。尽管也存在马来人和华人的反对党，他们不时批评政府，但是马来西亚政局总体上是稳定的。

马哈蒂尔不仅以高超的治国才能在国内享有崇高的政治威望，也以对国际事务的远见卓识闻名于世界。在外交上，马哈蒂尔奉行中立、不结盟和大国平衡政策，视东盟为外交基石。他曾倡议成立东亚论坛。

他旗帜鲜明地反对霸权主义和强权政治，为维护发展中国家利益敢于仗义执言。他对国际关系的独到见解、犀利的言辞和坚定的态度常常引起一些西方国家的非议，却更多地受到广大第三世界国家的欢迎与支持。曾有某些西方"人权斗士"指责马来西亚的经济和社会发展破坏了马来西亚土著民族的生存环境和传统文化。对此，马哈蒂尔反唇相讥。他说，马来西亚不会为了满足这些西方绅士的猎奇心态而停滞不前，保留落后。他看不出贫困落后有什么值得留恋之处。

中马建交之后，两国关系有了长足的进展。这是中马双方共同努力的结果，也同马哈蒂尔对中马关系的重视和对中国的正确认知分不开。马哈蒂尔在担任总理期间曾对中国进行过 7 次正式访问和工作访问，2003 年离任之后至 2009 年 4 月又应邀访华 3 次。我们可以从马哈蒂尔 2009 年 4 月 30 日在中国人民外交学会的报告中清晰地看出他对中马关系和中国振兴的看法。笔者出席了这次报告会，并同马哈蒂尔进行了问答互动。下面让我引用马哈蒂尔讲话的部分内容。

马哈蒂尔在回顾中马关系发展的历史时说："20 世纪 70 年代马来西亚同中国建交之前受西方影响，害怕越南落入共产党之手，东南亚其他国家将逐一陷落。但是，这种事情没有发生。中国没有野心和恶意。有的西方人问我，是否担心中国。我说，葡萄牙 1509 年来到马来亚，一年后征服我们。但中国不是。郑和曾率庞大舰队到东南亚，但不是为了征服和占领。马来西亚虽小，但不受大国影响，不会为西方而遏制中国。"

马哈蒂尔表示，马来西亚每一届总理都重视对华关系。马来西亚有很多华人，有的华人是反对党，但是中国没有利用他们。中国是我们的邻国。马来西亚必须同中国友好相处，而不能同中国对抗。

马哈蒂尔强调，对待中国要采取现实的态度，中国存在那里，这是现实。不能要求中国去搞什么民主，不能无视 13 亿中国人。马来西亚不怀疑中国的内部制度，中国对马来西亚也是如此。我见过很多中国领导人。他们很现实，从不谈论马来西亚的内政，只讲两国双边关系。同他们很容易打交道。

马哈蒂尔批驳了所谓的"中国威胁论"。他说："中国是个大国，要保护自己。中国为了防务要花钱，GDP 的 1% 就是很大的数字。中国的经济增长对马来西亚有利。我们可以向中国出口棕油、天然气、橡胶。很多马来西亚人到中国做买卖。中国人到马来西亚旅游的多起来，马来西亚人到中国旅游的更多。中国和邻国都富起来，相互冲突就少。"

在谈到中国东盟关系时，马哈蒂尔说："中国对东盟很友好，未来也会这样。当然，双方可能有分歧，如贸易、甚至领海争端。但是，这些分歧只能通过谈判解决，而不是通过战争。中国和东盟有关国家可以坐下来讨论南海问题。"

马哈蒂尔对中马关系的发展前景持乐观态度。他说，马来西亚对中国采取友好政策。中国对马也是如此。马中两国经济是互补的，双边贸易数量很大，而且还会进一步发展。双方应该进一步多来往、多了解。欢迎中国到马来西亚投资。双边关系应该而且可以双赢。

周刚大使与马来西亚总理马哈蒂尔

在谈到为什么他在 2003 年急流勇退，辞去总理职务时，马哈蒂尔风趣地说："是我的母亲让我主动下台。她说，一个人下台的最好时间是他还享有威信。"

在一个多小时的报告中，马哈蒂尔侃侃而谈，思维敏捷，广征博引。在谈论当今世界金融危机时，数字信手拈来，如数家珍。他特有的幽默风格不时引起在座嘉宾的笑声。

5. 同马来西亚华人政党的交往

在第二次世界大战期间，日本于 1942 年 2 月占领了英属马来亚。1945 年 8 月 15 日，在日本宣布投降的当日，英国宣布在马来亚建立军政统治。在此之后，马来亚各族人民开始了争取民族独立的斗争，成立了各种政党。1946 年 5 月，第一个马来人的全国政党——"马来民族统一机构"（"巫统"）成立。1946 年 8 月 2 日，"马来亚印度人国大党"成立。1949 年 2 月 27 日，马来亚华人也成立了自己的政党"马来亚华人公会"（在马来西亚成立后改名为"马来西亚华人公会"，Malaysian Chinese Association）。1952 年，"马来民族统一机构"与"马华公会"联合，不久又吸收了"马来西亚印度人国大党"，组成了"马华印联盟"。1974 年 4 月，在马来西亚联盟党的基础上扩大成立了执政党联盟"国民阵线"。华人的主要政党"马华公会"、"人民运动党"（又称"民政党"，The Peoples Movement Party）等都是"国民阵线"的成员。

我抵达马来西亚履新时，在马方政府的组成中，约有四分之一的部长和副部长来自上述华人政党。他们分别担任交通、初级资源、劳工、卫生、科技和环境、能源和电讯、房屋和地方政府部的部长，贸易和工业、财政、农业、青年和体育、教育、工程、文化和旅游、国家乡村发展、卫生、科技和环境等部的副部长，总理署的副部长，以及一些部的政务次长。很显然，中国大使馆在为发展两国关系而工作时，需要经常同上述政府部门打交道。作为中国大使，同这些部的部长和副部长们商谈两国之间的业务交往与合作，是再自然不过的了。因此，我在上任初期，除拜会由马来人担任的外交、贸易和工业、国防、教育、财政、文化和旅游、青年和体育、新闻、农业和林业、社会福利、公共企业等部的部长们外，也分别拜会了上述华人部长和副部长，以及一些前政要。除了上任拜会外，我还需要经常就中马两国在具体领域的合作同马来西亚有关部的部长和副部长们商谈。在中国省部级代表团来访时，我都有机会同马来西亚主管部长们接触。大家结识之后，你来我往，互相宴请，就是情理中事。我和我的夫人邓俊秉经常请马来族和华人的部长以及他们的夫人和子女们到中国大使馆品尝中餐，有时还观看介绍中国历史、文化、风景的影片。同上述华人部级高官的交往，有助于两国在各领域的合作，也有利于结交华人社会各界的朋友。不仅如此，在大使馆的日常工作中，我们也经常得到华人部长们的帮助。

这里，我想谈谈在我任期内同几位马来西亚华人部长的交往和友谊。

交通部长林良实是马华公会的总会长，在马政府中排位在总理和副总理之后。林良实先生自幼受英文教育，在大学里主攻医学专业，是医生出身。一般人称他为"Doctor 林"。在这里，"Doctor"是"医生"，而不是"博士"。林良实先生祖籍福建，除操流利的马来语和英语外，还讲家乡闽南话。开始我们见面时，一般讲英语。他可以听懂简单的北京话（当地称华语）。日久天长，接触多了，我发现他的华语有进步。原因可能是多方面的。中马关系不断发展，双方往来增多，听中国官员讲北京话的机会多了。中国在改革开放之后，经济快速发展，综合国力增强，在国际事务中的地位和作用不断提高，包括马来西亚在内的东盟各国更加重视对华关系。过去只讲英语和闽南语和客家话的英语教育出身的马来西亚政府华人官员，以及工商、教育、文化各界的马来西亚华人，为了同中国打交道，日益感到讲普通话的必要性。对于林良实部长来说，他的华语大有进步还要归功于他的夫人王维娜女士。王女士自小受华文教育，讲一口标准的普通话。我和邓俊秉同林良实部长夫妇见面时，王女士都是用汉语普通话同我们交谈。

会见马来西亚体育部副部长邓育桓

　　民政党主席林敬益先生长期担任初级产品部长。他是又一位受英语教育、毕业后从医的"大夫"，一般人称他为"林敬益医生"。林敬益部长为人豪爽，谈话风趣，不拘一格，平易近人。每次见面，他总是三句话不离本行，向中国推销马来西亚的土特产品——棕榈油。那时，马年产棕榈油约400万吨。中国和印度是主要进口国。为马来西亚的大宗出口产品棕榈油寻找大买主，是林敬益领导的初级产品部的重头任务。他常给我算细账：中国现在对居民食用油还实行定量供应，每人每月半斤油。随着中国经济的发展和居民生活水平的提高，每人每年多吃一公斤棕榈油是完全没有问题的。你们中国现在有10亿人口，每人每年多用一公斤，加在一起就是100万吨。他向我介绍说，棕榈油既可作食用油，又可用来制作巧克力和点心，还是生产肥皂和洗涤剂的原料。马来西亚棕榈油研究所（PORIM）经过多年科研，已掌握棕榈油的精炼技术，大大降低了油中所含的饱和脂肪酸，长期食用棕榈调和油对心脏没有任何副作用。林敬益还兼任马来西亚精武总会

马来西亚原产部长林敬益参加中国大使馆国庆招待会

会长，热心推广中华武术，积极倡导成立亚洲武术协会，并为此以马精武总会会长的身份携夫人访华，同中华全国武术协会进行商谈。

　　林敬益部长没有学过华语，只会讲家乡闽南话，听不懂普通话，也不认识汉字。我们之间用英语交流。但我慢慢发现，他逐渐可以听懂和说几句简单的普通话。他学习讲普通话是很刻苦的。有时他在欢迎中国代表团的宴会上用普通话致辞。这令我非常惊讶。原来他念的讲话稿竟是用英文拼写的。当我于 1991 年 4 月 1 日向他辞行时，我们已基本上用普通话交谈。我真佩服他的神速进步。在同中国大使和中国大使馆交往中，马来西亚的华人高官们不是一点顾虑也没有。那时中马关系的大背景是，两国相互信任处于初始阶段，马政府对中国还有不少疑虑，华人问题就是其中之一。因此，马来西亚的华人部长们一开始同我接触时比较谨慎低调。他们不愿引起他们的马来同胞的不必要猜疑。在外交场合见面多是一般寒暄，不多谈。我到办公室去见他们也是公事公办，可谓无事不登三宝殿。我和夫人邀请他们及家人到中国大使馆出席宴会，有人有时流露出为难情绪。遇到这种情况，我们总是理解他们的考虑，绝不勉为其难。等到后来交往多了，一些朋友私下告诉我说："作为马政府的成员，我们到中国大使馆出席中国大使的宴会，政府对我们没有什么限制，在中国大使馆周围的内政部的便衣（警察）也不会阻拦。但我们心里感到还是小心一些为好。比如，有时政府开会时，首相（即总理）随便开句玩笑对我说，'中国大使馆的中餐味道怎么样？'我心里就想，准是内政部的人打了小报告。"

随着中马关系的改善和发展，我同马来西亚政府高官们（包括马来族、华人和印度裔高官）的交往日益增多，相互宴请成为很正常的事。马来西亚的华人部长们以及他们的夫人和子女到中国大使馆做客，就不再有什么顾虑。

在马来西亚华人高官中，这里要特别提到农业部副部长李裕隆和槟州首席部长林苍佑医生。

马来西亚农业部副部长李裕隆在中国大使馆作客

李裕隆先生初任农业部副部长，后任工程部副部长。他和他的夫人、母亲、儿子、哥哥经常同我和邓俊秉见面。他为人爽直，热情友好，毫无架子。我们见面时海阔天空无所不谈，有时也就如何发展中马关系交换意见。他对两国关系抱乐观和积极态度，并愿尽力推动两国关系的发展。1989 年 10 月 2 日，李裕隆副部长盛情邀请我和邓俊秉出席马来西亚皇家委员会为马最高元首和元首后举行的宴会，同马皇室成员和达官贵人见面。李裕隆先生的父亲李孝式老先生是马来西亚的开国元勋之一，在马来西亚华人中享有很高的威望。李孝式先生原籍广东，生于 1901 年。参加过抗日战争，1945 年创办《中国报》。他是马华公会的创始人，在马政府中历任要职。1959 年获马来西亚最高元首授予的"敦"勋衔。1988 年 11 月 19 日，以他的名字命名街道 (Jalan Tun H.S.Lee)。"敦 (TUN)"是马来西亚最高元首授予除皇室成员外的马来西亚平民最高的封号，马来西亚几任总理和马华公会、民政党的创始人等少数领袖人物曾获此殊荣。例如，我和邓俊秉经常会见和相互宴请的老朋友翁毓麟先生就曾荣获"敦"的封号。翁先生为马华公会元老，曾任政府部长多年和马来西亚最高法院大法官，为促成马华公会同巫统结盟做出过贡献。李裕隆的哥哥李剑桥曾任议员，获封"拿督"衔。从李裕隆先生如此显赫的家庭背景中，可以理解为什么他在同中国大使交往时没有后顾之忧。

马来西亚另一个著名的医生林苍佑先生也曾荣获"敦"的封号。林苍佑先生是马政坛元老，德高望重，时任槟州首席部长，在马来西亚华人社会和马各界无人不晓。我到任后不久就和夫人邓俊秉去拜会他。他也很快在吉隆坡宴请我们。以后在不少外交场合同他见面。1989 年 12 月初，我和邓俊秉去槟州首府槟城访问，林苍佑首席部长和夫人又设家宴款待我们，他的弟弟出席作陪。林苍佑先生已 70 高龄，但精神矍铄，思维敏捷，谈锋甚健。从他的言谈话语中，可以感到他深厚的炎黄子孙的乡情，他对中国的关心和对中国人民的友好情谊。林先生祖籍福建同安，1919 年 5 月 28 日生于槟城。他曾留学英伦，获医学学位。那时的马来亚还是英国的殖民地。由于医术精湛，他回到祖国大陆后在国民政府海军总部任医务处长。第二次世界大战结束后，他回到马来亚从政。他是马来西亚民进党的创始人之一，后曾参加马华公会。林老先生曾先后担任槟州首席部长 21 年。作为马来西亚的华人，"封疆大吏"时间之长，影响之广泛，是前无古人的。

6. 马来西亚华社精英和郭鹤年兄弟

马来西亚华社及其精英

马来西亚华人在马来西亚人口中的比重之高在世界各国中仅次于新加坡，在马政治生活、特别是经济发展中有不可忽视的作用。

马来西亚华人的先人主要是中国明、清两代到民国时期从中国福建、广东、海南和广西来马来西亚谋生的贫苦农民。马来西亚独立后，由于中华人民共和国不承认双重国籍，这些当年的华侨大多数成为马来西亚国民，故改称华人、华裔。他们主要分布于首都吉隆坡、滨城、怡保、新山、马六甲市和东马的古晋等大城市。

从 1957 年马来西亚独立，到 1974 年中马建交，由于马来亚共产党、马来西亚华人和马台关系等因素，马对华疑虑较多，两国政治上处于对抗状态。马政府虽不限制同中国的经贸来往，但对马来西亚华人访华和探亲却有严格限制。我到任时，马方政府的规定是，马来西亚华人访华要夫妇同行，双方需均满 60 岁，而且要组团而行，由马内务部派官员随团监督。1989 年 12 月 8 日，马来西亚政府、泰王国政府和马来亚共产党签署和平协定，解决了马来亚共产党问题。此后，马政府修改了有关马来西亚华人访华和探亲的规定。

华人社团、华文教育和华文报刊并称为华社三大支柱。马来西亚有 1200 余所国民型华文小学、60 所独立中学，是中国以外中文教育体系最完善的国家。对于中华文化在马来西亚的延续，华人社会做出了长期坚持不懈的努力。

马来西亚华人在马来西亚经济发展方面的作用更是有目共睹。为表彰马来西亚华人领袖人物为国家做出的重要贡献，前槟城首席部长

马来西亚贸工部副部长郭伟杰陪同参观马六甲州

林苍佑医生、马华公会前会长陈修信等人都曾获马来西亚最高荣誉"敦"（马来文：Tun）的封衔。马来西亚华人中的政府高官，经济、文化、教育、科技各界的头面华社人物曾获"丹斯里"（马来文：Tan Sri）的封衔。至于获"拿督斯里"（马来文：Dato' Seri）和"拿督"（马来文：Datuk）封衔的人则更多。

中马建交后，不少华社知名人士开始同中国驻马大使馆接触。十多年来，中国大使馆已经有了不少华社的朋友。我上任后，在主动拜会马政府高官和马来族上层人物的同时，同华人前原产部长梁琪祥、前农业部副部长吴清德和巴生港港务局长曾永森等，以及华社老朋友的交往，也是刻不容缓的。短短的三四个月里，我先后拜会了华社的工商巨子和文化教育界名流。他们之中有：马来西亚"橡胶大王"李成枫，雪隆商会名誉主席黄琢齐，云顶集团丹斯里林梧桐，亚洲"糖王"丹斯里郭鹤年及其兄长郭鹤举，马来西亚建筑商会主席杨忠礼，"钢铁大王"金狮集团主席丹斯里钟廷森、温典光，敦李孝式的遗孀，丹斯里李金友，星洲媒体集团执行主席丹斯里张晓卿，"棕油大王"李深静，中华大会堂的领导人林玉静等人。

我这里没有篇幅详述同华社工商界巨子交往的细节，只是列举了一些朋友的大名。因为，在我出使马来西亚两年九个月的时间里，我亲身感受到他们对我和中国大使馆的热诚帮助，对祖籍国的关心，以及对发展中马关系、特别是经贸合作的不懈努力。回顾中马关系的发展，不能忘记马来西亚的老朋友，这是中国人的传统美德。

我所结识的郭鹤年兄弟

郭鹤年（Robert Kuok）的名字在马来西亚家喻户晓，在中国也广为人知。1923年10月6日出生于马来西亚柔佛州新山市一个华商家庭。他的父亲郭钦鉴祖籍为中国福建省福州市，1909年只身来到马来亚柔佛州的新山。1920年，郭钦鉴与来自家乡福州的郑格如结婚，育有三子：郭鹤举、郭鹤麟和郭鹤年。兄弟三人都受过良好英文教育，毕业于新加坡著名的莱佛士学院。1947年，郭鹤年在新加坡创立公司。郭钦鉴去世后，郭鹤年于1949年在马来亚新山组建了由他母亲郑格如建议，郭母和哥哥郭鹤举、郭鹤年本人及郭氏堂兄弟们入股的"郭氏兄弟有限公司"。经过几十年的苦心经营，"郭氏兄弟有限公司"发展为一个庞大的商业王国，在马来西亚、东南亚国家、澳大利亚、中国大陆和中国香港拥有大批企业，经营范围包括制糖、面粉、种植业、地产、金融、酒店、船运和国际贸易等。郭鹤年本人号称马来西亚首富。

上述情况是我到吉隆坡前对郭鹤年兄弟的粗浅了解。

初识郭氏兄弟

1988年8月23日，我拜会郭鹤年先生的胞兄郭鹤举先生。郭鹤举先生能讲流利的华语，双方交流倍感亲切。他谈吐文雅，谈古论今。原来郭鹤举先生不仅曾是成功的商人，担任过郭氏兄弟有限公司主席、马来西亚糖厂董事经理、新加坡香格里拉酒店董事主席等职，还曾先后任马来西亚驻荷兰、比利时、卢森堡、丹麦、德国、前南斯拉夫的大使及驻欧共体首席代表，以及马来西亚旅游局主席等职。他同中国前驻西德的大使张彤交往甚密。张彤大使曾任外交部亚洲司副司长和司长，我在他的直接领导下工作过几年。这样，我同郭鹤举先生的交谈就多了一些共同话题。此后，我们曾多次互相拜访或宴请。郭鹤举先生晚年失明，但每天坚持听广播，他对国内外形势的了解来源于此。他告诉我，他们三兄弟长大后走了三条不同的道路。二弟郭鹤麟参加马来亚共产党领导的游击队，反抗日本军国主义的侵略。第二次世界大战结束后，从英国重返马来亚。郭鹤麟继续参加争取马来亚摆脱英国殖民主义统治的斗争。1952 年，郭鹤麟被英殖民政府杀害。

1988 年 11 月 4 日，郭鹤年和夫人何宝莲设家宴款待我和夫人邓俊秉。郭先生畅谈对发展中马经贸关系的看法，以及他对郭氏兄弟公司在中国扩大投资的宏伟愿望。我表示，早闻郭先生大名。先生经营有方，积极发展中马经贸合作，令人敬佩。希望郭先生今后进一步推动中马关系全面发展。

1989 年 6 月 14 日，郭鹤年先生和女儿再次宴请我和夫人。来马来西亚近一年来，我同郭鹤年先生的兄长郭鹤举先生已多次来往。不久前又和夫人专程前往新山探望他的母亲。同郭鹤年先生的合作伙伴、香格里拉集团主席倪郁章夫妇也有交往。因此，在这次家宴中，我们之间的交谈更加自由和坦率。郭先生告诉我们，他一生中受母亲影响很大，从小接受中华文化熏陶，受儒家传统道德观念影响。父母常告诫他和哥哥要待人以诚，讲商业道德，回报社会。饭后在庭院草地上品茶时，他告诉我一种榴莲的吃法。他说，榴莲号称"水果之王"，味美而"性热"，吃多了上火，有人还过敏。当地人通常同时吃"性凉"的"水果之后"山竹，以中和"水果之王"。他今天请我和邓教授吃榴莲，是在榴莲果肉和糯米饭上浇椰子汁，这是他的一大爱好。听了他的介绍，我和邓教授顿时有了胃口。品尝之后，觉得别有一番滋味。

同郭鹤年先生多次接触和交谈中，深感郭先生知识渊博，平易近人，礼貌周到，谈吐大方，具有华人传统的品德和作风。

专程去外地拜访郭母郑格如女士

马华社会都知道郭鹤年事母至孝。郭鹤年也说，母亲是对他一生影响最大的人。为了表达对这位良母的敬意，我和夫人邓俊秉于1989年5月25日乘汽车前往新山（柔佛巴鲁）探望郭鹤年的母亲郑格如老太太。新山是郑女士的老家，位于马来半岛最南端的柔佛州，与新加坡隔着一带海水相望。早晨9时，我们从吉隆坡出发。中午在途中野餐。下午4时许抵达新山，在约定的地点由郭家派人引导我们前往郭府。稍事安顿后，我和邓俊秉去客厅拜会郑格如女士。她热烈欢迎我和夫人不辞辛苦长途跋涉来看望她。我表示，久仰夫人大名，她养育了杰出的儿子，他们为马来西亚的独立和繁荣做出了宝贵贡献。我和夫人特来向您表达问候和敬意。郑老太太说，我的根在中国，毕业于福州协和大学，了解中华文化传统。作为母亲，自幼希望孩子们学习并传承中华道德规范，从商则要有商业道德。先夫是一位商人，他不仅要求儿子们"取诸社会、用诸社会"，而且以自己热心办学和在抗

1989年5月25日在新山看望郭鹤年先生的母亲郑裕如女士

周刚大使会见马来西亚知名人士东姑拉赫曼

日战争中筹款支援祖国抗战的事例教育孩子们。我感到欣慰的是，他们没有辜负我们做父母的期待。我听后，甚为感动。老太太当时已近90岁高龄，不仅耳聪目明，而且思维清晰，谈吐高雅，不愧大家出身和受过高等教育。晚上，老太太的孙女婿 Frank Koon 设宴款待我们。这是我和夫人第一次到新山。第二天，我们拜会马来西亚"梦乡"公司主席"东姑"阿卜杜勒·拉赫曼。他同中国有贸易往来，对华友好，会见后共进午餐。"东姑"喜爱摄影，给我和夫人拍了单人照。后来在吉隆坡再次见面时，他将两幅装有框边的照片交给我们。至今我们还把这两幅照片放在卧室，作为永久的纪念。当天下午，我们拜会新山商会会长刘南辉先生和商会顾问郭鹤尧先生。郭顾问是郭鹤年先生的堂兄。刘会长热情地设宴为我们洗尘。第三天上午，我们参观了新山港务局和郭鹤年的新山面粉厂。午餐后，我们带着对郑格如女士的敬佩之心和对新山的良好印象驱车返回吉隆坡，抵达时已是晚上9点。

"高级翻译"郭鹤年

1991 年新年刚过，我从友人处得知，马来西亚总理马哈蒂尔会见了到马来西亚访问的肖榕一行（邓小平的女儿肖榕，即毛毛，曾用名邓榕）。一行共4人，包括国家主席杨尚昆的女儿杨李、国家副主席王震的儿子王军和山东省委书记谭启龙的儿子谭某某。他们是应郭鹤年先生的邀请访问马来西亚的。我即同郭先生联系。郭先生说，肖榕等人是他的客人，是私人访问，因此没有告知中国大使馆。但他诚邀周大使和夫人出席12日在总理府为肖榕一行举行的晚宴。晚7时半，当我们到达总理府时，见到出席宴会的有马来西亚国际贸易部长拉菲达女士、原产部长林敬益、吉隆坡市市长伊利亚斯、前总理侯赛因·奥恩的儿子和拉扎克的儿子。郭先生告诉我，肖榕一行本来是他的私人客人，但是马哈蒂尔总理非常重视，把他们作为政府的客人。马哈蒂尔总理用英文致辞。他欢迎肖榕一行来马来西亚访问，赞扬中国在邓小平领导下改革开放取得的成就，希望马中关系不断发展。出人意料的是，现场的翻译是郭鹤年先生。肖榕用中文致答词时，也由郭鹤年先生翻译成英文。郭先生的翻译用词准确文雅，是地道的中文和英文。一听就知道他的中英文功底深厚，绝非一般翻译所能达到的。原来郭

同马来西亚著名企业家郭鹤年在一起

1991 年 1 月，邓小平的女儿肖榕访问马来西亚

鹤年兄弟三人都毕业于新山英文学校及新加坡莱佛士学院，受过良好的英文教育。郭鹤年的母亲郑格如毕业于福州协和大学，是受过新式高等教育的知识女性。郭鹤年早期在华文和英文学校的学习背景，使他的英文和华文都造诣甚高。他这次在马来西亚总理府的现场翻译完全是高级翻译的水平。

　　我在马来西亚工作的两年半里，同郭氏兄弟有很多交往，知道郭鹤年先生很少在马来西亚社交界露面，虽然他同马来西亚的开国元勋和现政府的领导人有很深的交情。郭鹤年先生看重中国改革开放的成就，看好中马经贸合作的前景。从 20 世纪 80 年代起，他就开始制订开拓中国市场的方略，大步迈开了在中国投资的步伐。邓小平、江泽民和李鹏等中国领导人都先后会见过郭鹤年先生。中国的商业部长胡平和外经贸部长郑拓彬访问马来西亚时，郭先生都热心接待。1990 年10 月 9 日，中国商业部副部长何济海率领的代表团在吉隆坡同郭鹤年兄弟签订了合作议定书。1990 年夏天，我回国述职和休假期间，郭鹤年先生的香格里拉集团主席倪郁章邀请我和夫人邓俊秉参观国贸大厦，并介绍郭氏兄弟公司在中国投资的新进展。1991 年 3 月 18 日，郭鹤年先生的儿子郭孔演、倪郁章先生和郭鹤举先生的助手林绪华先生设宴为我和夫人饯行。

7. 东马之行——神奇的沙捞越

我在马来西亚工作的 33 个月里，同政府高官接触比较多的有科学工艺和环境部长杨国斯和副部长刘贤镇（杨国斯谢任后，刘贤镇为部长）。二位部长均来自东马来西亚的沙捞越州，是马来西亚国民阵线的成员、沙捞越人民联合党的主要领导人。我和夫人邓俊秉教授在同杨、刘两位部长夫妇的接触中，印象最深的是，他们平易近人，彬彬有礼，温文尔雅。

在 1991 年 3、4 月紧张的辞行拜会安排中，我和邓俊秉应刘贤镇部长和副部长陈华贵的邀请，于 4 月 4 日赴沙捞越访问。途经沙捞越州首府古晋短暂停留时，老朋友黄文彬先生到机场迎接。黄先生是著名企业家和报业大亨，他到吉隆坡时，常来大使馆找我交谈。在我几天后就要离任之际，能在他的故乡相见，两人都十分高兴。

燕窝采集人

中午，我们抵达美里。午餐后即去参观位于沙捞越州东北部的尼亚（Niah）洞。

马来西亚共有 13 个州，其中 11 个州位于马来半岛，2 个州位于马来西亚东部。沙捞越北滨南海，东邻马来西亚的沙巴州，以及文莱，南与印度尼西亚的加里曼丹接壤。在去尼亚洞的途中，我们不时看到 4、5 人一伙的年轻人。他们肩扛几根长竹竿，身背竹篓，头戴类似矿工用的照明灯，手持短柄铲刀。陪同的主人告诉我们，这些人是去海边岩洞里采集燕窝的。金丝燕以岩洞为栖息地，在岩洞顶部筑巢为窝，繁衍后代。燕窝是它们的唾液筑成的巢，是高级补品。政府禁止在金丝燕孵化小燕时采集燕窝，因为这等于杀鸡取卵。在岩洞里，我们看到，

采集者将带来的一根根竹竿捆接起来，长约 20 多米不等，由同伴们把持固定，一人手脚并用，攀附而上。在靠近岩顶的适当距离，用灯照明，一手用铲子小心地将燕窝铲下，放在背后的篓子里。周围的燕窝采完后，再顺竿滑下，另觅新目标。这是高度危险的工作，采集者需要身轻如燕，胆大心细，技术熟练。现场目睹采集者的作业，我们既为他们的安全担心，又为金丝燕的命运忧虑。采集者将采到的原始燕窝卖给中间商，转送工厂加工，主要是剔除杂物细毛，去色，干燥，分类，包装。据说质量好的燕窝当时的市价是一公斤 2 千至 3 千美元不等。为了保护金丝燕，已有商家在海边筑屋引燕。

依班族（Iban）和本南族（Penan）的长屋（Long House）

沙捞越的原住民达雅克（Dayak）族占该州总人口的约 70％，其中伊班族为 30％ 左右，各有特色的文化、语言和风俗习惯。4 日晚和 7 日上午，主人陪同我们先后参观依班族的长屋（Long House）和本南族的长屋。长屋的屋长出来迎接我们。屋长通过陪同的主人向我们

1991 年 4 月 4 日 在沙捞越同燕窝采集人在一起

介绍。所谓长屋是包括伊班族和本南族在内的达雅克人的居室。他们祖祖辈辈聚居在长屋里，有十几户到几十户不等，因而长屋的长度不一，或数十米，或一百多米。长屋是一种高脚屋，一般高出地面几米，既可防湿，又可防野兽或敌人袭击。我们进入长屋时，登上屋子前端窄小的梯级。在长屋内，我们看到从一端直通另一端的通道。通道两旁各有一些房间，是各家各户的住房。长屋内外，从上到下，支柱、墙壁、地板、屋顶、屋梯都是木质材料，因此防火是大问题。屋内居民睦邻友好、密切合作，因为只有同屋各户同心协力才能应对自然灾害和外来侵犯。居民主要从事农耕和狩猎。生活虽然简单，难免枯燥，但他们与世无争，乐天知命。居民们用好奇的目光看我们，但友善憨厚。屋长向我们展示了当年狩猎用的竹制吹管。将箭放入长长的竹管内，用嘴从一端用力吹，箭即飞出，可射杀猎物。告别时，我对屋长的介绍表示感谢，祝他们万事如意。我们互相交换纪念品。他们给我的珍贵礼品分别是一把锈迹斑驳的长刀和一根刻有数个头像的"权杖"木雕制品。遗憾的是，在告别沙捞越登机回吉隆坡时，长刀因为属于管制刀具被机场安检留下。

1991 年 4 月 4 日在沙捞越依班族的长屋

海上油田和海底世界

5 日上午，刘贤镇部长和陈华贵副部长陪同我们乘坐直升机去壳牌（Shell）海上油田参观。抵达时，公司负责人欢迎我们，并引导参观。他介绍了油田开采的历史、员工、产量等基本情况。因为这是我第一次参观海上油田，一切感到新鲜。油田设备先进，场地清洁，生产有序。沙捞越北邻的海洋有丰富的石油蕴藏量。炼油和液化天然气是沙捞越的拳头工业，原油和石油制品、液化天然气是主要出口物资。由此可见海上石油对沙捞越甚至马来西亚的重要性。晚上，Shell 海上油田负责人设宴欢迎，我在讲话中除表示感谢外，还谈了参观感想，赞扬油田的经营管理有方。

晚饭后，两位部长和我们一起去海上过夜。这是一艘船底为玻璃钢的游艇。船上的灯火映红了周边的海水。海水清澈见底，透过船底的玻璃，可以看到鱼群游来游去。宾主一边品尝马来西亚的红茶，一边欣赏周围的海上风光。碧水晴空，万籁俱寂。心旷神怡，大有"不知今夕何夕"之感。入睡时，因为连日疲劳，不久即入梦乡。有时朦朦胧胧地感到船在摇晃，可能是海浪不时冲击的缘故。

森林海洋

第二天一早，我们离开游艇返回美里。早餐后，刘贤镇部长陪同我和邓俊秉乘直升机去姆鲁（Mulu）洞参观。机上除驾驶员外，只有 4 个座位。部长夫人本拟陪同前往。但我们有一位随行的秘书。部长夫人决定把她的座位让给我的秘书。我对此甚为不安，坚持把秘书留下，请刘夫人同行。但是，刘贤镇部长和夫人一再强调，夫人以后还有机会，可秘书不知何时再来沙捞越州。对部长夫妇的盛情，我们恭敬不如从命。在飞机上向下看，一片林海，无边无际。沙捞越州面积12.4 万平方公里，几乎等于西马 11 个州面积的总和。沙捞越州的森林覆盖率为 90%。

蝙蝠群出洞和归洞

中午抵达姆鲁长洞（Mulu Lang Cave）时，先到陈列馆听讲解员介绍，观看展品。下午进姆鲁长洞内参观，洞内要靠手电筒照明。长洞是蝙蝠栖息之处，长洞顶上挂满了密密麻麻，层层叠叠的蝙蝠。有的飞来飞去，不时掠过我们的头顶。吱吱呀呀的尖叫怪声不绝于耳。黑暗之中，令人毛骨悚然。地上无路，到处都是厚厚的蝙蝠粪便，数量之大难以估算。据说这是优质肥料。

傍晚时分，我们再到洞口不远处观看蝙蝠出洞。约 17：40，从洞内窜出一缕"黑烟"，逐渐变大拉长。"烟"无定形，持续不断，蜿蜒而行，迅速飞向远方。不久，形似拖着长尾的黑色巨龙消失在我们的视线之外。这是蝙蝠从洞中外出觅食，每日一次，十分壮观。

原来，蝙蝠畏光，只有在黑暗中看得清楚，因此晚上是他们觅食的最佳时间。蝙蝠成群结队，数量难以计算，当地人估计有百万只以上。过了一阵，蝙蝠回洞，长长的变化不定的"黑色巨龙"来自远方天空，逐渐接近长洞，并向洞口迅速冲来。长洞好像有巨大无比的引力，快速将蝙蝠群吸入洞内。蝙蝠完成了他们每天必做的"功课"，饱餐之后，满载而归。

1991 年 4 月 5 日 马来西亚科技部长刘贤镇陪同参观蝙蝠洞

7 日清晨，我们乘船去清水洞和风洞参观，该处风光大别于姆鲁长洞。之后，乘直升机返回美里。陈华贵副部长设家宴为我们送行。沙捞越州长沈剑辉和华社、商会领导人出席作陪。午宴后，我们辞别主人，乘航班返回吉隆坡。两天之后，我结束了在马来西亚的任期，和夫人邓俊秉乘马航回到北京。

沙捞越之行给我和邓俊秉留下了深刻而美好的印象。我们衷心感谢刘贤镇部长和陈华贵副部长的热情款待和精心安排。我们忘不了沙捞越广袤的土地，无边的森林，漫长的海岸，清澈的海水，丰富的物产，特别是原住民的质朴和热情以及他们独特的历史和文化。

邓俊秉

8. 热心的马来亚"嘎嘎"（大姐）

1988 年 7 月末，我随丈夫周刚首次出使马来西亚。马来西亚位于亚洲东南部，由马来半岛、加里曼丹岛北部的沙巴和沙捞越及其附近的岛屿组成。马来西亚朋友常说马来西亚是一个人少地小的国家。实际上，马面积为 33 万平方公里，当时有人口近 1800 多万，相当于一个欧洲的中等国家。我对这个赤道附近的绿洲闻名已久。早在中学的地理书上就知道马来西亚热带风光美丽，物产丰富，盛产橡胶、棕油、胡椒和锡。中马建立外交关系 14 年来，两国关系有所发展和改善。然而由于种种原因，马来西亚政府对中国缺乏了解，仍有疑虑。到任伊始，我们就有了亲身体验。

抵达吉隆坡后，周刚首先关心的问题是何时递交国书。大使馆虽多次向马外交部催询，但对方迟迟不作明确答复。后经了解，问题是马最高元首公事繁忙。到 8 月底，周刚和我抵达吉隆坡已一个月。我们之所以着急是因为，10 月 1 日是我国国庆节，届时照惯例中国大使馆要以大使或大使夫妇的名义举行国庆招待会。这是使馆一年中最正式和盛大的活动，邀请的贵宾有驻在国政府部长、外交部和有关部门的高级官员、各界名流、工商巨子、各国驻马使节和夫人、华人华侨领袖，以及中国在马企业和留学生代表。请柬一般都要提前半月发出。如果周刚不能在 9 月中旬递交国书，就只能以中国大使馆临时代办的名义发送请柬。在中国新任驻马大使已到任两个月的情况下，这将给马来西亚各界人士和外国驻马使团一个不太吉祥的信息，即中马关系至少有点不顺畅。

幸运的是，我们一到任就结识了马哈蒂尔总理夫人的姐姐萨丽哈女士。这位在马来西亚社交界享有盛名的"嘎嘎"（马来语：大姐）古道热肠，对中国非常友好，是中国大使馆的老朋友。9 月 2 日，她手捧鲜花到中国大使馆来拜访我们。她身材不高，笑容慈祥，双眼炯炯有神。第一次相见，她和我们就一见如故。她热情地要我们认她为"大姐"，也亲切地称呼我为"妹妹"，还要我们不必拘礼，有事尽管去找她。

1988 年 10 月 马来西亚大姐萨丽哈到中国大使馆做客

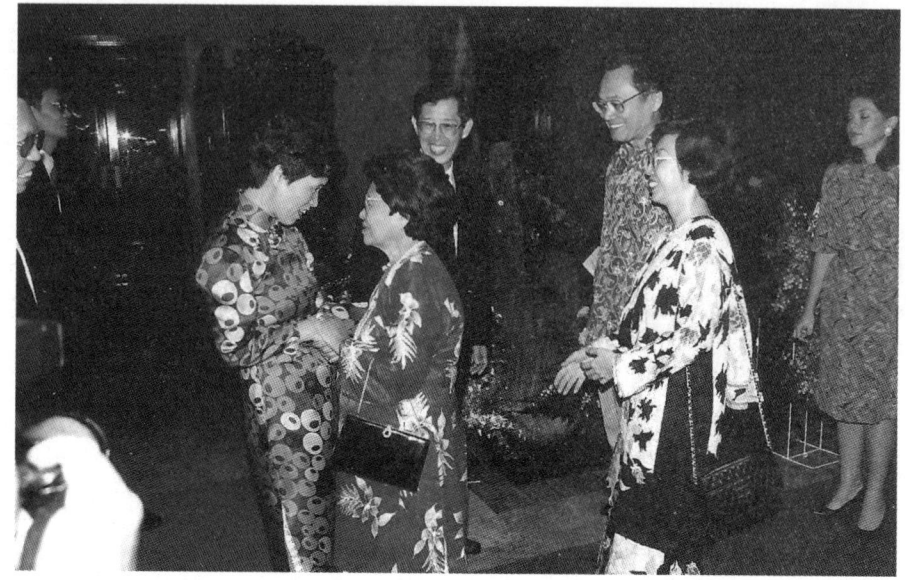

热心的马来"嘎嘎"

　　耐心等了一个多月，仍不见马外交部通知递交国书的日期，我们只得向大姐求援。萨丽哈大姐要周刚放心，还不无幽默地说："看来外交部工作太忙，倒让阁下有机会多休息休息。不过，我想马哈蒂尔总理得知后，定会敦促外交部及时安排你递交国书，决不会延误中国新任大使出面主持国庆招待会。届时，我会亲自前来道贺。"几天后，萨丽哈大姐托人捎来佳音，马哈蒂尔总理已亲自过问，还向她保证，决不耽误"嘎嘎"参加中国大使馆的国庆招待会。9月16日，在我们抵达吉隆坡久等了整整七周后，周刚终于向马来西亚最高元首递交了国书。

　　萨丽哈女士真是一位名副其实的热心友好的"嘎嘎"。虽然我们在马来西亚仅仅工作了2年9个月，但这位大姐却给了我们非常可贵的帮助。她热情地将我们介绍给马来王公贵族，党政军商各界。她亲自引导我结识了马来西亚女士精英界和各种社会女名流组织的达官贵人。更令人难忘的是，由于她将我俩视为无话不谈的知己，我们有幸从她口中了解到一些从别处难以获悉的消息。一次，马哈蒂尔总理突然从公众场合消失，马来西亚媒体也缄口不提。国家主要领导人的健康情况事关重大，极为敏感，需高度保密，故社会上传闻纷纷。当时国内很想了解内情，驻马外交使团更是急于了解真相。但是，这是件很敏感的事，难以向马方军政要员打听。幸好热心的大姐毫无保留地告诉我们，马哈蒂尔因心脏病突发，当晚由其夫人（也是医生）亲自送往医院，并立即请一位美国名医飞抵吉隆坡为他做心脏搭桥手术。

萨丽哈大姐是我们抵达吉隆坡后第一个前来拜访中国到任大使夫妇的新朋友，也是我们离任回国时前往吉隆坡机场为我们送行的最后一位老友。13 年过去，弹指一挥间。我们深深思念这位可敬可亲的"嘎嘎"。2004 年 4 月 20 日，马哈蒂尔前总理访华时，马驻华大使举行宴会，周刚和我应邀出席。席间，我们向马哈蒂尔询问"嘎嘎"的近况，并请马哈蒂尔转达我们对"嘎嘎"的亲切问候和良好祝愿，衷心祝这位德高望重的大姐健康长寿。

9. 皇宫午宴

按照马来西亚的外交惯例，在外国新任驻马使节递交国书仪式结束后，马来西亚最高元首伉俪将举行午宴招待有关国家使节夫妇。不论是递交国书还是最高元首和最高元首后的午宴，马政府均有严格的礼宾要求，外国使节应身着礼服或国服。

1988 年 9 月 16 日上午 11 时半，周刚在马来西亚皇宫向马最高元首伊斯坎达尔递交了国书。下午 1 时，周刚和我驱车抵达柔佛宫参加马最高元首伊斯坎达尔和最高元首后为新任驻马使节夫妇举行的宴会。

应邀出席午宴的有当天递交完国书的四位外国使节（另有加拿大高专、芬兰和古巴大使）以及他们的夫人。周刚和我最先到达富丽堂皇的柔佛宫。皇宫总管陪着四位大使在客厅的一角就座交谈。皇宫总管夫人陪我们几位大使夫人在客厅的另一角小坐。过了一会，最高元首和元首后出来同我们分别相见。

马来西亚实行君主立宪联邦制。最高元首为国家元首、伊斯兰教

1988 年 12 月 马来西亚最高元首的大公主一家到中国大使馆做客

领袖兼武装部队统帅，由统治者会议选举产生，任期 5 年，不能连任。马来西亚共有 13 个州，其中 9 个州的州元首称苏丹，是世袭制，他们组成统治者会议，从中轮流选举产生最高元首和副最高元首。

时任最高元首伊斯坎达尔原为柔佛州苏丹，是 1984 年 11 月 15 日当选的。最高元首后年轻时曾是名噪一时的"马来西亚小姐"，如今虽人到中年，仍是风采依旧，雍容华贵，气度不凡。

午宴安排得很别致。最高元首夫妇分别带领各自的客人相继来到一间宽敞典雅的餐厅。他们首先在一张长长的餐桌两端就座，男女宾客随后分别落座在元首夫妇两侧。男方作陪的有马来西亚外交秘书、皇宫总管，女方在座的有大公主和皇宫总管夫人。男女双方虽然坐在同一张长桌的两端，却相距甚远，互不交谈。

席间，元首后亲切友善，侃侃而谈，颇有外交风度。其他使节夫人显得有些拘谨，远不如女主人活跃和健谈。庆幸的是我事先做了"家庭作业"，收集并阅读了有关最高元首夫妇的资料，有备而来。我毕业于北京外国语学院英语系，在校教授英语 14 年。其后曾在中国社会科学院外事局任英文高级翻译，在中国驻孟加拉国大使馆研究室工作 3 年，并在英国牛津大学作为高访学者做过 1 年研究工作。调到外交部随周刚出使马来西亚，虽然是第一次做大使夫人，但对于外事工作我并不生疏。英语是我的特长，因而午宴时不乏话题。我同最高元首后不仅谈天气，谈家庭，谈妇女职业，也谈马来西亚的风土人情，文化历史。主客没有任何语言障碍，自由交谈，话题轻松随意，增添了宾主双方的友好气氛。当晚在巴布亚新几内亚使馆举行的国庆招待会上，加拿大高专夫人紧紧握住我的双手，一个劲地感谢我在午宴时救了她们的驾。她说："若是我们个个都沉默寡言，只有元首后滔滔不绝，那未免太尴尬了。"

10. 生日晚宴

1988 年 12 月 22 日，周刚和我十分荣幸应邀出席了马哈蒂尔总理的小舅子拉扎利·穆罕默德·阿里的 60 华诞晚宴。

说起总理夫人西蒂·哈斯玛的娘家，在马来西亚可是赫赫有名的名门大家。总理夫人有兄弟七人，当晚的寿星是她弟弟，曾任雪兰莪州的州务大臣。马来西亚的州相当于中国的省，州务大臣相当于省长，是一州的最高行政长官。另一个弟弟是时任马来西亚武装部队总司令，其他几个兄弟也是政界商场的头面人物。西蒂·哈斯玛在三姐妹中排行最小，她和马哈蒂尔总理均是名医出身。老大姐即是活跃在社交和福利事业界中德高望重的"嘎嘎"萨丽哈，二姐嫁给一个商业巨子。

灯火通明，五彩缤纷的宴会厅里挤满了众多前来道贺的至亲好友和达官贵人。当晚这儿几乎聚集了马来西亚政府和军队以及社会各界的所有顶尖人物，有政府各部部长、国会议员、三军高级将领、商业巨子、文化教育界的名流。十几张宴会桌花环争艳，烛光闪闪。马哈蒂尔总理夫妇率先在主桌的主宾座位落座。周刚和我本来安排在第二桌。这时"嘎嘎"悄悄来到我们身边，代表寿星夫妇邀请我俩到主桌

就座。她亲热地说："你们是我家今晚邀请的唯一一对使节夫妇。你们是我们的朋友，千万不要见外，尽情和大家一道欢度这个难得的良宵。"席间，马哈蒂尔总理夫妇和同桌的贵宾有说有笑，饶有兴趣地告诉大家他俩1985年访华的趣闻轶事，还主动问我们有关三峡工程的进展情况。周刚和我也谈了到吉隆坡后的感受。

晚宴结束前，开始了别开生面的余兴节目。马来朋友虽是正统的穆斯林，却能歌善舞，热情奔放。不论是文质彬彬的部长，还是赳赳武夫的将军，均一扫平时的尊严，或站在麦克风后纵情歌唱，或在旋转彩灯下尽情跳舞。令我最惊喜的是马哈蒂尔总理伉俪的出色表演。在众人热烈的掌声中，总理和夫人大大方方走到台前，用马来文和英文演唱了两首优美的歌曲。夫唱妇随，配合默契，想不到总理竟有一副浑厚动听的好嗓子，夫人也是个训练有素的女中音。像这样高水平的总理夫妇二重唱，现今世界恐怕也不多见。当我和周刚仍然陶醉在欢快的气氛中时，寿星夫妇来到面前，邀请我们上台同总理夫妇一起

1988 年 12 月 马来西亚总理马哈蒂尔夫妇同周刚大使夫妇在一起

跳迪斯科。这可将了我们一军。周刚不爱跳舞，又缺乏音乐细胞，三十多年前在莫斯科留学时很少跳舞，以后到外交部也不参加舞会。有时被我拉着下舞池，总要先问音乐是几步的。我在北京外国语学院学习期间虽有时参加周末舞会，却已荒疏多年。然而，主人的盛情难却，我们只好硬着头皮来到舞姿潇洒的总理伉俪身旁。好在是跳迪斯科，随着音乐的节奏，我俩跟着总理夫妇亦步亦趋地跳起来。但是，周刚总是踏不准节奏，手脚很死板。透过闪闪发光的镜片，马哈蒂尔总理朝着周刚友好地眨眨眼睛，仿佛在鼓励中国大使莫泄气，大胆跳。

盛宴必散。午夜时分，寿星拉扎利不无幽默地宣布，他本不愿打断大家的舞兴，但不敢耽误总理次日繁忙的公务。他再次感谢贵宾们光临他的生日宴会，希望明年再欢聚一堂。晚会在一片欢呼声中结束。

11. 忘年之交

吉隆坡是座有着浓郁南国风光，令人陶醉的城市。夜晚的景色十分迷人，高高的椰树在微风中婆娑起舞，潺潺的喷泉在灯光的映照下晶莹剔透。1988 年 9 月 23 日，一个心旷神怡的晚上，我在沙特阿拉伯使馆的国庆招待会上，结识了马来西亚副总理加法尔·巴巴的三女。酷似父亲的哈米达主动向我介绍了马副总理 1987 年的中国之行。我们愈谈愈投机，我邀请她和她的兄弟姐妹在方便的时候来使馆做客。10 月 13 日，加法尔的长女萨丽和丈夫苏布利、女儿哈米达和哈尔蒂妮、儿子索非和夫人、小儿子罗斯曼，一共 7 人，应周刚和我的邀请前来中国大使馆出席晚宴。这些年轻人虽是首次光临我使馆，却落落大方，对周刚和我非常热情友好。席间，随同父亲访华的长子绘声绘色地讲述了加法尔·巴巴副总理访问期间的一件感人往事："父亲在拉萨访问时，心脏病突发（以前历次体检均未发现）。中方立即采取果断行动，将父亲送到成都华西医院。院方当即组织全院最好的专家会诊，采取了有效的方案，因而使父亲的病情很快有了好转。鉴于父亲舍不得放弃访问其他城市的计划，中方配备了医术高明的医生，沿途陪同，精心护理，终于使父亲遂了心愿，圆满完成了访华使命。这次难忘的中国之行，使父亲亲身感受到中国政府和人民对他的一片友好情谊。"回国后，他积极推动马方迅速采取行动，终于在 1988 年 4 月中马两国签订了双边贸易协定。

这次聚会之后，我和周刚同加法尔副总理的子女们成了忘年之交。

加法尔副总理的长女萨丽是父亲的得力助手。由于她母亲长年卧病不起，在各种社交场合，萨丽经常以女主人的身份协助父亲开展活动。1989 年 5 月，周刚和我应邀参加了加法尔副总理代表马哈蒂尔总理举行的开斋节仪式。这是一次规模宏大、热闹非凡的活动。马来西亚高级军政官员、社会名流以及驻吉隆坡的外国使节踊跃出席，济济一堂。加法尔副总理和萨丽热情地欢迎我们。他愉快地回忆起他亲眼看见的中国巨大变化。次日，我俩向副总理和他的长女道贺的照片刊登在马报的显著版面上。使团一位朋友不无羡慕地打趣说："想不到中国大使夫妇居然成了加法尔副总理开斋节活动的明星。"

萨丽虽从未到过中国，却非常喜爱中华民族灿烂的文化和悠久的历史。她特地聘请了一位华人教员，定期教她儿子学中文。1989 年 9 月，她应马来西亚航空公司邀请前往我国进行友好访问前夕，她和丈夫苏布利邀请我和周刚在香格里拉饭店共进晚餐。透过影影绰绰的烛光，闪动着明亮聪慧的大眼，萨丽竟张口说起中文来。我们赞扬她发音准确，吐字清楚，鼓励她访华时进一步提高口语。返回吉隆坡当天，她不顾旅途劳累和感冒发烧，率领夫婿、妹妹以及一些华人朋友，一道前来参加我馆举行的国庆招待会。1991 年 3 月 21 日，在我们离任前夕，因萨丽即将分娩行动不便，我专程前往她家话别。当时虽正值斋月，她破例为我准备了精美的早茶和点心，自己却滴水不进。她坚持要我同意在离前前，接受她的好友—— 马来西亚首任总理的外甥女英丹的采访。她说，她常和这位马来西亚英文版《星报》的知名记者谈起我，后者恳求她定要为《星报》安排一次采访我的机会。萨丽求我不要让她失望，因为这是她和英丹第一次诚心诚意想向马来西亚人民介绍一位使节夫人。3月29日，即我在吉隆坡的最后十天里接受了英丹的采访。这位能干而笔锋犀利的女记者，赶在我离开吉隆坡前夕，将她题为《邓的抱负和使命——一位多才多艺的大使夫人》的专访发表在4月8日的《星报》上，并在当天派人将这份报纸送给了我。光阴似箭，不觉离开马来西亚已26载，这份已经发黄变脆的英文专访仍让我亲切地回忆起在那儿工作和生活的生动情景。

12. "舌战群儒"

1989年"六·四"事件之后，亚太圆桌会议（6月17日至19日在吉隆坡举行）主办国向我使馆表示，应与会国代表的要求，在开会期间将增加"中国局势研讨会"这项议程。根据国内指示，周刚立即前往马外交部会见副秘书长马吉德，要求取消这一新添加的议程。鉴于马方拒绝更改其决定，国内指示我使馆集中精力做好与会的准备工作，由周刚大使出面在研讨会上发言，力争变被动为主动，打好这一硬仗。

圆桌会议迫在眉睫，国内却来不及给我使馆发来有关"六·四"政治风波的正式文件。事不宜迟，周刚立即对我使馆有关单位作了紧急动员，要求调研室全体同志和办公室部分同志全力以赴收集有关资料，并在最短的时间内将他在研讨会上的发言稿突击出来。我们调研室的几位同志充分认识到这次任务的重要性，分头先将中文稿赶写出来。经周刚审定后，又马不停蹄地着手讲话稿的英文翻译。参加笔译的只有两三位同志，我除了完成自己的任务外，还负责全篇英文稿的定稿。我们日夜工作，连续奋战。为了在6月19日的研讨会前完成并赶印出这个英文讲稿，我们采取了分组流水作业的省时做法。负责复印讲稿的同志随时待命立即动手复印我刚审定完的一页页讲稿。由于大家同心合力，分秒必争，我们终于在19日凌晨复印出并装订好上百份讲稿。

19日早饭后，周刚和他秘书小赵带着厚厚几沓讲稿，乘车前往会场。直到中午时分，才见他俩汗涔涔、喜滋滋地回来了。周刚兴奋地说，

这次与会原是被迫应战，未想到竟然取得出乎预料的收获。中国大使实事求是，有理有节的发言，剖析了"六·四"事件的真相，赢得了与会17个国家绝大多数代表的热烈掌声。会议茶歇时，许多发展中国家的驻马大使纷纷前来同周刚拥抱并握手祝贺。捎去的几沓发言稿很快就被一扫而光，不少记者还一个劲儿地催要。周刚回答问题时，场面更是感人。问题一个接一个，问答一直进行到中午，一些代表仍未尽兴，还想提问。有些不明这场政治风波情况的代表，听了周刚摆事实、讲道理的回答后，满意地坐下后继续听会。另一些不怀好意"有备而来"的代表企图利用这次研讨会歪曲事实，混淆黑白，以便达到反华的真正目的。然而，事与愿违，结果却落得个自讨没趣灰溜溜的尴尬下场。

在此后几天的外事活动中，很多使团和当地的朋友纷纷前来主动和我们攀谈，赞扬中国大使的出色演讲，以及他所表现出来的泱泱大国使节的气质与风度。一位颇熟悉中国历史的马来西亚华人朋友诙谐地打趣说，周大使在亚太圆桌会议"中国局势研讨会"上的出色表演和当年诸葛孔明舌战群儒好有一比。

13. 穆斯林葬礼

在马来西亚不到三年的任期中，随着中马两国关系不断升温和发展，我有幸参加了许多内容不同，风格各异的活动。然而，却未料想到竟应邀参加了一次穆斯林葬礼。

马来西亚副总理加法尔·巴巴的幼女，年轻有为，不到30岁已成为马来西亚商界中一位巾帼代表。在猝然辞世前不久，这位能干的女强人从千里迢迢之外的阿根廷请来了探戈舞蹈团，演出了几场轰动吉隆坡的精彩绝伦、热情奔放的南美舞蹈。她的干练和大手笔当时在马来西亚首都社交界传为佳话。谁会料到这位患有哮喘病的副总理千金，一天下午同她朋友在一家饭店喝茶时，气喘突发。她急忙跑进洗手间，还来不及打开装有缓解病情的急救药盒，就倒地窒息而亡。

入葬那天早上，我随吊丧的人们来到城中心一片开阔的墓地。刚刚挖好的长方形墓穴，四周堆着还散发着青草味的泥土。前来参加葬礼的人们均着素色服装，一些马来女士用纱巾蒙着头。不一会儿，几个年轻小伙子抬着灵柩，缓缓走来。灵柩是个长方形却没有盖子的木盒，前后左右披盖着层层花环，马来西亚副总理英年早逝的爱女就躺在鲜花丛中。

紧随着灵柩之后的是加法尔副总理一家人，连他久病卧床、足不出户的夫人也坐着轮椅前来和幼女告别。人们在墓穴周围站定后，主持葬礼仪式的阿訇开始吟诵古兰经超度亡灵。随后，副总理的子侄们将灵柩徐徐下放到墓穴底部，然后一个个轮流将周围的泥土撒在灵柩上，直到将墓穴填平。前来吊唁的马来族亲朋好友手握蘸着清水的树枝，绕着墓穴缓缓行进时，将水珠轻轻洒在它上面。他们鱼贯来到加法尔夫妇面前，默默地同后者握手或拥抱道别。葬礼自始至终庄严肃穆，听不见号啕哀鸣，看不到捶胸顿足。这位风华正茂的大家闺秀已安详地回到了大地永恒的怀抱之中。

14. 华人婚礼

马来西亚的华人有五百多万，约占全国人口的三成。他们在风俗习惯方面仍保持着炎黄子孙沿革下来的传统。男婚女嫁不仅是马来西亚华人家庭的头等大事，也是他们社交生活中的重要活动。

1989 年国庆前夕，周刚和我第一次应邀参加了一个盛况空前的华人婚礼。9 月 28 日晚上，我们来到了香格里拉饭店。灯火辉煌的大厅门前，拿督（注 1）丘思东偕夫人拿汀①正在热情欢迎来宾。丘先生是马来西亚知名的商业巨子。当晚为他从英国学成归来的儿子举行婚礼。宽敞明亮的大厅里，排列着好几十张圆桌，座无虚席。盏盏光彩夺目的大吊灯和个个身着盛装的来宾争相辉映。周刚大使和我在主桌落座，同桌还有马来西亚皇室东姑②、正副部长和商界大亨。大厅的正前方

---

① 拿督（马来文 Dato'）一是马来西亚最高元首对在政治、经济、文化、教育、社会等方面做出贡献的人士授予的等级封号；他们夫人随之封为拿汀（马来文 Datin）。封号按贡献的大小分为四个不同等级，拿督和拿汀为第四等级。

② 东姑（马来文 Tunku-）一是马来西亚各州苏丹皇室授予其皇室成员的封号，表示其高贵的身份。

是举行婚礼的舞台，墙正中挂着两颗相互交错偌大的红心——心心相印，下面贴着祝贺两位新人新婚志喜的金光闪闪的中英文剪纸。台上还放着一个令人叹为观止的巨型冰雕。霎时间，整个大厅华灯齐明，前门打开，身着洁白婚纱礼服的新娘和笔挺黑礼服的新郎在双方亲属的簇拥下，随着"婚礼进行曲"的旋律，缓缓朝舞台行进。摄影摄像师蜂拥而上，抢拍这一短暂而难忘的时刻。这对新人和两家父母登上台后，仪式才正式开始。与我国婚礼有所不同的是，增加了新郎的"新婚演说"。新人丘宏礼操着一口流利的英语，首先作了自我介绍，接着畅谈了婚后立业的远大志向。丘先生代表双方家长祝福这对新人，感谢前来道贺的所有宾客（为数不少的来宾是专程从外地赶来的）。随后，台下丰盛可口的婚宴和台上喜庆幽默的娱乐节目同时热热闹闹地进行。整个晚上，最辛苦的人要数新娘。她不仅要应酬众多宾客，还要抽空换十几套华服。宴会结束后，这对新人，两家父母以及他们众多的亲属在大厅门前一字儿排开，愉快地向好几百个来宾道别。

15. 云顶高原——马来西亚的旅游胜地

20 世纪 80 年代，正当国人走出国门开始"新、马、泰旅游"之际，马来西亚的旅游胜地云顶高原已闻名遐迩。

云顶高原的创办者林梧桐先生是中国大使馆和历届中国大使的老朋友。在我们对他进行礼节拜会之后，他邀请我们去云顶高原参观。我们在马来西亚期间，每年春节都去云顶参加林先生的新春招待会。国内重要代表团来访时，我们一般也陪同前往云顶参观。因此，对云顶高原和他的主人林梧桐先生有更多的了解和更深刻的印象。

云顶高原位于彭亨州西南，在首都吉隆坡东北约 58 公里处。地处马来西亚中部中央山脉（吉保山脉）的中段，海拔约 1800 米。这里重峦叠嶂，全年覆盖着热带雨林，溪水潺潺，花草茂盛，鸟语花香，空气清新。马来西亚全国（包括马来半岛和东马来西亚）位于赤道之北，全年气候炎热，无四季之分，年平均气温为 29 摄氏度。云顶的旅游建筑群位于海拔 1772 米的乌鲁卡里山，这里气温比首都吉隆坡等地约低 4–5 摄氏度，因而成为理想的消夏休闲之地。

云顶高原每年吸引上百万的国内外游客。这里旅游设施齐全,规划有序,各有特色。有从豪华总统套间到普通标准间种类齐全的5星级饭店及一应配套设施:功能厅、商务中心、会议室、购物中心和各种餐厅,有电动游乐设施、游泳池、保龄球馆、室内体育馆、高尔夫球场、吊桥、空中缆车,有人工湖和环湖儿童火车。笔者夫妇曾应林梧桐先生之邀,来此度周末。白天,在阳台上仿佛置身于云雾环绕的蓬莱仙境,可以饱览变化莫测的云海。夜间,山风怒吼,犹如惊涛骇浪,不时传入耳际,动人心魄。

谈到云顶高原的开发,不能不谈一谈这一旅游胜地的开拓者林梧桐先生。一些当地朋友和林先生的高级助理许培生先生曾向我们介绍林先生的传奇故事。林梧桐祖籍福建安溪,1918年2月28日生。16岁丧父。年幼的他不得不退学,贩卖蔬菜种子,以补家用。1937年,日本发动全面侵华战争。19岁的林梧桐只身漂洋过海到马来亚谋生。他初学木匠,后卖杂货。1941年至1945年,日本占领马来亚期间,他种过蔬菜,卖过茶叶,经营五金器具,收售废旧金属。他勤劳苦干,善于经营,胸怀大志。1954年,他自办建筑公司。1964年,他在工地纳凉时受到启发,产生了修建避暑胜地的想法。经多次考察,他于1965年选中了云顶森芭山来实现他的理想。为此,他投入了多年的全部积蓄。但是在头7年内没有丝毫回报,云顶私人有限公司处于破产边缘。在施工过程中,他事必躬亲,既是工人,又是项目主管和工程师。施工中倒下的大树,山体滑坡和车祸,先后六次差点夺去他的生命。他向彭亨州和雪兰莪州申请了4940公顷山地进行开发。在最困难的时候,林梧桐求佛保佑。据说观音菩萨给了他启发和勇气。他破釜沉舟,向银行借贷,坚持把工程搞下去。云顶开发的成功吸引了千千万万旅游者,林梧桐的事业从此蒸蒸日上。林先生在山半腰修建了庙宇,供奉观音,报答菩萨的保佑。我们上山游览时途经此地,看到庙内香火鼎盛,信男信女们虔诚地向观音大士叩首礼拜。可以想象,他们也希望得到这位大慈大悲的救世主的赐福。

如果说决心、毅力、远见是林梧桐先生事业成功的关键,那么,

周刚大使同（左起）唐裕先生、杨国斯科技部长、云顶高原总裁林梧桐先生等在
一起

机遇则给他提供了腾飞的翅膀。1969 年 3 月 31 日，当云顶第一家酒
店奠基时，马来西亚总理给了他一个惊喜，马政府同意给云顶公司发
放赌场牌照。占马来西亚人口一半以上的居民马来人信奉伊斯兰教，
伊斯兰教是马来西亚的国教。伊斯兰教禁止信徒（穆斯林）赌博。云
顶赌场既然是政府发放牌照的唯一合法赌场，可以向国内的非穆斯林
和外国旅游者开放，因而在马来西亚成为垄断企业。云顶赌场面积宏
大，赌具一应俱全。既有简单的吃角子的老虎机，也有高级一点的转盘，
更有警卫森严的封闭豪华套房供一掷千金的大亨斗富。据说，一些石
油富翁不远万里乘飞机来这里豪赌一场，悄悄而来，静静而去。赌场
人员为他们严格保密。作为经政府批准经营的赌场，政府向它收取高
达40%的营业税。

赌场规定，只有衣冠整齐的人才能进入。赌客中以当地华人和东
南亚国家的旅游者为主。他们抱着发财的目的而来，但是真正赌赢的
寥寥无几。不是他们赌技不精，也不是运气不佳，而是赌场"经营有

方"。据朋友告，各种赌具都通过电子计算机掌控，电脑程序已设定，赌客只有4%–5%的获胜率。中国人所说的"十赌九输"是千真万确的。当然，赌场也有公开人性化的宣传：一位新加坡赌客，多年前在云顶赌博，早将家产输光，无颜回去见家人和江东父老，赌场已将他收留并承诺为他养老送终。这也算是对输光的赌徒的一点最后安慰。

1989年8月底至9月初，中国商务部长胡平访问了马来西亚。这是"六·四"政治风波之后，我国首位访问马来西亚的政府部长。马方相当重视，除了原产部长林敬益等内阁成员和中国部长举行会谈外，华裔商业大亨亦主动接触和拜会中国贵宾。应董事长林梧桐先生的邀请，周刚和我陪同胡平部长一行于9月2日至3日，参观了这个享誉海外的旅游休闲场所。2日早上，中国代表团到达云顶饭店后，在董事长助理许培生先生陪同下，参观了该饭店的优雅环境和独特设施，以及云顶的赌场。林梧桐董事长十分热情友好，亲自出面主持欢迎胡平部长一行的午宴和晚宴，还陪同中国客人观看了美国马戏团在大型演出厅的表演。

16. 破冰之旅

马来西亚妇女组织理事会是该国三大民族（马来人加其他土著，华人以及印度人）妇女的全国性组织，还在马各地有其分支机构，类似中国的全国妇联。1989年开斋节期间，我有幸作为少数几个非伊斯兰国家的使节夫人，应邀参加了该理事会的联谊活动。从此，我与该组织的主席萨丽哈（马来西亚交通部副部长）以及其他成员有了友好的交往。自中马两国建交以来，马方从未派遣其妇女代表团访华。我国妇联为了促进两国妇女的来往和了解，委托我相继做该组织的工作，争取其出面组团访华。

根据马来西亚妇女的特点和喜好，我陆续组织了一些生动活泼、内容丰富的活动，增进了她们对中国古老文明和目前发展的了解，从而密切了我和该组织的关系，加深了相互的感情。只要有空闲，萨丽哈女士和理事会的其他领导成员总是愉快应邀。除了自己组织的各种

电影招待会、小型展览以及余兴表演等活动外，1990年2月，我还专门借正在访问马来西亚的中国民族艺术团的东风，见缝插针，请他们在公演空隙时前来使馆献艺。上海气功大师陆国柱的精彩表演赢得了所有来宾经久不息的掌声。当他张开嘴表演吞咽长达尺余的宝剑时，一些女宾吓得连忙用手挡住双眼，却又受不了好奇心的驱使，微微分开手指，透过指间缝隙观看这一惊心动魄的绝技。浙江歌舞团的团员们以其富有浓厚江南特色的轻歌曼舞，令来宾对我国的灿烂文化赞不绝口。上海时装队的年轻模特儿身着飘飘欲仙的旗袍，随着悠扬悦耳的民乐风姿绰约款款而行时，所有来宾目瞪口呆，为之倾倒。

经我一年多来的不懈努力以及萨丽哈主席的积极推动，马来西亚妇女组织理事会，终于在我们离任前夕，与中国妇联商定将在1991年4月下旬由其主席亲自率团访华。1990年4月12日，我应邀向即将访华的马来西亚妇女代表团成员以及马妇女理事会邀请来的其他女宾做了题为《发展中的中国妇女》的报告。听众反应热烈，她们争先恐后连珠炮般地向我提问。最使我忍俊不禁的是"中国姐妹现在还裹脚吗？""中国男士如何调解他们妻妾之间的矛盾？"等早已过时的问题。不料，这次演讲竟在吉隆坡引起了连锁反应。《内轮》俱乐部（是《扶轮》俱乐部的姐妹组织）和其他妇女组织恳求我在离任前能挤出时间去做报告。由于时间太紧，我只能在回国前一周，应邀前去《内轮》俱乐部做了报告。

5月初的一天，在马来西亚妇女代表团结束访华的前夕，我和周刚（当时我们已经从马来西亚离任回国，准备前往巴基斯坦履新）应团长萨丽哈的请求，专程前去北京机场同她相见。遗憾的是当时呼啸大作的狂风使该团不得不滞留在天津。事后，萨丽哈团长来信，对我俩在机场等候多时深表歉意，希望今后还有重逢的机会。次日，中央国际电台的记者为该团访华特来采访我时，我表示未能在首都机场与萨丽哈话别虽是件憾事，然而作为中国大使夫人，能为成功地推动马来西亚妇女代表团实现其首次访华略尽微力而感到欣慰。我相信中马两国姐妹今后定会增加各种交往，进一步促进相互的了解和友谊。

巴基斯坦篇

周　刚

1. 中国大使馆庆祝中巴建交 40 周年的招待会

　　1991 年 4 月上旬，我结束了在马来西亚的任期，离任回国。此前，外交部已通知使馆，经中央批准，我将出任中国驻巴基斯坦大使。回到北京后，我同夫人邓俊秉来不及休息，即马上做赴任的准备工作。因为 5 月 21 日是中巴建交 40 周年，两国分别举行热烈隆重的庆祝活动。外交部要求我最迟在 5 月上旬抵达巴基斯坦首都伊斯兰堡履新，主持中国大使馆的大型招待会。

　　5 月 18 日，巴基斯坦外交部礼宾司非常及时地安排了我向巴基斯坦总统伊沙克·汗递交国书。上午 9：00，巴外交部礼宾司副司长来中国大使馆迎接我，陪同我乘巴方礼宾车去总统府。抵达总统府前的广场时，礼宾司长迎接我，并陪同我乘马车前往检阅台。登上检阅台后，

1991 年 5 月 18 日向巴总统递交国书前检阅仪仗队

奏中国国歌。随后，我由礼宾司长和仪仗队长陪同检阅仪仗队。我的夫人邓俊秉和中国大使馆的参赞和武官夫妇出席，并随后到总统府参加递交国书仪式。10：00整，礼宾司长和总统军事秘书陪同我到达总统府大厅。我走向前去，向伊沙克·汗总统递交国书。之后，双方入座，进行了十分热切友好的谈话。

中国和巴基斯坦于1951年5月21日建立外交关系。建交40年来，中巴关系经历了最初几年的相互认识和了解过程，从20世纪60年代开始不断发展和深化，结成了全天候友谊，开展了全方位合作。两国政府决定热烈隆重庆祝建交40周年的大喜日子。两国国家元首和政府总理互致贺电。两国领导人互访。两国大使馆分别在伊斯兰堡和北京举行盛大招待会。文艺团体互访，以及举办其他庆祝活动。

中国驻巴基斯坦大使馆的庆祝建交40周年招待会定于5月20日举行。在我抵达伊斯兰堡之前，大使馆的同志们为了这次招待会已经做了大量工作：确定客人名单，印制和发送请柬；向巴基斯坦外交部礼宾司了解出席招待会的巴方领导人；布置招待会大厅；制定安全保

向伊沙克·汗总统递交国书

卫和食品安全的细则；联系伊斯兰堡饭店，聘请招待人员；落实使馆各室处的分工。

5月20日，大使馆院内灯火辉煌，办公大楼张灯结彩。招待会于晚七时半开始。但是，很多客人已经提前抵达。按照惯例，我和夫人邓俊秉在招待大厅门口迎接客人。客人热情地向我们表示祝贺，并对我们履新表示热烈欢迎。时间不长，大厅里已经人头攒动，一片欢声笑语。中国大使馆的外交官和他们的夫人同巴基斯坦客人亲切交谈，互致问候，畅叙友谊。

不久，巴基斯坦外交部礼宾司官员前来告诉我，巴基斯坦总统的车队很快就要到达使馆。我和邓俊秉随即走向大楼门口等候。车队抵达后，总统的专车停在楼门口正中。使馆招待员向前打开车门，伊沙克·汗总统走下汽车，我和邓俊秉同总统握手，并陪同总统到贵宾室稍坐。宾主进行了十分亲切友好的交谈。我热烈欢迎并感谢总统出席使馆建交40周年招待会，并表示，总统亲自光临充分体现了总统本人和巴基斯坦政府对中巴关系的重视，以及对中国人民的友好情谊。相信通过双方庆祝建交40周年的各项活动，必将进一步加深两国人民的友谊，推动两国关系的发展。伊沙克·汗总统表示，巴中建交40周年是一件大事，他很高兴出席中国大使馆的庆祝招待会。他说，中国是巴基斯坦久经考验的好朋友，巴基斯坦人都为巴中友好而自豪。他强调，他和巴基斯坦政府把对华友好作为巴基斯坦外交政策的基石，将同中方一起努力不断把两国关系推向前进。在宾主交谈正浓之际，礼宾司长请总统到招待会大厅同客人见面。当我和邓俊秉陪同总统进入大厅时，全场响起热烈的掌声。我们来到大厅中央早已准备好的蛋糕桌前。我请总统切蛋糕。桌子四周已挤满了记者，照相机的闪光灯闪个不停，记录了这个有意义的时刻。我和邓俊秉把一片蛋糕盛在盘子里送给总统，又盛了几盘请在桌子旁边的贵宾品尝。伊沙克·汗总统同巴基斯坦参议院主席瓦希姆·萨贾德和国民议会副议长等贵宾握手。之后，我和邓俊秉陪同总统绕场一周和参加招待会的宾主见面。客人们争先恐后地同总统握手致意。礼宾司长走过来提醒，到总统

1991 年 5 月 21 日伊沙克·汗总统出席中国驻巴使馆为中巴建交 40 周年举行的招待会

离开的时候了。我陪同总统走向大厅前门。总统的车队已在门口等候。总统同我和邓俊秉握手告别之后，登上专车。我们挥手并目送总统离去。

招待会的气氛十分热烈、友好。参加招待会的有巴政府各部高级官员、陆海空三军高级将领、各界知名人士和巴中友协的朋友四五百人。宾主沉醉在友谊之中，忘记了时间的流逝。很多巴基斯坦朋友迟迟不愿离去。

第二天，巴基斯坦主要乌尔都文和英文报纸纷纷报道中国大使馆招待会的盛况，热情赞扬巴中友谊。巴基斯坦电视台播放了 20 日我在电视台就中巴建交 40 周年发表的讲话。

这是我抵达巴基斯坦数日后举行的第一次大型活动。我被中巴友好的热烈氛围所感染，亲身领略到两国"全天候友谊"的真正含义。在此后的四年里，我和邓俊秉一直生活在巴基斯坦兄弟姊妹的友谊海洋里。

2. 国家主席杨尚昆对巴基斯坦的国事访问

在 1991 年庆祝中巴建交 40 周年活动中，最重要的是中国国家主席杨尚昆对巴基斯坦的国事访问。杨尚昆主席于 10 月 26 日中午抵达伊斯兰堡。他从机场直接去夏克帕利扬小山，在那里植树留念。这座风景秀丽的小山上，周恩来总理等中国领导人都曾经植过树。这些树在巴基斯坦朋友的精心管理下，都已茁壮成长。杨尚昆主席和吴学谦副总理等主要陪同人员下榻总统府。

高规格的接待

杨尚昆主席是中国老一辈无产阶级革命家，卓越的党和国家领导人。他也为巴基斯坦人民所尊敬。对他在中巴建交 40 周年之际来访，巴基斯坦领导人和政府非常重视，给予了热情友好高规格的接待。当晚，巴总统伊沙克·汗在总统府举行盛大国宴。27 日上午，杨尚昆主席同伊沙克·汗总统会谈。下午，巴总理谢里夫到总统府拜会杨主

1991 年 10 月 28 日周刚、邓俊秉同杨尚昆主席和巴总统在一起

席。晚上，谢里夫总理宴请杨主席。28日上午，巴参议院主席萨贾德、国民议会议长戈哈尔·阿尤布·汗先后拜会杨主席。下午，伊沙克·汗总统陪同杨主席乘专机离开伊斯兰堡去巴基斯坦文化名城拉合尔访问，机场上举行了盛大的欢送仪式。抵达拉合尔时，旁遮普省领导人到机场迎接。晚上，省督举行隆重宴会。席间，巴基斯坦军乐团吹奏中巴两国名曲，《在北京的金山上》《我爱北京天安门》和《洪湖水浪打浪》等中国名曲赢得了宾主特别热烈的欢迎。身穿苏格兰裙子的风笛手一边演奏一边来到宴会桌前，也受到客人的喜爱。29日，巴方在夏莉玛公园为中国国家主席举行有数千人参加的市民招待会。当杨主席进入公园时，在喷水泉池两旁身穿传统民族服装的青少年不断向中国贵宾抛撒五颜六色的花瓣，"巴中友好万岁"的欢呼声此起彼伏。招待会上主人和吴学谦副总理的讲话激起阵阵掌声，把招待会推向高潮。

丰硕的访问成果

杨主席同巴领导人会谈和会见时，就如何进一步发展中巴友好合作关系和双方共同感兴趣的国际和地区问题，深入地交换了意见，达成了广泛的共识。两国签订了经济和技术合作协定，向在巴基斯坦的阿富汗难民提供援助的协定。杨主席会见了巴中友协的朋友，赞扬和感谢他们多年来为增进两国人民的友谊所做的努力。杨主席还接受了巴电视台的采访。在参观拉合尔古城堡时，向巴基斯坦奠基人伊克巴尔墓献了花圈。10月30日，杨尚昆主席圆满结束在巴基斯坦的访问，离开拉合尔，去伊朗访问。

质朴平易的领导人

作为友好国家德高望重的国家元首，杨尚昆主席受到巴方最高规格的接待。他同巴基斯坦领导人和各界人士会见和谈话，既是年事已高的长者，又是亲切平易的朋友。巴领导人对他非常尊敬。

杨主席还到大使馆看望使馆工作人员和在巴的专家、留学生代表。他在讲话中肯定大家的辛勤工作和学习，问寒问暖，希望大家为国争

光，为促进中巴友好合作关系和两国人民的友谊而努力。我代表大使馆的全体工作人员和在场的专家、留学生，感谢杨主席的勉励，表示一定不辜负他和祖国人民的期望。

3. 中巴之间的高层访问

从杨尚昆主席访巴可以看出领导人的访问对发展两国关系的重大作用。

我在巴任职的四年中，两国高层领导、政党领袖、军队领导人互访频繁。中国访巴的还有全国政协主席李瑞环、中共中央政治局常委宋平、国务院副总理钱其琛、中共中央政治局委员尉健行、全国人大常委会副委员长赛福鼎、全国政协副主席钱正英等党和国家领导人，以及中央军委委员、中国人民解放军总参谋长张万年，中央军委委员、中国人民解放军总后勤部长傅全有等。巴方访华的有莱加利总统、谢里夫总理、贝娜齐尔·布托总理、参议院主席萨贾德、国民议会议长戈哈尔·阿尤布·汗和赛义德·优素福·拉扎·吉拉尼、穆斯林联盟和人民党的领导人，以及巴参谋长联席会议主席、陆军参谋长、空军参谋长、海军参谋长等。

这里特别讲一下全国政协主席李瑞环1993年12月4日至9日对巴的正式友好访问。这是贝·布托10月就任总理和莱加利11月就任总统后，中国主要领导人首次访巴。巴方高度重视，给予了很高的礼遇。巴参议院主席萨贾德作为主人不仅到机场迎接、会见和宴请，而且乘专机陪同去外地访问，并送行。萨贾德主席还出席了我为李瑞环主席访问举行的招待会。莱加利总统会见并宴请，贝·布托总理会见，吉拉尼议长会见并宴请。李瑞环主席到拉合尔、卡拉奇访问时，旁遮普省和信德省省督、省首席部长和省议会议长均迎接、会见、宴请和送行。巴中友协举行欢迎茶会，拉合尔市举行大型市民招待会。李瑞环主席接受记者采访，到中国大使馆和中国驻卡拉奇总领事馆看望使领馆同志并讲话勉励。李瑞环主席在同巴领导人会见和会谈时，热情坦诚，推心置腹，高度评价中巴关系，衷心感谢巴方对中国的支持和合作，

同访问巴基斯坦的中共中央政治局常委宋平同志在一起

中共中央政治局委员尉建行访问巴基斯坦

赛福鼎副委员长访问巴基斯坦

全国政协副主席钱正英访问巴基斯坦

钱其琛副总理访问巴基斯坦

访问巴基斯坦的全国政协主席李瑞环会见大使馆同志

就进一步发展两国关系提出建设性建议。他特别强调，中巴友谊经受了时间的考验，中巴两国患难与共，"贫贱之交不可移"。他的谈话受到巴领导人的积极回应，收到良好效果。

这些高层访问以及中央政府各部和地方政府负责人的互访，有力地推动了中巴关系的发展，增进了相互了解、友谊和合作。

4. 巴基斯坦对中国的宝贵支持

在第二次世界大战之后，不少国家签订了同盟条约，一些国家成立了区域性集团。当今的世界时兴建立战略合作伙伴关系。但是，国与国之间的关系能够遵循和平共处五项原则，真正互相尊重，平等相待，互利合作，且长达半个世纪的并不多。中国与巴基斯坦的关系就是其中之一。这种关系堪称国与国之间关系的典范。中巴睦邻友好合作关系的最大特点之一是双方高度互信，相互理解和支持对方的核心利益。我在巴基斯坦工作期间对此深有体会。

在我同巴领导人和政党领袖、军政高官、社会名流以至平民百姓接触中，一谈到中巴关系，他们就赞扬中国对巴基斯坦的帮助，称中国是巴最可信赖的朋友。我亲身的经历说明，巴基斯坦同样给予中国以宝贵的支持和帮助，用北京人的话说，巴基斯坦是中国的"铁哥儿们"。

在涉及台湾、西藏、新疆和人权问题等中国的核心利益和重大关切问题上，巴基斯坦对中国的支持是坚定的、一贯的。在中国领导人访问巴基斯坦同巴领导人会谈时，在中国重要代表团会见巴政要时，巴方都明确表示坚持一个中国政策。1992年10月，巴总理谢里夫访华，在同李鹏总理会谈时重申在台湾、西藏和人权问题上对中国的支持。1993年12月，贝·布托总理访华时向李鹏总理表示，支持中国在台湾、西藏、香港和人权问题上的立场。1994年12月，巴基斯坦总统莱加利访华时，在同江泽民国家主席会谈中，表达了同样的态度。

20世纪90年代，美国总要在日内瓦人权会上向中国发难。每年春天，我都到巴外交部谈人权问题。1992年3月8日，我约见巴外交部辅秘贾维德·侯赛因，就巴基斯坦在第48届人权会上对中国的支持表示感谢。侯赛因表示，这是巴基斯坦应该做的，巴方能在涉及中国重大利益问题上为中国朋友做些什么，是巴方的荣幸。他强调，巴方将一如既往支持和配合中国。

1993年3月2日，我往见巴外交部辅秘莫尼尔·阿克拉姆，商谈在第49届日内瓦人权会上如何应对西方提案。阿克拉姆非常坦诚友好地表示，中国的关切就是巴的关切，中国朋友希望巴方怎样配合，请直告，巴方将尽力帮助，以巴方的方式全力配合中方。听到这里，我深为感动。这不是一个国家的外交部高官在表态，这是一个兄弟的肺腑之言。实际上，巴方的帮助每次都发挥了很好的作用。因为，巴在人权委员会的伊斯兰国家成员国中有很多朋友，同一些西方成员国也能说上话。而且，巴方在多边外交舞台上有丰富经验，巴驻日内瓦代表团大使英文水平高，外交语言表达能力强。因此，巴代表团做工作的效果有独到之处。

与巴基斯坦外秘夏利亚尔夫妇在一起

　　1994 年 3 月 3 日，我往见巴基斯坦外交秘书夏利亚尔，希望巴在第 50 届日内瓦人权会上以程序性动议打掉西方的反华提案。外交秘书表示，贝·布托总理在去年 12 月访华时明确表达了在台湾、西藏、香港、人权问题上支持中国的立场，这次人权会上巴方也不例外。他说，巴方支持中国反对西方的反华提案是基于中巴友好、单一标准和原则立场。巴政府已指示巴驻日内瓦代表团投票支持中国立场。我向外交秘书表示感谢。

　　1995 年 1 月 9 日，我往见巴基斯坦外交部辅秘莫尼尔·阿克拉姆，就西方国家拟在第 51 届人权会上搞反华提案事，请巴方支持和配合中国打掉上述提案。辅秘表示，中方希望巴方如何配合，巴方就怎么配合；中方完全可以期望得到巴方的全力支持。3 月 20 日，我奉命向巴方外秘谢赫就巴方在这届人权会上支持中国打掉西方提案事，转交钱其琛副总理兼外长致巴外长阿希夫·阿里的感谢信。

　　在我从巴基斯坦离任回国以来的 22 年中，巴基斯坦坚持奉行一个中国的政策，在涉台、涉藏、涉疆等中国的核心利益问题上，继续密切配合中国，给予了宝贵的支持。巴基斯坦公开明确支持中国实现和平统一大业，并在打击"东伊运"恐怖势力上坚定支持中国的立场。这是中国人民永远不会忘记的。

　　2009 年 7 月 25 日至 27 日，我作为杨洁篪外长的特别代表访问巴基斯坦。我先后拜会了巴外秘巴希尔、外长库莱希和总理吉拉尼。我向他们介绍了新疆乌鲁木齐"7·5"严重暴力犯罪事件的原因和重大后果，以及中国采取的稳定当地局势的措施和收效。我代表中国政府感谢巴基斯坦政府在此问题上对中国的充分理解和明确支持。吉拉尼总理说，中国是巴基斯坦的好朋友，在中国需要的时候，巴方应该给予支持，正像中国在巴有困难时一贯支持巴基斯坦一样。库莱希外长和巴希尔外秘都表示，巴方完全理解中国的处境，支持中国所采取的举措。他们非常诚恳地说，中国的稳定就是巴基斯坦的稳定，中国的稳定和发展有利于巴基斯坦。在伊斯兰国家组织秘书长拟召开紧急会议讨论乌鲁木齐事件时，巴基斯坦不仅明确反对，而且还告诉秘书长，

1993 年 10 月与巴基斯坦国民议会议长吉拉尼在一起

中国是伊斯兰国家的好朋友，在中国面临困难时，伊斯兰国家应该支持中国，而绝不能做伤害中国利益的事情。外长说，为了取消上述紧急会议，他不惜同那位土耳其籍的秘书长激烈争辩。

在伊斯兰堡的三天中，我还会见了穆斯林联盟（谢里夫派）秘书长达尔、伊斯兰促进会秘书长和伊斯兰神学会负责人，以及前议长、前外秘和前驻华大使，同巴多家媒体座谈，介绍有关情况和中国政府采取的举措。他们不仅向中国表示同情、理解和支持，还提出不少有关如何做伊斯兰国家工作的建议。

患难知真交。这就是中国面临困难时的巴基斯坦朋友。

5. 全力营救被绑架的中国工程技术人员

进入 21 世纪，国人对中国驻外大使馆和总领事馆的领事保护业务越来越熟悉。随着上亿中国人走出国门和上万个中国企业实施"走出

去"战略，保护在海外的中国公民和中国法人的利益和安全成为中国驻外使领馆的一项重要任务。中国公民在国外遭到天灾人祸，中国最高领导人会在第一时间作出指示，中国有关驻外使领馆会立即启动营救方案，中国的广大老百姓会跟踪关注自己同胞的生死存亡。这种外交为民的理念和实践已成为今日外交的常规。

在 20 多年前，当我在巴基斯坦工作时，遇到中国公民遭遇绑架、车祸等突发事件，领事保护业务还没有机制化。当时巴基斯坦的治安形势总体上是稳定的。但是，由于阿富汗战乱的影响，巴基斯坦边境部落地区同中央的利益摩擦，中国在巴工作的工程技术人员的安全已存在隐患。

下面讲讲我组织领导营救中国企业在巴员工的几次经历。

1991 年 10 月 10 日晚上，我和邓俊秉去机场迎接巴基斯坦总统访问沙特阿拉伯归来，刚回到使馆就接到巴基斯坦外秘打来的紧急电话：中国在卡拉奇的一位姓张的专家被匪徒绑架，有关情况尚待了解。我立即和卡拉奇总领馆联系，请他们尽快了解情况。令人感到欣慰的是，第二天凌晨，巴基斯坦外秘即打电话告我，被抓中国专家已经获释。这使我和总领馆一颗悬着的心放了下来。

1993 年 9 月，中地公司在巴工作的两名人员被绑架。9 月 22 日，我拜会看守政府外长阿卜杜勒·萨达尔，请巴方采取措施解救二人。由于巴进行大选，营救工作进展缓慢。其后，在 1993 年 11 月，1994 年 3 月、4 月和 5 月，我先后约见巴基斯坦外秘，敦促巴方加大营救力度。经多方努力，二人不久获释。5 月下旬，我患急性传染性肝炎，回国治疗和休养，8 月出院。8 月 19 日，我在北京参加了中地公司为这两位同志安全回国举行的招待会，当面向他们祝贺和慰问。这次营救，时间很长，两位同志备受折磨，反映了绑架事件的复杂和营救工作的艰难。

1992 年 10 月发生的绑架事件却复杂曲折得多，而且带有很大的戏剧性。

灾难从天而降

10月19日午夜，我和邓俊秉在国内接待巴基斯坦总理谢里夫访问后，乘中国民航回到伊斯兰堡。使馆临时代办一见面就紧张地告诉我，在俾路支斯坦省山达克铜金矿工作的6名中国专家被不明身份的人绑架，详情正在查询。经连夜向负责同该矿合作的中国冶金公司负责人和中国驻卡拉奇总领馆了解，事件发生的情况是：山达克铜金矿一行6人，于19日晨7时乘吉普车离开工地赴俾路支斯坦省会奎塔公干，巴方武装警察乘车在后警卫。下午2时，行至帕达克时，在一前后无人的拐弯处，被尾随在后的一部卡车赶超。车上跳下武装人员持枪命令他们下车，换乘他们的卡车后，绝尘而去。巴方警车抵达拐弯处时已不见中国专家踪影。据巴基斯坦矿业发展公司告，他们已将此事报告俾路支省长，巴方当地驻军已开始全力追踪搜索。

这一夜，我和使馆的主管领导难以入睡。

紧急大营救

祖国亲人在国外遭到绑架牵动万人心。国内外的大营救工作开始了。在北京，外交部是指挥部。中国驻巴基斯坦大使馆是前线。另外，还有驻卡拉奇总领事馆和驻阿富汗大使馆从旁协助。

20日上午，我紧急约见巴基斯坦外秘夏利亚尔。外秘主动表示，巴基斯坦政府获悉这一不幸事件后深为关切。巴中央政府、俾路支斯坦省政府、巴军方正全力以赴。巴方注意不采取过激行动，以免绑架分子铤而走险，威胁人质的安全。据俾路支斯坦省首席部长告，绑架者及6名中国人已于19日下午经巴基斯坦和阿富汗边界口岸阿纳姆波斯坦进入阿富汗坎大哈省。我表示，从北京一抵达伊斯兰堡即得到此不幸消息。现在我奉命告诉阁下，中方对中国公司员工安全十分关注，希望巴方采取一切可能措施，使中国6名员工早日获释。当前最重要的是安全、特别是两位女士的人身安全。我要求巴方对山达克项目工地中方人员往返工地和卡拉奇、奎塔、拉合尔采购生产和生活物资，提供旅途安全保障。外秘表示，巴方正在采取一切可能措施营救

中国朋友，并增派警力保护工地的中国员工的安全。他还告诉说，巴基斯坦政府还要求阿富汗政府和坎大哈省当局合作营救。

当天下午，大使馆经济商务参赞陈子斌约见巴基斯坦内政秘书西帕拉，商谈营救事宜。

22日，中国外交部亚洲司副司长张成礼紧急约见阿富汗驻华大使馆临时代办苏哈尼亚尔，表示中国政府十分关心，员工家属极为焦虑，请阿方采取一切可能措施营救，寻找人质下落，保证其安全并早日获释。代办表示，阿方将尽力协助寻找。

谢里夫总理亲自关心营救工作

事发第二天，巴政府派奎塔地区专员和山达克矿负责人率领50名武警，分乘8辆汽车，沿路搜寻线索，追踪绑架者，并于当日进入阿富汗境内。

22日下午，我会见巴内政部长舒贾特·侯赛因。部长表示，两小时前，谢里夫总理同他讨论了此事。总理深感不安，指示内政部采取一切可能措施营救。内政部打破常规，越过省政府直接处理此事。

23日晚7时，侯赛因部长打电话告诉我，6名员工现在巴阿边境一个阿富汗部落手中，巴方已派人同其进行谈判，绑架方提出了一些释放条件。巴方要求首先放人，对对方提出的条件将给予同情性考虑。为了确保中国人员不受伤害，巴方采取了特殊措施。

一个小时之后，夏利亚尔外秘给我打电话称，经过核实，6人现在阿富汗境内，系被卡来布扎伊部落绑架，这一事件同边境两边的部落矛盾有关。巴方已同阿富汗政府联系，拟派准军事部队到阿富汗境内营救。外秘强调，谢里夫总理非常关心此事，当务之急是保证人质安全。

25日，巴基斯坦外长坎久和外秘、总理顾问罗伊达德·汗、科技部长苏姆罗先后告我，谢里夫总理召开内阁会议，专门讨论营救事。总理十分不安，指示派内政部秘书前往俾路支斯坦省会奎塔协调营救工作。

26 日，谢里夫总理在为美国大使饯行的午宴上，同我专门交谈了 10 分钟。他对 6 名中国员工被绑架事深表不安和歉意。他说，巴政府正在采取一切措施进行营救。他已派内政部秘书去奎塔，事情已有进展。他强调，巴政府处理此事的首要考虑是中国人员的安全，不使他们受到任何伤害。他说，请大使放心，相信事件可于近日解决，一有好消息即告阁下。我对谢里夫总理的亲自关心和巴政府采取的营救措施表示感谢。

27 日中午，内政部长打电话告我，根据谢里夫总理的指示，巴基斯坦有关机构和边防部队已加强警戒，搜捕罪犯。部长强调，巴决不允许第三者阻碍中国朋友对巴援助的图谋得逞。他说，已成立一个由巴基斯坦和阿富汗中央和地方政府、部落会议代表组成的协调委员会。巴方已派人赴阿，28 日将同绑架者所在的部落谈判。

阿富汗政府的积极协助

21 日，即事件发生的第二天，巴内政部秘书立即会见正在巴访问的阿富汗国务部长，通报了有关情况，请阿部长亲自过问，使人质早日获释。阿部长表示愿尽力帮助。

22 日，中国驻阿富汗大使馆临时代办张敏约见阿外交部副部长卡尔扎伊，请阿方协助寻找 6 名中国员工。副外长告，巴方已向阿方通报，此事为阿富汗西南部的一个名叫叶海亚·努里的军阀所为，人质已被劫持到赫尔曼德省和法拉省一带。

26 日下午，巴情报局打电话给我称，阿富汗有关部门请巴方转交中国 6 名员工 24 日签名的一张便条。便条上的英文内容是："我们在这里。我们很好。他们给我们食物、水以及我们日常需要的其他东西。他们对我们照顾很好。我们希望巴基斯坦政府对于他们的要求，尽快给予很好的答复。"我收到巴方送来的便条后，立即用中国大使馆的信纸答复 6 位同胞，表示祖国人民和大使馆十分关心他们的安危，正同巴政府一道积极营救他们。请他们保重身体，相信不久他们一定能平安归来。接着，我请巴情报局将大使馆的复信尽快转交中国 6 名员工。

29 日，阿富汗副外长卡尔扎伊告诉张敏临时代办，他今晨同他的父亲（坎大哈省圣战委员会领导人阿卜杜·哈克·卡尔扎伊）通电话时了解到，6 名中国人现在坎大哈省的沙漠地带，全部安然无恙，请中方放心。巴基斯坦人绑架了中国人，并将其交给同部落的阿富汗人，巴、阿当局正在同有关部落谈判。卡尔扎伊说，中国是阿富汗的伟大朋友，阿方将尽全力救人。在 6 名员工获救后，巴方外秘告诉我，在营救过程中，阿富汗游击队盖拉尼派起了积极作用。盖拉尼的儿子曾专门为营救一事回阿富汗做有关方面的工作。

在营救的全过程中，阿富汗政府积极予以配合，阿驻巴大使馆派外交官三次去坎大哈省，同绑架方进行了 4 次谈判。

巴基斯坦各界人士的关心

几天来，巴基斯坦报纸就中国工程技术人员被绑架事用"令人震惊""不能容忍"的大标题做了大量报道，表达了对营救中国朋友的关心。巴基斯坦报业强调山达克铜金矿项目对巴基斯坦经济发展的重要性，要求政府加强对中国专家的安全保护措施。

21 日，巴反对党领袖、前总理贝·布托发表声明，对中国员工被绑架表示严重关切，要求政府立即采取行动营救。25 日，贝·布托还派巴人民党中央执行委员会见中国驻卡拉奇总领事张真瑞，转达关心和问候。

在各种外交场合，巴基斯坦各界朋友纷纷向我和邓俊秉以及大使馆外交官表示关切。巴方朝野上下的努力在营救工作中发挥了重大而积极的作用。

平安归来

10 月 30 日晚 7：30，巴三军情报局长贾维德·纳西尔打电话向我报喜。他说，6 名中国工程技术人员已安全返回巴领土。

接着，巴电视台晚间新闻播发了中国工程技术人员获释的消息。

晚 10 时，夏利亚尔外秘给我打电话。他说，中国 6 名员工已回到巴基斯坦的古力斯坦镇，他们平安无事，身体健康，将在体检后去奎塔。我表示很高兴听到这一特大喜讯，衷心感谢谢里夫总理的亲自关心，巴政府、外交部和内政部、军方以及俾路支斯坦省的大力营救。

中国大使馆立即将这一喜讯报告国内，并请转告6位同志的家人，同时通报卡拉奇总领馆和山达克项目驻奎塔办事处。31日，俾路支斯坦省督和巴内政部秘书会见经过体检后身体状况良好的6名中国工程技术人员。当晚，省首席部长设家宴为6人压惊。

11月1日，大使馆经济商务参赞陈子斌飞抵奎塔，代表中国政府、中国大使和大使馆看望平安归来的6位同志，对他们表示亲切的慰问。在座谈会上，6位饱经惊吓的同志对党和政府以及中国大使馆和总领事馆的通力营救，表达了衷心感谢之情。他们纷纷表示，今后一定加倍努力工作，以不辜负祖国亲人的关心和期望。

专家归来话历险

6位遇险同胞在休息之后，向使馆、总领馆和中冶公司办事处领导介绍了历险的前前后后。

下面，请读者读一读他们讲述的真实故事。

10月19日下午，在俾路支斯坦省的帕达克荒郊野外无人之处，当我们乘坐的吉普车被突然赶超的武装人员用枪逼迫改乘车辆时，我们意识到被绑架了。在汽车上，大家镇静下来，思考应对之策。我们在枪口下虽然不能说话，但可以用眼神交流。我们决定把随身携带的纸张撕成片，每隔一段时间就向车后抛弃一些，以便巴方营救人员可以循迹追踪。这一招以后果真起了作用。

进入阿富汗境内后，武装分子每天都改换宿营地。我们采取低姿态，不对抗，不暴露身份。对武装分子提出的要求，表现合作的态度，尽量避免不必要的伤害。过了一段时间，双方相处已熟，可以用英文简单交流。对方的头目会讲英文。他表示，他们知道中国，中国好，是阿富汗的朋友。他们是不得已而为之。此前，他们曾给巴政府写信，要求释放被关押的亲属。遭到拒绝后，他们又给山达克项目的业主写

匿名信，扬言要绑架人质。事先进行了充分准备，选择了下手地点和行车路线。希望借此向巴政府施加压力，交换被关押的亲属。在被看管的 11 天中，武装分子对我们基本上以礼相待，未加虐待，也不蒙面，可以自由交谈。他们尊重妇女，就寝时男女分开。得知张玉华患感冒后，还想法弄了一些药。在沙漠地带的凹处，我们能自由活动，对方不放岗哨。过了两天，小头目同我们称兄道弟。他问我们男同志会不会打枪。尽管我们中有人当过兵，却假称不会，端起枪来不知如何瞄准。小头目一见哈哈大笑，主动教我们使用办法。平时吃饭虽然简单，但有"馕"（烤的厚面饼）、有菜。有时还杀鸡宰羊，买水果，改善生活。十来天中虽然受了些惊吓，风餐露宿，但未受大苦。从巴基斯坦和阿富汗政府大力相救，从绑架者对我们的态度来看，我们深深感到祖国的强大，巴阿人民对中国的友好。这是我们永生难忘的奇特历险经历。

向巴基斯坦和阿富汗政府致谢

10 月 31 日晚，我和邓俊秉宴请陪同谢里夫总理访华归来的巴外交国务部长坎久，请他转达对谢里夫总理、巴外交部、内政部，以及有关地方当局和部门为营救中国公司员工所做的艰巨努力的衷心谢意。

11 月 3 日，我往见巴方外秘夏利亚尔，按我外交部指示，代表中国政府对巴基斯坦政府在短期内使 6 名中国公司员工全部安全获释，表示衷心感谢，特别感谢谢里夫总理的亲自关心，感谢巴外交部等各有关部门和朋友富有成果的努力。外秘说，这是巴方应该做的事情，不值得一谢，巴方从一开始就制定了确保中国员工不受任何伤害的对策。

与此同时，中国驻阿富汗大使馆临时代办张敏往见阿富汗副外长卡尔扎伊，对阿富汗政府、盖拉尼外长和卡本人，以及其他相助的友人，表示衷心感谢。

6. 一次对阿富汗的闪电访问

1989 年 2 月，苏联从阿富汗撤军，结束了近 10 年的侵阿战争。但是，阿富汗并没有从此享受和平。原来的抗苏武装各派开始争权夺利，塔利班开始崛起，阿重新陷入内乱。中国驻阿富汗大使馆不得不一度从喀布尔撤出。

在这种情况下，我和驻巴大使馆有时要处理一些有关阿富汗的事务。

1991 年 6 月 27 日，我参加中国援助阿富汗难民的物资交接仪式。

1992 年 4 月 13 日，阿富汗伊斯兰党政治委员会负责人库特布丁·希拉尔和该党驻伊斯兰堡代表哈桑见我，介绍有关阿富汗形势，并商谈派留学生到中国学习事。1994 年 1 月 10 日，我会见阿富汗总统拉巴尼的特使总统顾问穆罕默德·西迪克·恰卡利和文教新闻部代部长赛义德·伊沙克·德尔焦·侯赛尼。他们转达了拉巴尼总统对中国领导人的问候，感谢中国就阿发生武装冲突发表谈话。双方回顾了中阿两国的友好关系，特使希望中国在阿富汗今后重建中发挥作用并发展经贸合作。2 月 26 日，阿富汗城市建设部长艾哈迈德·沙阿·艾哈迈德·扎伊和文教新闻部代部长侯赛尼来使馆见我，就阿富汗局势交换意见。4 月 14 日，联合国秘书长阿富汗问题特使突尼斯大使穆罕默德·迈斯蒂利和驻巴基斯坦代表莫苏利斯向我介绍他们访问阿富汗会见阿方各党派和各界人士的情况，以及联合国援阿计划。1995 年 1 月 12 日，我应约会见阿富汗总统的特使总统特别顾问、驻巴基斯坦使馆馆长穆希德·卡利利。他介绍了阿富汗局势的新发展，联合国秘书长第四次穿梭情况，以及美国和巴基斯坦等有关国家的态度。除此之外，我先后宴请过阿富汗政府的一些部长和副部长，以及阿富汗伊斯兰民族阵线主席吉拉尼的侄子们。我还专门会见和宴请阿富汗驻巴基斯坦大使，感谢阿方为营救中国 6 名工程技术人员所做的努力。

这里，我要特别介绍一次到阿富汗的闪电访问。

1994 年 10 月 20 日，应巴基斯坦内政部长巴巴尔的邀请，驻巴基斯坦的部分国家大使乘联合国专机去阿富汗考察。巴内政部长和美、英大使等乘一架飞机。我和意大利、西班牙、韩国大使，联合国开发计划署副代表等共 10 人乘另一架飞机。我们这架飞机于上午 8：10 离开伊斯兰堡，8：50 飞越贾拉拉巴德，9：15 飞越喀布尔上空。同机的大使们开玩笑说，喀布尔当局会不会把我们当作不速之客给打下来。有人乐观地说，我们的飞机有"ＵＮ"标记，军阀们不敢同联合国作对。10：35，飞机降落在阿富汗西部大城赫拉特附近的一个简易机场上，我们同几分钟之前抵达的巴巴尔部长等人会合。机场上举行了欢迎仪式，乐队高奏迎宾曲。我们检阅了仪仗队，同欢迎的一百多人的队伍见面。

　　仪式结束后，我们的车队前往赫拉特。沿途三步一岗，五步一哨，戒备森严。警卫人员是游击战士，穿着不同的服装，手持不同的武器，是名副其实的"民兵"。入城之后，我们先后参观了清真寺、大学、前省督府、海关、市场，以及"万人冢"。12：15，我们一行在一座小山的山顶上进午餐。名叫伊斯梅尔的主人致欢迎词。他感谢各国帮助阿富汗反抗苏俄的武装侵略，希望国际社会为阿富汗重建提供援助。巴基斯坦内政部长巴巴尔致答词。他强调，苏联当年侵略阿富汗时，是巴基斯坦开始援阿"圣战"。他这次邀请一些友好国家驻巴使节来阿考察，是为了向全世界宣布，阿富汗已无战事，这里完全和平。阿重建工作应该开始，因为已经开始收缴在民间分散的各种武器弹药，并集中统一管理，已没有人能够威胁重建进程。他表示，巴政府决心援助阿重建工作，但是不能只由巴基斯坦一家承担。他呼吁国际社会大力援助做出重大牺牲的阿富汗人民，援助可以从没有战事的地区先开始。

　　午餐之后，我们于14：35乘机离开赫拉特，前往南部名城坎大哈。15：20，抵达坎大哈，受到当地军政官员、群众代表和学生的欢迎。进城之后，我们拜会了坎大哈省省长。因夕阳已西下，我们一行于17：00去机场。17：30，我们的专机起飞，告别坎大哈。19：15，返抵伊斯兰堡，安全地结束了这次对阿富汗的特别访问。遗憾的是，由于笔者粗心大意，来前没有检查摄像机的电池状态，结果在拍摄几分钟后就自动关机，没能完整地拍下这段特殊的经历。

邓俊秉

7. 首访历史文化名城拉合尔

1991 年 4 月上旬，我随丈夫周刚大使抵达巴基斯坦工作。我是半路出家的外交官，不像周刚那样曾经长期主管过巴基斯坦，熟悉中巴关系的经纬和巴基斯坦的基本情况。赴任前，我虽然读过一些材料，对巴基斯坦有些了解，但我真正认识这个中国最友好的国家，是在该国工作和生活四年之后。同巴基斯坦人的工作交往和生活接触——从最高领导人、军政高官、议员、社会精英，到普通的教师、律师、医生、记者、商人、学生、家庭妇女以至使馆的司机、花工等蓝领雇员，使我对这个近邻有了鲜活的印象。这是一个美丽的国度，一个友谊的海洋。在这里的所见所闻深深地刻在我的脑海中，不论离开多久，都不能忘怀。

1991 年 5 月 24 日至 27 日，我随周刚大使去拉合尔访问。这是我们到任后第一次离开首都去外地进行公务活动。5 月 21 日是中巴建交40 周年。作为庆祝活动的一部分，山东省济南杂技团来巴访问演出。5 月 20 日和 21 日，杂技团在首都伊斯兰堡演出了两场，受到巴基斯坦观众的热烈欢迎。24 日，杂技团赴拉合尔演出。为了出席杂技团在拉合尔的首演，周刚和我乘车前往。那时伊斯兰堡和拉合尔之间还没有高速公路，我们的汽车花了近 5 个小时才抵达。当晚，我们出席旁遮普省文化部长为济南杂技团举行的欢迎宴会。25 日晚，杂技团举行首演，演出大厅里座无虚席。杂技演员的精彩表演倾倒了当地的观众。由于杂技通俗直观，没有语言障碍，中国杂技团每次访问巴基斯坦演出都引起轰动。这次济南杂技团表演的每一个节目，如高台定车、高车踢碗、口技、顶碗、飞车展翅、口技等，都受到观众的热情喝彩。出席首演和第二天演出的，有旁遮普省和拉合尔市的高级官员、各界名流、工商巨子、文艺界人士，以及普通市民。杂技团的访问演出烘

托出两国建交 40 周年的热烈气氛，使中巴两国人民能面对面地接触、交流，大大增进了彼此的友好情谊。

在拉合尔期间，周刚和我拜会了旁遮普省督穆罕默德·阿兹哈尔、巴基斯坦军队第四军军长阿什拉夫、巴基斯坦水电发展局主席阿克巴尔，以及旁遮普省巴中友协主席蒙塔兹·艾哈迈德·汗。宾主进行了十分亲切友好的谈话。巴基斯坦朋友特别提到在巴最困难的时候中国对巴的坚定支持和帮助。周刚接受了乌尔都文报纸记者的采访。我还拜会了省督夫人。在拉合尔的短短两天时间，我们亲眼看见、亲身体验了这个著名城市的人民对中国的真挚友情。

参加庆祝活动的间隙，我们参观游览了拉合尔的名胜古迹。这个城市约建于两千年前，既是巴基斯坦最富饶的旁遮普省的省府，又是巴基斯坦最著名的历史文化名城。16 世纪以后的 2 百年间，该城成为莫卧尔王朝繁荣的文化中心，历代皇帝连续不断在此地修建宫殿、花园和清真寺。保留至今的有拉合尔城堡、大清真寺、皇家陵园、夏莉玛公园等古迹。拉合尔在巴基斯坦独立运动的历史上占有重要地位。1940 年 3 月 23 日，全印穆斯林联盟在这里通过了《巴基斯坦宣言》。1947 年 8 月，巴基斯坦独立后，每年的 3 月 23 日成为国庆日。在靠近大清真寺的伊克巴尔公园修建了高大的"巴基斯坦塔"，以纪念"巴基斯坦宣言"的诞生。巴基斯坦的伟大诗人和哲学家、独立运动的先行者阿拉姆·穆罕默德·伊克巴尔的陵墓位于大清真寺前。这是巴基斯坦和外国旅游者常到之地。周刚和我这次怀着崇敬的心情前往瞻仰。陵墓前有身穿礼服的卫兵守护，气氛庄严肃穆。

周刚和我还游览了风景如画的夏莉玛公园。这座具有典型的莫卧儿王朝建筑风格的皇家花园建于 1642 年，周围是高高的围墙，四角耸立着瞭望塔楼，目前已成为巴基斯坦为外国贵宾举行盛大市民招待会的场所。当我漫步在波光闪闪颀长的清泉旁和徘徊在大理石砌成的古朴典雅的凉亭中时，仿佛已置身于天方夜谭神秘的环境之中。一群身着传统的浅色长袍和轻便服装的年轻男学生慢慢朝我走来。他们先是怯生生但又好奇地望着我。接着，一个卷发厚唇的男孩轻声问我是哪国人？当我回答是中国人后，这些青年人顿时活跃起来，争先恐后地问这问那，随后又不无自豪地对我说，他们在中学学习历史和地理时就了解到中国是个地大物博历史悠久的友好邻邦，并在巴印1965年和1971年两次战争中，只有中国真诚支持巴基斯坦，巴中人民的确是好兄弟。周刚为这热烈的场面所吸引，也走了过来看个究竟。当这群年轻人得知了我俩的身份之后，异常兴奋，自动围拢来为中国大使夫妇吹起笛子，载歌载舞。我们请他们一起合影留念，记录下这一难得的邂逅。临别时，他们举起双臂激动地高呼，"巴克—秦—多斯迪—金达巴！（乌尔都语：巴中友谊万岁！）"在金红色余晖的映照下，我们恋恋不舍地告别了这群热情可爱的年轻人。

8. 巴基斯坦议长为中国大使夫妇开车

每当回忆起在巴基斯坦度过的难忘岁月，巴前国民议会议长、前外长戈哈尔·阿尤布·汗就浮现在我眼前。周刚于1991年5月18日向巴总统伊沙克·汗递交国书后，我俩接触的第一位巴基斯坦领导人就是戈哈尔·阿尤布·汗。次日清晨6点钟，周刚和我从伊斯兰堡驱车赶到拉瓦尔品第机场，为前往中国访问的巴基斯坦国民议会议长戈哈尔·阿尤布·汗夫妇送行。议长这次访华是中巴建交40周年庆祝活动的一部分。议长出身名门望族，其父是巴基斯坦前总统阿尤布·汗元帅。我们为有幸结识这位著名的政治家而高兴。议长和周刚同年，按中国的生肖，两人都是属牛的。虽是第一次见面，这一点却无形中拉近了双方的亲近感。我们祝议长和夫人旅途愉快，访问成功。

5月27日，周刚和我又去机场欢迎议长夫妇一行访华归来。戈哈尔·阿尤布·汗议长对中国之行非常满意。6月4日晚，周刚和我为戈哈尔·阿尤布·汗议长夫妇访华洗尘。出席的客人还有议长的儿子塔利克夫妇，以及代表团成员旁遮普省议会议长曼佐尔·阿哈迈德·瓦图、巴国民议会秘书长汗·阿哈迈德·戈拉亚。戈哈尔·阿尤布·汗议长愉快地向我们介绍他的观感，特别是同中国领导人会见的情况，盛赞中国的热情接待和周到安排。

1991 年 6 月底，戈哈尔·阿尤布·汗议长夫妇派人给我送来一张颇有意思的请帖——请邓俊秉教授于 7 月 5 日光临他们在白沙瓦府邸举行的午宴。仪表堂堂的议长现在是巴基斯坦第四号领导人，他美丽端庄的夫人是一位著名将军的千金，在上层社会享有盛名。这对新朋友对我的友好情谊令我深为感动，但请柬上只邀请我一人，这个不同寻常的做法确实令我觉得尴尬。为此，我不得不给议长夫人打电话。不愧为大家闺秀的她，回答既友好又"外交"：议长和她哪会忘记邀请中国大使？周大使是贵宾是不言而喻的，然而他们特别想请周大使的教授夫人作为这次家宴的主宾，想必大使阁下不会介意吧。

7 月 4 日，周刚和我乘车前往西北边省首府白沙瓦。我们首先拜会了该省省督和首席部长，然后出席首席部长的家庭午宴。首席部长阿夫扎尔·汗同我们一见如故，交谈十分亲切友好。为了保护我们的安全，他派了两个班的警察分乘开道车和后卫车，陪同我们在白沙瓦的出行。

第二天早上，我们刚用完早餐，戈哈尔·阿尤布·汗议长夫妇已来到饭店欢迎我们。议长虽兴致勃勃，却掩饰不住浓浓的倦意。夫人悄悄对我说，前一天晚上议长和她在伊斯兰堡参加完美国大使举行的国庆招待会后已是午夜，议长亲自驾车 3 个小时，风尘仆仆赶回家乡。在家休息了三四个小时，就来旅馆看望我们。我们听后感到非常过意不去，请他们回家再休息半天，然后陪我们去参观游览。议长却坚持立即带我们离开饭店。请我们在他帅气十足的"皮加罗"越野车后座落座后，他十分幽默地说："我为你们当司机，夫人给你们当向导，保管你们满意。"这位军人出身的议长酷爱驾驶，不仅是开车好手，也会驾驶飞机。

议长熟练地驱车带我们游览了市容，之后将车停在白沙瓦古城堡前。他告诉我们，巴边防军司令部就设在这个城堡中。边防军司令欣然同意破例接待中国大使夫妇作为他们的贵宾参观城堡，以尽地主之谊。司令为我们举行了庄严而隆重的欢迎仪式。头缠红色头巾、身着浅黑色短袍、脚蹬长筒皮靴的仪仗队在军乐声中雄赳赳气昂昂地向中

巴国民议会议长为中国大使夫妇开车

国大使夫妇行军礼，这种国宾级的待遇让我感到受宠若惊。仪式结束后，司令带我们登上这座气势雄伟的古堡，让我们尽情饱览了白沙瓦全城的风光。这座名叫巴拉希萨尔的城堡位于白沙瓦的西北边缘，始建于 1519 年，重建于 1791 年至 1849 年之间。它是巴西北边陲几百年来所经历风风雨雨的最好的历史见证。登上这座威武森严的古堡，我们举目四望，具有独特伊斯兰建筑风格的白沙瓦大学、酷似中国东北"干打垒"的阿富汗难民营以及融汇东西方文化于一体的白沙瓦景色尽收眼底。

中午时分，议长驱车带我们来到了他的府邸。等待我们的是一场热闹非凡的聚会，聚集了巴西北边省的主要军政要员和社会名流。他们个个都渴望结识新到任的中国大使夫妇，以表示对中国的友好之情。顿时，我俩即被这些热情洋溢的新朋友团团围住，兴奋交谈。他们对中国发生的巨大变化感到欣喜，盛赞中国所取得的举世瞩目的成就。议长夫妇特地为我们举行的是带有浓郁白沙瓦风味的午宴。用餐完毕，

在巴国民议会议长戈哈尔·阿尤布夫妇家

为感谢主人的盛情款待，我在朋友们热烈的掌声中，向议长赠送了一册精美的画册——《中国外交40年》。我告诉大家，画册中有好几幅中巴两国友好交往的照片，其中一幅是议长的父亲、巴前总统阿尤布·汗在1965年3月访华期间同毛泽东主席会见时的合影。如今，他的儿子戈哈尔·阿尤布·汗继承父业，正在为进一步巩固和发展中巴两国友好关系继续作出贡献。

9. 踏上阿富汗领土

在巴基斯坦工作的4年间，我虽然很想去看看与巴基斯坦山水相连的阿富汗，却一直没有机会。

1992年3月下旬，安全部副部长余放访问巴基斯坦期间，我的这一愿望才得以实现。真可谓"有意栽花花不开，无心插柳柳成荫"。

3月27日，余副部长访问伊斯兰堡的第4天，巴方特地安排直升机一架，送代表团前去参观巴阿边境的开伯尔山口。余副部长为人热情随和，作为大使夫人，我虽无缘参加他的官方会谈等正式双边活动，这次却有幸随周刚一道陪同他前往参观。这是一次难得的经历。早上9时，我们一行在巴军方机场准时登上一架装备齐全的直升机，只花了半个多小时就降落在目的地。走下飞机，迎面刮来了仍带寒意的山风。放眼望去，头顶上是茫茫苍穹，四周是绵延起伏光秃秃的山地。这一景象对长期生活在城市的人们来说，印象深刻。"天苍苍，野茫茫，风吹草低见牛羊"，虽然在这广袤的边境地区此时见不到青草和牛羊，然而这幅蓝天白云、黄色大地的天地合一、气势雄伟的自然景色，却牢牢地铭刻在我的脑海之中。

　　巴方陪同人员热情友好，主动向中国客人介绍这一地区的地貌特点和巴阿两国交往的历史与现状。当我们一行缓缓地来到阿富汗边境哨卡时，人文景观出现了另一幅画面。两国边民在各自领土上忙忙碌碌做自己的事，熙熙攘攘的人们好奇地望着我们这些外国人。要不是

在巴基斯坦阿富汗边境

踏上阿富汗领土

1991 年 5 月在拉合尔同巴青年学生在一起

设置的木栅栏和铁丝网是阿富汗边境哨卡的标志，我还以为两国边民是一家人呢！实际上，他们之中很多人是普什图族，同一民族，同一语言，信奉同一宗教，他们的长相和穿着没有什么两样。我兴冲冲走到阿富汗边防哨卡战士面前，用英语表明周刚和我的身份，请他做出友好姿态，破例让中国大使夫妇穿过木栅栏门踏上阿富汗的领土，领略一下该国的风光。巴方陪同向这位英俊威武的年轻士兵耳语几句后，他微笑着拉开了木栅门，我和周刚兴高采烈地踏上了阿富汗的土地，尽情享受着这一短暂而难得的时刻，并同周围边民热情打招呼和握手，还请这个士兵给我们二人拍了照。临别前，我紧紧地握着他的手说，"舒克利亚！"（乌尔都语：谢谢）

25 年过去，弹指一挥间。当年的照片虽然已有些发黄，但这次难得的经历却记忆犹新。我衷心祝愿阿富汗早日获得真正的和平和稳定，多灾多难的阿富汗人民过上和谐幸福的生活。

10. 在伊斯兰堡的夫人外交

在巴基斯坦工作期间，周刚和我除了参与各种官式的外交活动外，还抽空开展公共外交和做些公益活动，同教育、慈善、文化、妇女界人士接触，增进巴基斯坦基层群众对中国的了解，培育在民间层次的友好情感。

参加当地的义卖活动是我和大使馆的夫人们的"特权"。1992 年11 月 6 日和 13 日，我们先后参加了全巴妇女协会和巴基斯坦外交部夫人协会举办的义卖。首先，我要去参加预备会，举办方向各国驻巴大使的夫人们介绍义卖的时间、宗旨、内容和具体要求。接着，我在使馆领导的支持下，特别是使馆女同志们和办公室的大力协助下，进行一系列的准备工作。先要筹备参展"商品"，由于使馆条件有限，财政上也不像今天这样宽裕，只能因陋就简，从使馆礼品库和"小卖部"里物色当地妇女和使团的夫人们喜爱的中国工艺品，如丝绸、茶叶和茶具、剪纸、折扇、唐三彩等瓷器、漆雕和木雕、挂历、台式屏风等小工艺品。备好了货，再由使馆会计师评估定价并登记造册。夫人们开始忙碌起来，为每件"商品"整理包装，贴上价码。参加义卖之日，一大清早，办公室的青年人开车把参加义卖的用品送到现场，在我的指导和夫人们的帮助下，分类码放整齐。使馆的厨师们也忙了起来，他们带来了锅碗瓢勺，以及事先已包好的春卷、虾片、卤鸡蛋和五香牛肉等小吃。义卖还未开始，广场上已来了不少当地妇女和他们的子女，以及使团的夫人们。当然，也有中国大使馆的男同志，包括我的老伴周刚大使。不过，今天他们当配角，是来为我们捧场的。我和使馆的姐妹们站在柜台后，当起了售货员。义卖活动开始，场内人流如鲫。中国大使馆的柜台是最受欢迎的。全巴基斯坦妇协主席和巴外秘夫人以及很多国家大使的夫人们都来光顾。我热情地接待她们，向她们介绍中国馆的展品。我的女同事们服务热情周到，百挑不厌。顾客们不仅喜爱中国的丝绸、茶叶和工艺品，也特别青睐美味的春卷、香脆的虾片，孩子们对五香鸡蛋和牛肉情有独钟。工艺品和小吃都有些供不应求，办公室的同志和厨师只好动用"库存"。义卖从上午持续到下午，客人来了一批又一批。我不知握了多少次手，介绍过多少次同一类展品，早已口干舌焦。女同胞们忙得不亦乐乎，一个个感到腰酸腿胀。大家只能忙里偷闲，轮流休息一会，吃点快餐。一天的收获真是不少。回到使馆，大家又忙着清点货款，核对账目。活动到这里还没有完，剩下的是我带着助手到全巴基斯坦妇协和巴外交部向主人们赠送善款，为巴基斯坦的儿童们尽一点中国母亲和大姐姐的爱心。不用说，我们受到主人们的热情接待和衷心感谢。

在其后的三年时间里，周刚和我还两次向巴基斯坦现代语言学院赠给中国出版的各种书籍上千册，受到巴教育部长的热烈欢迎。1992年"3·8"国际妇女节时，我和使馆的女同志前往"SOS村"（紧急救助村）。在村长谢克的带领下，我们参观了该村的家庭。所谓一个家庭就是由女工作人员当孤儿的母亲和老师，由她们负责孩子们的生活和学习。该村的设施虽然简单，却管理得井井有条。一排单层的平房是孩子们的卧室，房间收拾得干净整齐。在平房后面是一片菜园，为了节省开支，该村的工作人员带领孩子们自己种菜。我们向该村赠送了乒乓球台、球拍和乒乓球，当球台支起来后，孩子们争先恐后地拿起球拍，兴致勃勃地打起球来。我暗下决心，我应该再为这些孤儿做点事。

过了不久，我带领使馆外交官和工作人员的夫人再次来到该村，伊斯兰堡一个妇女慈善组织的两位负责人早已在该村等候我们。该村的另一个女领导，特地在小礼堂举行了一个简单而热烈的欢迎仪式，答谢中国大使夫人代表使馆赠送给该村的电视机和录像机。她还挑选了几个俊秀的女孩，穿着漂亮的民族服装参加欢迎仪式。我们一行都很喜欢她们，仪式结束后，同这些可爱的女孩拍了一张集体照，我保留至今。

第二年，我又前往 SOS 村参加该村的中学奠基仪式。

1994 年 1 月 20 日，周刚和我参观早在 1953 年就建立的赛义德爵

同巴基斯坦女子学校的师生们在一起

士私立学校。校长卡利达·珀文女士组织全校师生出席欢迎中国大使夫妇的仪式，并发表热情洋溢的讲话。周刚和我先后讲了话，然后向学校赠送了电视机和录像机，全场掌声雷动，气氛热烈。仪式结束后，校长带领我们参观学校。这是一个管理有方、训练有素的民办学校，董事长赛义德爵士专门成立了以他头衔命名的教育机构，致力于推动民间教育事业。

仅隔 4 天，我独自前往伊斯兰堡女子学院，向该校赠送电视机和录像机。学校领导组织学生参加赠送仪式，并请我讲话。女学生可能是第一次见到中国大使夫人，听完我简短的致辞后，饶有兴趣地问我有关中国教育的问题，我怕耽误事先安排好的听课的时间，提议她们有空前去使馆做客，同我讨论她们感兴趣的问题。我随校领导悄悄走进一个教室，静静听老师用熟练的英语讲课，一些女孩不时回过头来朝我微笑点头，老师干脆走到我面前请我向大家说几句话。我激动地告诉这些学生，我是教师出身，这是我十几年来头一次重返课堂，再次体验当年教书的幸福时光，衷心祝愿她们努力学习，成为未来建设巴基斯坦的有用人才。事后，这个学校的学生代表真的于同年 11 月 22 日来大使馆拜访我，我向她们介绍了有关我国教育和妇女的情况。

1 月 27 日，周刚和我来到拉瓦尔品第国立女子学院。校长亚兹达尼女士组织了一个有一千名师生参加的盛大欢迎仪式。她首先致欢迎词，介绍了中巴两国的友谊和中方的无私援助，并感谢中国大使夫妇专程前来赠送幻灯机和录像机。接着，周刚致答词，回顾了当年走访的上述学校和 SOS 村，表示中国大使馆愿意增强同这些学校和慈善机构的友好关系，并希望两国之间的全天候友谊发扬光大，世代相传。仪式结束后，我们在校长的带领下，参观了这个颇负盛名的女校的艺术系和学生的作品展。

1995 年 1 月，在周刚和我离任前夕，我又到 SOS 村同孩子们见面，并赠送了礼品。1 月 29 日，周刚和我来到巴基斯坦艺术委员会，向巴艺术委员会赠送了电视机和录像机。巴基斯坦文化部秘书同我们进行了亲切友好的谈话。这是我在巴基斯坦的最后一次公共外交活动。离

向巴基斯坦艺术委员会赠送录像机

开巴基斯坦后,我一直想念那些可爱的孩子和辛勤培育孩子们的老师们。

11. 巴基斯坦总统访华拾零

1994 年 12 月初,周刚和我返回北京,参加接待巴总统莱加利夫妇访华的工作。这是我们在巴基斯坦工作近 4 年来,巴总统首次访华,也是巴人民党政府执政短短 1 年多时间内,继其总理、参议院主席和国民议会议长相继访华后,巴国家元首前来访问。中巴双方对此访均很重视。

莱加利总统夫人出身名门,虽受过西方教育,但仍是个虔诚的穆斯林。她严格遵守不公开抛头露面、不见家族以外男士的规矩。陪同她前来访华的还有总统的幼妹和侄女、一些部长和省督夫人,以及其他达官显要的女眷。她们之中,绝大多数人从未到过中国。为此,中方特地为总统夫人一行制定了另一套丰富多彩的访华活动日程,还对总统和夫人活动时间的衔接和协调(包括每天抵离宾馆和抵离往访城市的时间)均作了周密的安排,以便总统和夫人在同一时间进行不同的活动。不言而喻,这次接待任务重、要求严。

我在陪同巴基斯坦总统夫人访华期间,亲历了以下几件趣闻轶事。

总统夫妇抵京的次日上午,在总统夫人一行参观完故宫后,车队按计划于中午来到巴驻华大使官邸。巴大使夫人将为总统夫人一行和中方陪同举行午宴,然后总统夫人车队再直接前往长城游览。令人不解的是,总统夫人端坐在车中一动不动。她拒绝下车的原因是坚持要先回宾馆换装后再来出席午宴。这下可急坏了巴大使夫人和中方陪同。如总统夫人再不下车,不仅要影响午宴的举行,还会影响游览长城的原定时间和沿途的安全保卫工作。我急中生智,立即做巴大使夫人的工作,请她不要介意午宴提前,以便挤出时间来让车队在去长城的途中顺道在国宾馆停车,请总统夫人进去更衣。只有这样,方可午宴、游览两不误。这位午宴女主人如释重负,一边感谢我为她解了围,一边求我前去完成这项"艰巨"的任务。幸运的是,总统夫人很大度地采纳了我的建议,随即走下车。坐在总统夫人身旁的是中方主要陪同、农业部长刘江的夫人高淑祯女士,她也微笑着下了车。事后才得知,巴外交部给总统夫人准备的访华日程小册子上,确有午宴前更衣这项说明。

巴总统夫妇一行飞抵杭州当晚,浙江省妇联主席为巴总统夫人一行举行了盛大的晚宴。宴会大圆桌上摆放着五彩缤纷的巨型花环和富有江南特色的美味佳肴,周围坐着身穿漂亮民族特色服饰的贵宾和主人,光彩照人,交相辉映。坐在我身旁的是巴总统年轻美貌的侄女,她眨着明亮的双眸悄声对我说道:"大使夫人,在此良辰美餐时刻,如有贵国优雅动听的民乐助兴,岂不更令人飘飘欲仙?"事后,我向当地有关接待部门反映了这一情况,并请他们转告下一站。次日抵达西安后,在陕西省妇联主席为巴总统夫人一行举行的晚宴上,专门安排了身着典雅的中式裙袄、手弹琵琶和古筝的音乐学院女生特别为贵宾演奏中国民族和古典乐曲。总统夫人默默含笑朝我点头致谢,总统侄女干脆离开座位来到我身旁轻声耳语说:"谢谢你,我的好朋友。你们安排得真周到。"这次安排完全满足了总统夫人一行的愿望,收到了意想不到的效果,增进了彼此的友谊。

陪同巴基斯坦总统莱加利访华

同访华的巴基斯坦总统夫人在一起

在该代表团离开北京返回巴基斯坦的那天下午，总统夫人一行前几天抵京时的拘谨和客套早已无影无踪，她们和陪同的中国姐妹们有说有笑，完全打成了一片。总统夫人亲热地招呼我和高淑祯女士到她身边，兴奋地张开双臂簇拥着我俩拍了一张象征着中巴两国姐妹友谊的合照。随后，她邀请全体中方陪同登上插着巴基斯坦国旗的专机，进入总统座舱做客。在向我们一一赠送了礼品之后，她风趣地说："我在自己小小的'国土'上，略尽一点地主之谊。"接着，她衷心感谢我们为她们访华成功所做的一切，并表示她们是乘兴而来，满意而归；短短一周的访问令她们大开眼界，获益匪浅。最后，她希望我们今后作为她的客人像走亲戚一样前去巴基斯坦访问，并祝愿中巴两国姐妹之间的友谊代代相传，万古长青。

12."中国之晨"

在完成接待莱加利总统夫妇访华任务后返回伊斯兰堡不久，巴总统府专门派人给我送来一封总统夫人亲笔写的热情洋溢的感谢信。在致她的复信中，我不失时机地郑重邀请她作为主宾前来参加我拟于1995年1月19日举行的盛大的夫人活动。几天后，总统军事秘书打电话告中国大使馆，总统夫人欣然应邀，届时将带女儿等人前来参加。这对中国大使馆，尤其是对我领导的妇女小组来说确是一大喜讯。自1991年到巴基斯坦工作以来，每年我都要举行一次名为"中国之晨"的大型夫人活动。由于活动内容丰富多彩，形式新颖别致，以往几次"中国之晨"均受到巴各界和驻巴使团的好评，在伊斯兰堡已经小有名气。前几次活动虽然我有幸邀请到巴参议院主席（巴第三号领导人）和巴军参谋长联席会议主席夫人出席，然而事实是，近年来巴总统夫人从未应邀出席过任何使馆举行的活动。

1月19日早上，中国大使馆张灯结彩，喜气洋洋，迎来了巴总统夫人和她的千金、总统幼妹、几位部长夫人、众多社会女名流以及驻巴使节夫人。夫人活动自始至终充满欢声笑语，贵宾们都被"中国之晨"欢乐而友好的气氛所深深感动。绚丽多彩的中国工艺品展示、碧绿青

巴领导人夫人们参加邓俊秉的"中国之晨"活动

参加邓俊秉举行的中国妇女服装表演的女外交官们

翠的使馆菜园、显示华夏百花争艳的艺术短片、富有中华特色的风味小吃，节目一个接一个，令她们目不暇接。最让她们惊喜的节目是中国职业妇女服装展示和清宫舞表演。这两个节目是我带领使馆全体夫人们自编自导演出内容和自制自筹演出服装，花了足足两个多月排练出来的成果。

当舞台上亮起了明亮的水银灯，随着悠扬悦耳的中国民乐乐曲声，我馆 10 位年龄各异的夫人身着最能显示中国女性气质的典雅端庄的旗袍，款款朝台前走来时，所有贵宾的注意力霎时被吸引住了。台下一片肃静，屏气凝神；台上"模特儿"一次又一次地更换中国职业妇女在不同场合所穿的服装。最后的压轴戏是使馆 6 位年轻夫人表演的清宫舞，她们婀娜多姿的动作、含情脉脉的神情，令台下观众如醉如痴。演出历时半个多小时，一气呵成。

演出结束，全场响起热烈的掌声，贵宾们久久不愿离去。总统夫人感慨万分地对大家说："只有像中国这样历史悠久、文化灿烂，近年来又取得举世瞩目成就的国家的姐妹们，才有能力组织好水平如此高、寓意如此深的活动。上台表演的虽不是职业模特儿，但她们的演出精彩极了，充分显示了中国妇女令人赞叹的自强不息的精神。"

这次活动轰动了伊斯兰堡，一时成为巴各界和使团的热门话题。巴基斯坦的英文《新闻报》发表了图文并茂的报道，中国的《人民日报》和《光明日报》也先后刊文报道了这次活动。

13. 别开生面的乒乓球友谊赛

在巴基斯坦工作的 4 年时间里，我们充分享受到来自巴方朝野上下、军政要员和平民百姓的各种形式的全天候友谊。然而，1994 年 1 月 26 日中国大使馆与巴基斯坦外交部官员进行的一次乒乓球友谊赛却是一次难得的经历。

当天下午，周刚带领大使馆十几名外交官，身着便装，脚穿运动鞋，来到了巴基斯坦外交部，我是少数女士之一。巴外交部礼宾官热情地将这支穿着特殊的中国外交官队伍迎进大客厅。中国外交官为什么不穿惯常的外交正装呢？因为这是一次特殊的外交活动，不是一般的工作会见。今天，中国大使将代表中国向巴基斯坦外交部赠送一个乒乓球台，然后率领大使馆同事同巴基斯坦外秘夏哈亚尔率领的巴外交部官员进行一场别开生面的乒乓球赛。这场比赛充满友谊，妙趣横生。中国外交官身穿不同颜色的运动服和球鞋。巴外秘身着灰色运动服和他的一位女部下组成搭档率先出场，开始与中国大使夫妇的混双比赛。双方虽然技术有些差别，却同样斗志昂扬。你来我往，互不相让，最后还是我们略占上风，赢了对方。其实外秘身手不凡，却碰到了这对"宝刀不老"的对手，要是他的搭档更强一些，我们不准会败在他们手下。接下来的比赛更激烈。大使馆参加这次活动的同事是精心挑选，早有准备的。中国是世界闻名的乒乓大国，我们应邀比赛，不是为了让巴外交部的朋友们领教中国选手的球技，而是想通过这场活动加深彼此间的感情。看来，对方也有同感。他们的选手技术娴熟，友好热情。双方年龄较大的参赛选手们，虽然进攻速度慢些，却胸有成竹，看准对手的弱点，乘机发挥自己的技术优势，或打空挡，或给小球，让对

同巴外交部官员打乒乓球

手应接不暇，以智取胜。不出所料，精彩的比赛最后在双方年轻人之间对决。我们的年轻同志，在白天繁忙的工作完毕后，晚上最经常的健身项目是打乒乓球，有时还得到在伊斯兰堡工作的中国教练的指导。比赛中，他们充分发挥自己的特长，弧圈球，高抛球，大力扣杀，守中反攻，全力拼搏。令人惊奇的是，有一二个巴方的年轻选手"初生牛犊不怕虎"，不仅不畏惧强大的对手，而且沉着冷静，抓住对手的漏洞，巧妙反击，并以自己的绝招，步步紧逼，终于击败技术比自己高明的对手。整场比赛，洋溢着欢快的气氛，时而掌声雷动，高喊加油，时而凝神屏气，轻声叹息。不知不觉，一个多小时的比赛打完了，全场响起的热烈掌声结束了这次"友谊第一，比赛也第一"的别具一格的联谊活动。

外秘事先安排了具有地方特色的茶点招待我们。虽然比赛之后大家汗津津，热乎乎，但是宾主一点也不介意惯常的外交礼仪，亲热而自由地像家人一般拉起家常。要是我们二人不急于回使馆去梳洗换装准备出席当晚的活动，中巴外交官之间亲人般的谈心还会继续下去。

14.《阿尤布·汗——巴基斯坦首位军人统治者》中文版如何面世

在巴基斯坦的将近四年任期中，我虽然购买了一本阿尔塔夫·高哈撰写的《Ayub Khan – Pakistan's First Military Ruler》（《阿尤布·汗——巴基斯坦首位军人统治者》），但是由于工作繁忙，只能草草地浏览了一遍，更无暇想到把它译成中文介绍给中国读者。

1995年4月，周刚和我从巴基斯坦离任回国。周刚被任命为中国驻印度尼西亚大使，需要等候印尼政府的同意。在此期间，他忙于做准备，熟悉有关印尼和中印尼关系的情况，并同有关部门商谈工作。此外，他还要到北戴河参加中央召开的部分驻外使节会议，以及在吉隆坡举行的东南亚使节片会。这段时间，我有空翻阅了这本反映巴基斯坦当代史上首位发动军事政变，并成功上台执政的阿尤布·汗元帅统治时代的功过是非的名著。

　　这本书的作者阿尔塔夫·高哈不仅是知名的报人，还是阿尤布的亲密伙伴、讲话撰稿人，并在其政府任新闻广播部秘书（相当于中国的常务副部长）。他根据阿尤布的日记和他本人的摘记所撰写的真实故事，再次触动了我的夙愿——凡到一个国家工作之后，我总想翻译一本有关该国的著作介绍给国人。于是，我决心同该书作者联系并征得他首肯后，即刻动手翻译。1995 年 8 月下旬，随同周刚抵达雅加达履新不久，通过巴基斯坦驻印尼大使西迪克的帮助，我同阿尔塔夫·高哈取得了联系。他同意由我翻译此书并在中国出版。此后，我从繁忙的工作和活动日程中挤出有限的空闲时刻，从到印度尼西亚上任伊始，直到 2001 年从印度离任前夕，前后花了 5 年多时间，总算译完了该书。

　　虽然世界知识出版社愿意出版《阿尤布·汗——巴基斯坦首位军人统治者》的中文版，但条件是该书译者应自己拉赞助。这事可真给我出了个大难题——我这辈子最忌讳的就是乞求别人。然而，为了实现自己多年的夙愿，我不得不违心请人相助。中国东方电气集团公司在巴基斯坦有合作项目，公司副总经理潘纪盛在巴基斯坦工作期间同我们相识。2000 年，他到印度访问期间前来使馆见周刚大使和我时，我向他提起了翻译出书的困难。潘总表示，向中国读者介绍巴基斯坦有影响的领导人很有必要，可以进一步增进两国人民的相互了解。他说，东方电气集团在巴工作期间得到周大使、邓教授以及大使馆的关心和帮助，现在，邓教授翻译出书有困难，公司完全可以帮助解决。他诚恳地说："滴水之恩当涌泉相报。"

　　2001 年 6 月底，我自印度离任回京。退休之后至 2002 年 1 月，世界知识出版社在接到我的手稿后，仅花了大半年的时间就让《阿尤布·汗——巴基斯坦的首位军事统治者》中文版问世。

　　时任巴基斯坦驻中国大使戈卡尔（Gokhar）对该书译著在中国出版发行十分高兴，并愿提供力所能及的帮助。虽然当时他即将离任回国，公务繁忙，但仍然挤出时间在当年 6 月 3 日为此书举办了首发式。为此，巴基斯坦大使馆文化处和办公室做了大量准备工作。当天下午，聚集在巴基斯坦使馆的不仅有该馆的外交官，还有中方的在任和退休外交官、南亚学者和媒体人士。戈卡尔大使亲自主持仪式并致辞。他

会见戈哈尔·阿尤布夫妇

高度赞扬中巴两国多年来形成的全天候友谊，以及阿尤布总统所作的贡献，表示《阿尤布·汗》一书中文版的发行有助于中国读者对巴基斯坦的了解，邓俊秉教授做了一件十分有益的工作。

我在答谢词中衷心感谢戈卡尔大使和东方电气公司的帮助，强调我之所以翻译此书，就是想为中巴友谊略尽绵薄之力，为中巴友好大厦增添一片砖瓦。首发式上，中巴朋友畅叙友谊，我却在旁边忙个不停，为向我索要此书的与会客人签名留念。

2005 年 3 月初，周刚和我应南亚地区研究中心（RCSS）邀请，在巴基斯坦拉合尔为该中心举办的专业人士论坛作完报告后，飞赴伊斯兰堡访问。3 月 5 日早上，已从外交国务秘书岗位上退休的戈卡尔邀请我们打高尔夫球。老朋友重逢，格外高兴，我们还一起愉快地回忆起了几年前在巴基斯坦驻华大使馆为此书举行首发式的热烈友好场面。更幸运的是，我俩的好友、阿尤布·汗总统的儿子戈哈尔夫妇热情邀请我俩去他们的府邸相聚，我们两对老伴像一家人一样谈天说地，兴奋不已。临别前，我还将此书的中文版赠送了一本给戈哈尔。

周 刚 邓俊秉

15."友谊之路"系友情

在巴基斯坦，有一条公路无人不晓，这就是被巴基斯坦人称为
KKH（KaraKorum Highway）的喀喇昆仑公路——中巴友谊公路。
1992年4月25日清晨，我们乘使馆汽车出发去巴基斯坦北部地区访问。
离开伊斯兰堡不久，我们就进入喀喇昆仑公路地段。道路弯弯曲曲，
在险峻的群山中穿行。公路南低北高，坡度和落差很大。公路沿河谷
盘旋北上，两岸是悬崖峭壁。越向北走，路面越差，有的已多年未进
行大修。有时有碎石从山坡滚下，险象丛生。司机曾大牛同志驾驶技
术高超，左盘右旋，避开凹凸不平的路面和对面开来的车辆，有时加
大油门，有时又急刹车。我们坐在车内也不时左右摇晃，时间一长，
感到头晕目眩。经过一整天的颠簸，于午夜时分抵达巴基斯坦北部地
区首府吉尔吉特。北部地区的助理行政长官拉希德·巴吉瓦尔和穆罕
迈德·沙法已在宾馆等候多时，并为我们准备了热腾腾的晚餐。主人
热情周到的接待驱赶了我们一天旅途的疲劳。

第二天清早起来，我们才看清名扬中巴两国的吉尔吉特的面貌。
这座海拔约1500米的边远山城，头顶蓝天白云，四周环绕着覆盖皑
皑白雪的高山峻岭，激流湍湍的清澈河水自北流向南方。

早饭过后，我们驱车前往为修建中巴公路而牺牲的中国烈士陵园。
中国88名筑路烈士常年安息在此地。中巴两国工程技术人员用鲜血和
汗水筑成的喀喇昆仑公路在世界公路建筑史上堪称奇迹。从1966年
开始，他们在自然和技术条件极为艰苦的情况下，克服了难以想象的
艰险和困难，花了整整12年时间，分两期于1978年建成了这条将中
巴两国连接在一起的友谊之路。这在当年是世界上海拔最高的公路。
喀喇昆仑公路全长806公里。其中，中国援建的路段长613公里，始
于距离伊斯兰堡100多公里的塔科特大桥（现名"友谊桥"）。蜿蜒曲

折，穿越世界上地质条件极为复杂的山岭和河流峡谷，绕经众多城镇，终点是海拔 4600 多米，位于中巴边界的红其拉甫山口。

为了缅怀为修筑公路而牺牲的中国兄弟，巴基斯坦专门修建了一座依山傍水的陵园以兹纪念。我们抵达烈士陵园后，负责管理陵园的两位巴基斯坦朋友热情地接待了我们。陵园长 91 米，宽 100 米，正中竖立着 6 米多高的纪念碑，上面镌刻着 20 个大字：中国援助巴基斯坦建设公路光荣牺牲同志之墓。我们带着无比崇敬和怀念的心情，向烈士纪念碑三鞠躬，并敬献了挽联和花圈。之后，管理员带我们参观陵园。整个陵园的管理井然有序。林荫小道打扫得干干净净，处处是青松翠柏，鲜花似锦。他们悉心照看陵园，让中国烈士们能安心长眠于此地。他们激动地对我们说，巴基斯坦人民永远怀念这些返回不了故土的可爱的中国年轻人，并将他们视为自己的子弟。巴基斯坦政府还邀请烈士的家人来巴访问，祭扫他们在此地的亲人。告别时，我们向陵园管理员赠给纪念品，紧紧握着他们的手，向他们表示我们最衷心的谢意，感谢他们常年陪伴和照看中国兄弟，感谢他们对中国人民的真挚情谊。

当天晚上，北部地区行政长官伊纳亚图拉·汗在他具有欧式建筑风格的官邸举行盛大晚宴，隆重而热情地欢迎来自友好邻邦中国的使节夫妇。下午，他又邀请我们观看马球比赛，并请我们二人分别在上半场和下半场为两队马球队员开球。

我们下榻的国宾馆的经理是位退伍军官。除了晚上回家照顾他患气喘病的妻子外，整日都在宾馆为接待好中国大使夫妇忙个不停。他早上见到我们时，"唰"地行个漂亮的军礼，不减当年军人的风采；晚上回家前向我们恭敬地鞠躬道别。负责我们安全的多达十几个士兵。他们昼夜辛苦，白天随我们到处活动，晚上轮流为我们值勤。但他们个个精神饱满，从不懈怠。平时见到我们时，总是报以亲切憨厚的微笑。

下面，我们要介绍给读者的是，在这次公务旅行的往返途中，我们亲身经历的两个感人的小故事。

在前往吉尔吉特途中，我们停车在路旁不远的山坡上开始野外午餐。只见山腰间有几个村童朝我们指指点点，然后渐渐来到我们身边，蹲下身子看我们就餐。这些孩子长得逗人喜爱，长长的睫毛，忽闪忽闪的大眼睛。邓俊秉忍不住和他们聊起天来。他们指着汽车上插挂的五星红旗，情不自禁地跳起来，欢呼雀跃，个个伸出大拇指，用生硬的中文高呼："毛主席！周恩来！"听到这里，我们心潮澎湃，很难控制自己的感情。这是一些边远山区的村童，他们可能没有走出过大山，没有接受良好的教育。但是，他们知道中国人民的伟大领袖毛泽东主席和周恩来总理。在他们幼小的心灵和纯朴的脑海中，早已深深埋下巴中友谊的种子。

在返回伊斯兰堡的归途中，由于山体滑坡，沿途有些路段有时出现塌方。负责清扫路面的巴基斯坦工兵工作非常辛苦，随时要用铲土机清除滚到路面上的山石和泥土，以此来疏导交通。当我们行到一处塌方严重的地段，只好停了下来。看看天色已经不早，夕阳西下，心

向为援巴公路牺牲烈士墓献花圈

里不免有些着急，担心当晚赶不回使馆。这时，一位士官模样的巴基斯坦军官向我们走来。他身材魁梧，长相英俊，留着小胡子。他在周刚面前叭的一声来了一个"立正"，并致敬礼。他说："大使阁下，这条公路是中国兄弟帮助援建的，它是巴中友谊之路，它永远对中国朋友开放。请阁下放心，我的弟兄们将尽快清除塌方，打通道路，使阁下的车通过。"这是一位普通的巴基斯坦军人对中国的态度。听到他讲的话，看着他的弟兄们的紧张工作，周刚向前紧紧地握住这位年轻军人的手，用乌尔都文说："巴伊 – 巴胡特 – 休克利亚"（兄弟，非常感谢）。

在此，我们向大家简单介绍一下中巴友谊公路的近况。中巴公路建成近 40 年来，为中巴两国的友好交往和经济贸易合作发挥了巨大作用，也为巴基斯坦特别是其北部地区的经济发展做出了宝贵贡献。为了使这条公路在日益发展的中巴经贸合作和巴基斯坦的经济社会发展中发挥更大的作用，2006 年 2 月，中巴两国同意改造和扩建友谊公路。同年 6 月，中国路桥工程公司同巴方签订《公路改扩建项目谅解备忘录》。2008 年 2 月 16 日，改扩建工程在伊斯兰堡启动。2009 年 3 月 9 日，1700 多名中国工程技术人员赴巴，对中巴喀喇昆仑公路进行改扩建。这项工程包括新建桥梁 32 座，改建 27 座，修建防护墙 815 公里。整个项目全长 335 公里，现在已竣工。改扩建后的友谊公路更加宽阔、平坦，沿线的服务设施配套齐全。友谊公路将焕发青春，为中巴两国人民的伟大友谊增添新的活力。

16. 同"东方女儿"贝娜齐尔·布托总理母女的交往

周刚递交国书后，我们即安排对巴基斯坦政府高官、政党和军方领导人以及各界知名人士的拜会。巴基斯坦人民党时任主席是贝娜齐尔·布托。贝·布托女士出身名门，她的父亲佐勒菲卡尔·阿里·布托是巴基斯坦人民党的创建人，曾先后任巴基斯坦总统和总理。阿里·布托总理领导的政府于 1977 年 7 月被推翻。11 年后，他的长女贝娜齐尔·布托于 1988 年 11 月在大选中获胜，出任巴基斯坦总理。

贝·布托女士早在求学时就不同凡响，在牛津大学学习期间曾被推选为该校学生辩论会主席。她才华出众，头脑聪慧，口才犀利，善于雄辩。时年 35 岁的她，不仅是当时世界上最年轻的女政府首脑，也是当时所有伊斯兰国家中第一位女总理，享有"东方女儿"的盛誉。巴基斯坦人民党当时是反对党。但是，由于中巴两国有着全天候的亲密关系，在巴基斯坦不论是执政党还是在野党都和中国大使馆保持友好关系。因此，人民党主席贝·布托和她的母亲是我们首批拜会的朋友。

礼节拜会反对党主席——初识"东方女儿"贝·布托

1991 年 6 月 18 日中午，我们来到贝·布托女士在伊斯兰堡的幽静府邸。她的母亲努斯拉特·布托夫人代表女儿先出面招待中国大使夫妇。夫人有伊朗血统，端庄典雅，气度不凡，时任人民党共同主席。几分钟后，身着便装的贝·布托女士出现在我们面前。近距离接触这位伊斯兰国家政坛中的女中豪杰，的确令人印象深刻：身材高挑，气质优雅，风度翩翩。宾主进行了亲切友好的交谈。周刚向她们母女转

周刚大使和夫人邓俊秉拜会贝·布托前总理及其母亲努·布托

达了中国领导人的问候。在谈到中巴关系时，周刚特别表示，已故总理阿里·贝托是中国的老朋友，为发展中巴友谊做出过宝贵贡献。中国人民也高度赞扬贝·布托女士在执政时为中巴友好合作关系做出的重大努力。贝·布托母女愉快地回忆起当年她们同阿里·布托总理全家访华时同毛泽东主席会见的难忘时刻。她们特别提到周恩来总理同阿里·布托总理之间的友谊，以及周总理对他们全家的关心和照顾。贝·布托表示，人民党虽然是反对党，但将一如既往为发展中巴友好关系继续努力。交谈中，贝·布托侃侃而谈巴基斯坦局势和国际形势。她对事物的洞察力和见解给我们留下了难忘的印象。贝·布托母女以特殊的午餐招待我们：新鲜的蔬菜，外加时鲜的水果。布托女士说，她和母亲不是素食者，但在炎热的日子里，她们喜欢清淡的食物。看到她津津有味地吃着芒果色拉，我们的食欲也被勾了起来。告别时，双方互赠纪念品，我们赠送的是"中国外交40周年"画册，那里有阿里·布托总理访华时同毛泽东主席和周恩来总理的珍贵合影。

贝·布托总理对中国的正式访问

1993年4月至9月，巴基斯坦政局风云变幻。先是谢里夫总理被总统解职，由马扎里担任看守内阁总理；接着，谢里夫恢复总理职位；不久，谢里夫被迫下台，组成以毛因·库莱希为首的看守内阁。10月6日，巴基斯坦举行大选，人民党成为第一大党。10月17日，巴基斯坦国民议会选举人民党议员尤素夫·吉拉尼为议长。19日下午，巴基斯坦人民党议会党团领袖贝·布托就任总理。20日中午，周刚往见吉拉尼议长，转交乔石委员长给吉的贺电，宾主就发展中巴友好关系交换了意见。接着，周刚又拜会巴基斯坦外秘夏哈亚尔，转交李鹏总理致贝·布托总理的贺电，外秘向周刚谈及贝·布托总理希望近期访华问题。11月6日上午，周刚拜会贝·布托总理，祝贺她就任总理。贝·布托总理表示，她和她的政府重视巴中关系，将巴中友好视为巴外交政策的基石，这一政策不会改变。她还谈到对巴美、巴印关系的看法。宾主也商谈了中巴合作的具体事宜。会见后，夏哈亚尔外秘约见周刚，商讨贝·布托总理访华问题。当天下午和晚上，巴基斯坦广播电台和电视台就上述会见进行了报道。

12月27日至29日，贝·布托总理对中国进行正式友好访问。27日下午，贝·布托总理专机抵达北京机场时，中国政府陪同团团长化工部长顾秀莲和外交部副部长唐家璇，以及先行回国已在北京的我们，到机场迎接。中方对贝·布托总理给予了热情友好和高规格的接待。下午4：45，李鹏总理在人民大会堂举行欢迎仪式，随后会见贝·布托总理并举行欢迎国宴。贝·布托总理这次访问前后不到两整天，日程安排非常紧凑。28日上午，两国总理先进行小范围会谈，随后是有巴方主要陪同官员和中方有关部委负责人参加的大组会谈。下午，江泽民国家主席会见贝·布托总理。晚上，全国政协主席李瑞环会见并宴请。28日，钱其琛外长和巴外长阿希夫·阿里举行会谈，双方就共同关心的国际问题和南亚地区形势，深入地交换了意见。29日，两国主管官员就两国经贸合作进行了会谈。贝·布托总理的访问取得了丰硕成果，双方签订了经济和技术合作协定、关于边境贸易协定延期的协议、汽车运输协定、科技合作协定，以及中国江苏省和巴基斯坦旁遮普省建立友好省关系的协定。贝·布托总理向人民英雄纪念碑敬献花圈，并瞻仰毛泽东主席遗容。她还会见了工商界人士，举行记者招待会。贝·布托总理对访问结果非常满意。周刚作为驻巴大使参加了所有重要活动。29日中午，巴总理一行乘专机离开北京前往朝鲜访问时，顾秀莲部长、唐家璇副部长和我们到机场送行，祝贺贝·布托总理访问取得圆满成功，并祝他们一路平安。

同贝·布托总理商谈中巴合作事宜

在贝·布托1993年10月上台执政到我们1995年4月离任的一年半时间里，我们多次同贝·布托总理见面，特别是周刚频繁地参加中国重要代表团拜会贝·布托总理的活动，贝·布托总理参加的有关中巴合作项目的开工或竣工仪式，以及巴方举行的重大活动。在这些接触中，我们深感她对发展对华友好关系的重视，以及对两国合作项目的关心。贝·布托总理曾先后就中巴联合制造飞机、重型电机厂合

作等问题同周刚交谈意见。周刚也曾就两国海军合作事致函贝·布托总理，就巴方从中国进口农用拖拉机事同受她委派的农业和粮食部长和秘书进行商谈。

这里想告诉读者的是，巴基斯坦是一个伊斯兰国家，在交际场合，女士一般不同男士握手。因此，在中国重要代表团访巴基斯坦时，我们总提醒代表团领导，在拜会贝·布托总理时，可点头致意，不要主动去握手，以免双方都尴尬。

同贝·布托女士及其家人的近距离接触

1992 年 10 月 29 日，身为巴基斯坦人民党主席的贝·布托女士邀请我们共进午餐。席间，宾主相谈甚欢，话题广泛，既有中巴两国关系，也有巴基斯坦人民党和中国共产党之间的党际关系，既有南亚地区形势，也有国际大事。这次交谈增加了我们对贝·布托女士的了解，她对中国的友好态度，她的学识和见地，她用简短话语表达深刻内涵的英文水平，都使我们难以忘却。1993 年 11 月 17 日，中国沈阳杂技团在拉瓦尔品第举行首演。贝·布托的丈夫巴基斯坦国民议会议员阿希夫·阿里·扎尔达里作为主宾出席，在开幕式上简短致欢迎辞，并献花篮。这是我们同他第一次见面，双方进行了友好交谈。此后不久，周刚就中巴合作兴建火电站问题约见扎尔达里先生，请他积极推动并帮助中方公司解决面临的困难。他仔细询问了有关情况，表示愿尽力协助。我对他的坦诚友好态度表示感谢。1994 年 2 月 28 日，我们在参观印度河的文明"摩亨佐达罗"的途中，专门绕道去拉尔卡纳，向巴基斯坦已故总理佐勒菲卡尔·阿里·布托墓敬献花圈，表达对这位发展中巴友好合作关系做出重大贡献的巴基斯坦领导人的敬意和怀念。

1995 年 2 月 6 日，我们专程前往卡拉奇向信德省领导人和各界友人辞行。8 日上午，我们到已故阿里·布托总理的故居拜会他的遗孀、贝·布托总理的母亲努斯拉特·布托夫人。我们没有料到的是，努斯拉特·布托夫人热情迎接中国客人的时候，贝·布托总理也在家。宅第虽然刻有岁月的痕迹，建筑却是精细雅致，颇有气派。进入客厅，放眼望去尽是具有当地特色的家具和摆设，墙上挂着既有浓郁宗教色彩的画像，又有知名的西方油画，阳光透过厚厚的帷幔，隐隐约约照射到客厅里，给人一种若隐若现的惬意感觉。布托母女将我们二人视为老朋友，无拘无束地介绍布托家族的历史，人民党的建立和斗争历程。她们为中国近年来改革开放所取得的成就感到由衷的高兴，并对中国人民表示良好的祝福。临行前，她们一再表示，不论今后人民党是执政还是在野，都坚持与中国保持友好关系。1995 年 3 月 19 日，在我们结束在巴基斯坦任期回国前的两周，贝·布托总理接见我们，并设午宴为我们饯行。她请周刚转达她对中国领导人的亲切问候和良好祝愿。我们衷心感谢她和巴基斯坦政府为发展中巴睦邻友好合作关系所做的宝贵努力，以及对我们的工作的支持和帮助。谁也没有想到，这竟是我们同贝·布托总理的最后一次会见。

17. 我们所接触的纳瓦兹·谢里夫总理

我们在巴工作的 4 年间，先后经历了穆斯林联盟纳瓦兹·谢里夫政府和人民党贝娜齐尔·布托政府以及看守内阁共五个政府。中巴建交以来，两国关系经历了时间的考验。在巴基斯坦，不论是军人执政还是民选政府，不论是哪个政党上台，中巴关系都不受影响。

穆斯林联盟是巴基斯坦最老最有影响的政党，穆斯林联盟主席纳瓦兹·谢里夫总理原是知名的大企业家，家族在拉合尔。

拜会谢里夫总理的特殊安排

我们于 1991 年 5 月抵达伊斯兰堡上任后，即于 6 月 3 日拜会谢里夫总理和夫人。这是巴方的特别安排，是对中国和中国新任驻巴大使夫妇友好的表示。因为，按照礼宾惯例，驻在国政府首脑只接受新任大使的礼节性拜会。这次是谢里夫总理和夫人一起会见中国大使和夫人。谢里夫总理代表巴政府对我们表示欢迎。他高度评价中巴关系，强调对华友好是巴外交政策的基石，巴政府将继续加强和发展中巴友

周刚大使和夫人邓俊秉拜会谢里夫总理夫妇

好合作关系。周刚表示，中国人民十分珍视同巴人民的友谊，中国政府高度重视同巴基斯坦的友好关系，中方愿同巴方一道把中巴友好关系不断推向前进。双方谈话气氛亲切友好。这是我们初次见面，谢里夫总理给我们留下的印象是友好随和，言语不多，朴实无华，而夫人非常平易近人，在旁同邓俊秉亲切交谈。

陪同谢里夫总理访华

　　我们同谢里夫总理的零距离接触是陪同他访华。应李鹏总理邀请，谢里夫总理于 1992 年 10 月 6 日至 10 日访华。这是他 1990 年就任总理后第一次访问中国。他的夫人卡尔苏姆、儿子哈桑、女儿玛利亚姆和阿斯玛随同访问。陪同访问的还有财政部长、外交国务部长和社会福利部长等。来自友好邻邦的政府首脑受到中方高规格的接待。6 日下午，中国政府陪同团团长水利部长和在两天前回到北京的我们前往机场迎接。李鹏总理在人民大会堂东门外广场举行欢迎仪式，随后礼节性会见谢里夫总理和代表团主要团员。当晚，李总理在人民大会堂西大厅举行盛大欢迎宴会。第二天，两国总理举行正式会谈。会谈后，两国总理出席签字仪式，双方达成的协议有：两国首都结成友好城市，中巴领事条约，中国向在巴基斯坦的阿富汗难民赠款 300 万人民币的协议。签字仪式后，江泽民总书记会见谢里夫总理。晚上，国家主席杨尚昆会见并宴请谢里夫总理一行。在北京期间，巴基斯坦客人参观了首都钢铁厂，向人民英雄纪念碑献花圈，游览颐和园，参观故宫。

这里，我们向读者介绍访问中的几件趣事。6 日晚，在出席李鹏总理的欢迎宴会回到钓鱼台国宾馆后，中方警卫人员突然通知车队准备出发。这是计划外临时安排的项目。原来谢里夫总理要带夫人和子女前往王府井品尝中国的清真食品，因为他们不太习惯宴会上的饭菜，没有吃饱。他们一家乘兴而去，尽兴而归。

7 日上午，为谢里夫总理夫人安排游览长城，巴基斯坦外交部长和邓俊秉陪同前往。总理夫人虽然体态丰满，却游兴极浓，手挽长袍兴匆匆地漫步在长城上。她向邓俊秉介绍说，她曾是一个热爱学生的教师，现在不仅要主持家务还要举行和出席很多外事和社交的活动，尽力配合丈夫做好工作。

8 日下午，谢里夫总理一行乘中国专机，飞抵西安。按计划，陕西省政府拟举行欢迎晚宴。但巴方要求取消正式宴会，由他们自进晚餐，以便不受礼仪约束，彻底放松一下。陕西省人民政府尊重了巴方的意见。

9 日上午，代表团先去兵马俑参观。之后，赴西安大清真寺做祷告，谢里夫总理认真听取了阿訇的介绍，并不时提问。他赞扬清真寺历史悠久，管理得方，并捐了善款。

下午，巴基斯坦客人乘中国专机抵达深圳。当晚，深圳市市长会见，向巴贵宾介绍了该市的发展情况，并宴请全团。10 日早上，全团前往国贸大厦进早餐，坐在大厦顶层的旋转餐厅，一面品尝美味的粤式早点，一面饶有兴趣地观赏深圳风光。随后，总理一行前去参观华强三

洋电子公司，而总理夫人由邓俊秉陪同参观了"锦绣中华"。当天下午，巴总理夫妇一行乘轿车离开深圳前往香港，结束了中国之行。

专程面见谢里夫转达李鹏总理对他复职的祝贺

1993 年春季，巴政局出现动荡。4 月 17 日晚，谢里夫总理发表电视广播讲话，不点名地批评总统，并表示不会辞职。18 日晚，在巴总统府举行的记者招待会上，伊萨克·汗总统宣布解散国民议会和政府，解除谢里夫总理职务，成立以马扎里为总理的看守政府。然而，一个多月之后，情况有了 180 度的变化。5 月 26 日，巴最高法院裁决，恢复国民议会、谢里夫的总理地位和他领导的政府。5 月 30 日清晨，我们从伊斯兰堡驱车前往拉合尔。下午，谢里夫总理和夫人在府邸会见我们。周刚首先表示，奉命专程前来拉合尔，当面转达李鹏总理对谢里夫总理复职的祝贺和亲切问候。周刚强调，中国政府将一如既往致力于发展中巴两国的友好合作关系。谢里夫总理感谢李鹏总理的祝贺和问候，并衷心祝愿李鹏总理身体健康。他说，同中国友好合作是其政府坚定不移的政策。夫人对邓俊秉非常热情友好，一直拉着她的手，激动地回忆起去年秋季她跟随谢里夫访华的动人情景，她热切希望能再次访华。时值巴基斯坦全民的节日——宰牲节，我们给谢里夫总理夫妇赠送了精致的景泰蓝和华丽的中国丝绸。

宴请反对党领袖谢里夫及其同事

1993 年 10 月，巴基斯坦人民党在大选中获胜，组成以贝·布托为总理的新政府，穆斯林联盟成为在野党。作为反对党领袖的谢里夫应我们的邀请到中国大使馆做客。客人中还有前国民议会议长戈哈尔·阿尤布、前财政部长阿齐兹、前外交部长坎久、前农业部长马立克、前劳工部长哈克、前石油部长阿里·汗、前部长拉希德、前副议长古戈尔等人。宾主相聚甚欢。这些前部长此时已是"无官一身轻"，无拘无束地谈天说地，纵论国内外大事。为了让贵宾们品尝到地道的中国佳肴，大使馆的厨师拿出了自己的绝技。谢里夫对江阴厨师程正宗师傅的拿手菜肴水晶虾仁情有独钟，接连添加了两次（幸亏我们事先有充分准备，做了备份菜以防万一）。饭后，我们请贵宾们观看电影《中国邮票》。临行前，客人们异口同声称赞中国大使馆的饭菜是巴基斯坦最好的中国菜，赞扬中国邮票制作精美，题材丰富，寓意深长。我们一直和在野的穆斯林联盟领导人谢里夫和他的团队保持着友好的关系。1995 年 1 月 22 日，我们又宴请了谢里夫前总理、前议长戈哈尔·阿尤布·汗及一些前部长，并放映了赏心悦目的中国电影《花》。

穆斯林联盟主席谢里夫和夫人为中国大使夫妇饯行

1995 年 3 月 13 日，穆斯林联盟主席谢里夫和夫人在避暑胜地莫里山上新落成的府邸为即将离任的中国大使夫妇举行了隆重而盛大的饯行晚宴。出席当晚宴会的不仅有其影子内阁的主要成员，而且还有巴方各界名流和孟加拉国高专和科威特大使等外国驻巴使节。宾主依依惜别，互道珍重。我们从心底里感受到谢里夫夫妇对我们的深情厚谊，以及对中国和中国人民的友好情谊。

18. 平易近人的参议院主席瓦希姆·萨贾德

我们不会忘记同巴基斯坦参议院主席瓦希姆·萨贾德夫妇的友谊。

交往最多的领导人

萨贾德主席是我们任上交往次数最多的巴领导人。我们同他的交往从 1991 年 5 月 20 日在大使馆举行中巴建交 40 周年招待会开始。那天，他陪同伊沙克·汗总统出席招待会。虽然交谈不多，但感到他为人谦和，行事低调。5 月 29 日下午，周刚作为新任大使礼节性拜会他。他盛赞巴中友谊和中国的发展成就。双方谈话轻松友好。他平易、热情，谈吐自然，少有官腔。原来他是律师出身，且享有盛名。初次见面就留下深刻的印象。

作为参议院主席，他经常会见到访的中国领导人和高级代表团，周刚总是陪同在座，有机会同他交谈。拜会他之后几天，6 月 2 日，萨贾德主席即携夫人应我们邀请来大使馆赴宴。此后，我们之间往来

同巴参议院主席萨贾德夫妇在一起

不断。我们也多次到他家做客，品尝夫人的厨艺。我们宴请萨贾德主席夫妇时，除请他们品尝中国风味的菜肴，还放映电影，介绍中国的历史文化。主席夫妇对电影《京剧》《花》等赞不绝口。周刚还应萨贾德主席之请，到参议院巴中友好小组演讲，介绍中国的外交政策。

平易近人，轻车简从

参议院主席在巴领导人中排位仅次于总统和总理，在总统生病或缺位时任代总统，可谓位高权重。但他平易近人，不打官腔，不摆架子，不显阔气，在外国驻伊斯兰堡大使馆中口碑甚好。1994年2月2日至12日，萨贾德主席应全国政协主席李瑞环的邀请访华。周刚去机场送行。代表团短小精悍，成员只有几名参议员和参议院秘书长。12日，周刚到机场欢迎访华归来的萨贾德主席。二人见面，亲切拥抱。周刚祝贺他访问取得圆满成功。他满口称赞中方接待很好，安排周到，全团都感到满意。他说，很高兴目睹了中国的迅速发展，这是中国的骄傲，也是巴基斯坦的骄傲。

同病相怜，互相慰问

天有不测风云，人有旦夕祸福。1994 年 5 月，伊斯兰堡传染性肝炎流行。先是萨贾德主席病倒。周刚立即致函萨贾德主席表示慰问，祝他早日康复。谁知没有几天，周刚也一病不起。大病初愈的萨贾德主席得知后，不仅打电话慰问，还派人送来对治疗急性肝炎有特别疗效的巴基斯坦草药。这使周刚深为感动。

相别还有重逢日

1995 年 2 月，到了同巴基斯坦朋友告别的时候了。2 月 18 日，周刚向萨贾德主席拜会辞行。3 月 5 日，萨贾德主席出席巴前外长夏希为我们举行的饯行晚宴。7 日，萨贾德主席和夫人又设家宴为我们送别，美国、俄罗斯、韩国和土耳其大使夫妇应邀作陪。我们相约来日相会于北京或伊斯兰堡。这一天竟然真的到来了。2005 年 2 月，我们作为学者到拉合尔参加南亚地区安全形势研讨会之后，重访伊斯兰堡。我们特意请大使馆安排同瓦希姆·萨贾德和夫人见面。这时，萨贾德先生已不再任参议院主席，早已重操旧业，继续他的律师生涯。他和夫人在郊区的别墅里设宴欢迎久别的中国朋友。巴基斯坦国民议会前议长老朋友戈哈尔·阿尤布·汗和夫人也应邀在座。好朋友久别重逢，欢乐之情，读者可以想象。我们相信，这不是最后一次相会。

19. 与巴基斯坦三军参谋长的交往

中巴关系的一个突出特点是政治上、战略上的高度互信。中巴两军的密切交往和两国防务上的互利合作是两国高度互信的标志，对两国友好合作关系的全面发展起着重要的作用。我们在巴基斯坦 4 年的任期中，巴基斯坦参谋长联席会议主席、陆海空三军的参谋长等军方领导人不止一次访问中国。中国人民解放军总参谋长张万年、总装备部长傅全有、空军司令员、国防大学代表团、解放军友好代表团等也到巴基斯坦访问。访巴的还有与军工生产合作有关的部委和企业的代表团。因此，周刚有很多机会同巴军方领导人见面。

这里，我们向读者介绍一些同巴基斯坦将军们交往中的一些小故事，以及对巴基斯坦将军的印象。

大使馆水池中的天鹅和野鸭

我们先后同巴三任陆军参谋长结识。到任一个月后，我们于 1991 年 6 月 11 日拜会了即将卸任的巴陆军参谋长米尔扎·贝格上将。这位学者型的将军对华友好，退役后也和我们保持来往。我们于 9 月 14 日在使馆宴请了贝格将军一家，观看了中国歌舞片。次日，贝格将军派人送来他赠给广东伊斯兰协会的雕刻请我们转交。他领导的研究机构"朋友"非常活跃，经常举行各种研讨会，有时请我们出席，有时还请周刚演讲。我们离任前，他特地举行了盛大宴会为中国大使夫妇饯行。

1991 年 10 月 17 日，我们在使馆宴请了新上任的巴陆军参谋长阿西夫·纳瓦兹上将和夫人，以及陪同他即将访华的下属。同月 23 日，

同巴陆军参谋长瓦希德在一起

我们去机场为巴基斯坦陆军代表团访华送行。此后，纳瓦兹参谋长夫妇同我们保持朋友般的经常往来。他送给邓俊秉一只灰色天鹅。我们把她放在使馆主楼东面水榭下潺潺流水的池塘里。天鹅自由欢快地在池中戏水，成为使馆的一景，每到晚上都有馆员来池塘边观赏。令人痛惜的是，阿希夫将军于1993年1月英年早逝，我们致函巴基斯坦外长和陆军参谋局长，请他们向将军家属转达我们深切的悼念和慰问。

阿卜杜勒·瓦希德上将在接任陆军参谋长之后不久，即于1993年3月率团访华。3月10日和15日，我们先后到机场为瓦希德参谋长夫妇送行和欢送他们访华归来。4月11日，我们举行家宴为瓦希德将军和夫人以及代表团其他成员洗尘。将军夫妇盛赞中方的热情款待，对访问成果非常满意。夫人风趣地说，在华短短4天，她就增加了不少体重。我们为贵宾们放映了"体坛新星"和"金嗓子"两个短片，使将军们在公务繁忙之余能欣赏中国新星精彩的身手和歌喉。

我们同瓦希德参谋长夫妇经常相互往来。一天，参谋长派人将他在打猎时捉到的十多只野鸭送给邓俊秉。我们将野鸭放在水榭旁的水池中。谁知过了一段时间，这些野鸭下了不少蛋。野鸭开始忙碌起来，每天在池边孵蛋。不久，竟有几十只鸭宝宝破壳而出。鸭妈妈们带着鸭宝宝成群地在池中戏水，有的慢悠悠地划水，有的潜水觅食，有的静悄悄打瞌睡，悠然自得，尽情享受天伦之乐。瓦希德将军的珍贵礼品成了使馆同志的宠儿。

外交官生涯的特点是，同驻在国官员认识后，等到互相了解、成了朋友，就又到了分别的时候。1995年3月6日，我们请瓦希德参谋长夫妇以及陆军参谋局长、军务局长等高级将领来使馆做客，同他们话别。大家都知道盛宴必散，大使和将军们很少有再见的机会。谁料3月21日，瓦希德参谋长夫妇又在家举行茶会，为我们饯行。将军说："我们是好朋友，特意请你们来家里送别。对其他友好国家的大使，我只在陆军总部办公室会见。"最后，他和夫人还将子女们唤出来与我们相见送别。此情此景宛如昨日，经常浮现在我们面前。

他乡遇故知

我们于 1995 年 8 月 22 日抵达雅加达。在周刚向印度尼西亚总统递交国书前，我们于 8 月 30 日前往拜会巴基斯坦驻印尼大使塔亚布·西迪基夫妇。他们是我们在巴基斯坦就结识的老朋友，西迪基时任主管中国事务的司长。老友重逢，畅叙旧谊，倍感亲切。过了一些天，我们从当地报纸看到巴基斯坦陆军参谋长在雅加达访问的报道。周刚当即给西迪基大使打电话，请他转达我们对瓦希德上将的问候，祝他访问成功。过了一会，西迪基大使回话说，瓦希德参谋长谢谢周刚大使夫妇的问候，他明天下午将结束在印尼的访问，在离开雅加达回国前，希望前往中国大使官邸看望大使夫妇。我们随即表示愿为参谋长设午宴饯行，参谋长欣然接受。第二天，9 月 22 日中午，瓦希德将军由西迪基大使和巴基斯坦驻印尼使馆武官夫妇陪同，来到我们官邸。我们同他热烈拥抱，互致问候。老朋友相聚，十分高兴。午宴上，双方畅叙离别之情，畅谈地区和国际形势。瓦希德将军津津有味地品尝李师傅做的可口菜肴，赞不绝口。他按照中国的习惯特意请李师傅出来相见，握手感谢，并赠给礼金。全程陪同瓦希德将军访问的印尼陆军司令部的中校参加了午宴。他十分感慨地对我们说："看到瓦希德将军同你们的会面情况，我一开始感到惊讶。到一个国家访问的军方首脑一般是不会见第三国驻该国的大使的。目睹你们相见的亲切，耳听谈话的友好，才体会到中国同巴基斯坦两国的友好和信任，可以从中看出中国对伊斯兰国家的尊重和重视。"

平易近人的参谋长联席会议主席

巴基斯坦军队现役将军中只有 4 位上将，即参谋长联席会议主席，陆、海、空三个军种的参谋长。我们到任后，最先接触的是巴参谋长联席会议主席赛罗希海军上将。半年后，萨米姆·阿拉姆·汗上将接任三军参谋长联席会议主席。在萨米姆主席任职的三年中，周刚同他的往来最多。因为，萨米姆主席负责三军之间的协调并主管巴中防务合作，周刚不仅经常同他会见商谈两国上述合作事宜，而且陪同访巴

同巴参联会主席萨米姆在一起

的中国军方领导人和主管部委负责人拜会他。作为朋友，我们同萨米姆将军夫妇经常互相宴请。将军和夫人平易近人。将军身材不高，两眼炯炯有神，声音洪亮。作为职业军人，他在各种社交和公务场合都站如松、坐如钟，挺胸收腹，特别是身着戎装、左肩下夹着指挥剑时，英气逼人。周刚同萨米姆将军的合作非常融洽。他对中巴两国两军的有关合作积极、认真、细致，作风雷厉风行，对会见和接待中国代表团热情友好，安排周到。1994 年 10 月后，他不再担任参谋长联席会议主席，但我们同将军夫妇仍然经常往来。1995 年 3 月 15 日，将军夫妇专门为我们举行茶会送行。他的平易、坦诚、真挚、友好的态度给我们留下深刻的印象。

空军参谋长从北京带来的北京烤鸭

空军参谋长法鲁克·费罗兹·汗是周刚到任拜会的第一位巴基斯坦军方领导人。这位飞行员出身的空军上将性情直爽，热情奔放，谈笑风生，一次见面之后就令人难忘。由于中巴两国空军有密切的合作关系，以及两国共同研发战机，他经常到中国访问和会见中国同行，对中国非常了解，对中国同行有很深的感情。我们同上将夫妇常来常往。1992年5月18日，法鲁克上将访华归来。一抵达伊斯兰堡机场，他就给周刚打电话："我从北京给大使和夫人带来一只今天出炉的北京烤鸭，我马上就派人给你们送去。"对于他的这份隆情厚谊，我们只能表示衷心的感谢。邓俊秉收到烤鸭后，立即请程正宗厨师准备烙饼、甜面酱和大葱，并把烤鸭片成肥瘦都有的几十片肉。晚饭时，在济济一堂的餐厅里，当邓俊秉把烤鸭的由来告诉大家时，立即响起一阵掌声。同志们都深为法鲁克参谋长的好意所感动。虽然每人只分得包有鸭肉的两张薄饼，也吃得津津有味。

法鲁克将军身为空军参谋长驾驶技术高超，有时还亲驾战机。1994年3月23日是巴基斯坦国庆节。是日，巴在首都伊斯兰堡举行阅兵式。我们站在离主席台右侧不远的观礼台上。在群众彩车过后，

同巴空军参谋长法鲁克在一起

我们发现空军参谋长法鲁克悄悄离开主席台。在陆军的各个方队经过主席台之后，远处传来巨大的轰鸣声，转瞬间，一架超音速的战机从主席台上空闪电般呼啸掠过。观礼人群中爆发出雷鸣般的掌声和喝彩声，巴基斯坦人为有这样先进的战机而自豪。这时，扩音器中传来播音员兴奋的声音，刚才驾驶 F−16 战机的是空军参谋长法鲁克·汗上将。不大一会儿，我们扭头左望，只见法鲁克将军已经换过军装正重新登上主观礼台。

我们在巴任职的 4 年里，法鲁克空军上将先后担任空军参谋长和三军参谋长联席会议主席。1995 年 3 月 20 日，参谋长联席会议主席法鲁克和夫人为我们举行送别晚宴，东盟各国驻巴使节应邀作陪。法鲁克将军赠送我们的纪念品是一只外镀银灰色的铁铸山羊。她昂首向天，睁目远望，立于高山之巅。我们想，这只山羊可能是巴基斯坦空军志存高远、面向未来的象征吧。

风度翩翩的海军参谋长

在同巴三军参谋长的交往中，我们同两任海军参谋长赛义德·M．汗海军上将和曼苏鲁尔·哈克海军上将夫妇的来往较少，这是因为巴基斯坦海军司令部设在卡拉奇。两位海军参谋长中，交往时间长的是赛义德。这位海军上将鲜明的特点是，身材颀长，相貌堂堂，风度翩翩，一眼望去就知道这是位受过良好教育的军界精英。夫人美丽俊秀，气质不凡，与巴基斯坦上层的传统的女士相比，似乎更为洋气。1994 年1 月 26 日，我们宴请赛义德上将夫妇和三位分别负责装备、训练和人事、后勤的海军副参谋长，以及情报局长夫妇。席间，双方畅谈两国和两国海军之间的友好的关系，以及南亚地区的形势。将军和夫人们津津有味地品尝中国的美味佳肴。宴席后，兴致勃勃地观看了纪录片《杂技女杰》。这次聚会给上将夫妇留下了美好的印象。两个多月后，上将邀请周刚作为贵宾出席了海军和 ISS 共同举办的研讨会"印度洋：冷战后的安全和稳定"，周刚在会上的讲话受到了广泛好评。4 月 30 日，邓俊秉应上将夫人邀请，在海军军官夫人协会做了专题讲座，介绍中

拜会巴海军参谋长赛义德上将

国妇女今昔。与会的夫人们争先恐后向邓俊秉提出了有关中国妇女现状的各种问题，邓俊秉尽力做了回答，因为这是一次难得的机会让巴海军高级军官夫人们对中国姐妹的历史和现状有所了解。

20. 辛勤为巴中友谊而奉献的巴基斯坦友人

搞外交，首先要维护国家根本利益，贯彻执行国家战略和方针政策。为此，在外交工作第一线的驻外使领馆要特别重视做好驻在国各界人士的工作。巴基斯坦是中国的好朋友，巴基斯坦人民对中国人民友好，巴基斯坦政府对我们和中国大使馆的工作给予很大帮助和合作。这是我们在巴基斯坦做好交友工作的良好条件。在巴基斯坦，从中央到地方，从首都到外地，有一大批长期从事巴中友好事业的朋友。我们永远不会忘记他们对发展中巴友谊的贡献。

向老朋友们问候

我们到巴上任之前，专门去看望韩念龙同志。韩老是新中国卓越的外交家，长期担任外交部副部长，主管亚洲事务。周刚加入外交部后，曾多年在他领导之下工作。韩老又是中国第一任驻巴基斯坦大使。我们向他请教，是再合适不过的了。韩老回忆他 1951 年出使巴基斯坦的情况，深感中巴关系之重要。他说，中巴友好来之不易。几十年来，不少巴基斯坦朋友为发展中巴友谊尽心尽力，坚持不懈，我们不要忘记他们的贡献。他要周刚到任后主动拜会巴前外长阿迦·夏希和雅库布·汗等老朋友，转达他的问候，祝他们健康长寿。他说，周刚有事要向他们请教。对韩老的教诲，我们牢记在心。抵达伊斯兰堡后不久，我们即先后去看望这两位巴基斯坦杰出的外交家、中国人民的老朋友。当我们转达韩老的问候和祝愿时，他们异常兴奋，回顾起当年同中国第一任驻巴大使交往的情景。此后，我们经常宴请他们，听取他们对地区形势的高见和对发展中巴关系的建议。

与巴基斯坦前外交部长雅库布·汗在一起

辛勤灌溉巴中友谊之花的友协园丁们

在巴基斯坦，巴中友协是民间组织，没有政府划拨的经费，没有全职的工作人员，没有常设的办公室。巴中友协没有统一垂直的领导机构，其会员有退休政府官员和国会议员、退役将军、教授、记者、律师、医生、商人、农场主，有社会名流，也有平民百姓，来自各行各业，三教九流。但是，他们有一个共同的目标——发展巴中友谊。

我们到任后，曾分别在伊斯兰堡、拉合尔、卡拉奇、白沙瓦、奎塔拜会巴中友协的负责人，他们是：巴中友协主席夏希先生和副主席夏菲退役准将，旁遮普省友协主席蒙塔兹·艾哈迈德·汗，信德省友协主席希拉利和秘书长阿尔维，俾路支斯坦省友协主席赛义德·伊克巴尔和西北边省友协主席，以及巴中经济、文化论坛主席拉纳·伊贾兹·艾哈迈德。巴中友协和各省友协同我们和中国大使馆文化处的交

旁遮普省巴中友协的朋友们

与旁遮普省巴中友协主席蒙塔兹夫妇在一起

往很多。他们曾分别为我们到任举行欢迎会。在中国国庆时举办报告会，介绍中国的建设成就，平时还举办各种题材的中国图片展览。友协的朋友们还不时邀请我们和使馆外交官到他们家中做客。这些友协朋友们对巴中友好事业全力以赴，热情洋溢，不求索取，不辞辛苦。对中国大使馆求他们相助之事，尽力而为。他们年复一年地为中巴友好事业倾注心血，为中巴友谊之花浇水施肥，为中巴友好大厦添砖加瓦。在我们离任之际，他们又热情地为我们举行集会，发表感人肺腑的送别讲话。这里，我们不禁想起中国唐代大诗人李白的名句："桃花潭水深千尺，不及汪伦送我情"。

令人难忘的朋友

A. Q. 汗博士是巴基斯坦著名的科学家，在首都伊斯兰堡有以他的名字命名的 A. Q. 汗研究所。汗博士身材高大魁梧，仪表堂堂，为人大方，待人热情，在外交使团之中很有名气。他曾访问中国，是使馆的老朋友。伊斯兰堡的冬季气候宜人，是当地人和外交使团开展社交活动的好季节。我们曾经应邀带领我馆外交官夫妇前往他的府邸做客。院子的草坪上搭起了帐篷，生起了火炉，烧烤羊肉的香味阵阵传来。微风吹来，虽然有些寒意，但主人和他的荷兰裔夫人的热情好客使我们竟未察觉这里是冬天的夜晚。博士熟悉中国的风俗习惯，每逢中国传统的春节，他总不忘记给中国大使馆送来各种鲜果干果和野味。一次春节，他邀请我们和使馆外交官前往伊斯兰堡著名的风景区莫里山过节，并派他的联络官拉赫曼先生全程陪同。我们住在山顶的宾馆中，时值冬季，游客稀少。放眼望去，满山皑皑的白雪，绿绿的松树，蓝天白云，在冬日的阳光下，景色好不迷人。拉赫曼先生曾在军队服役，官居上校，是个称职而风趣的礼宾官。他不仅为我们安排了丰富多彩的活动，还在草地上为我们表演他的"特技"——他四肢有力而柔软，可以做出各种令人惊叹的动作。汗博士夫妇以及博士的助手们也应邀到大使馆做客，朋友相聚，一边天南地北地畅谈，一边品尝地道的中国佳肴，气氛热烈友好。

特别令我们难忘的是，邓俊秉一次生病，汗博士专门请她到 A. Q. 汗研究所附属医院检查治疗。1994 年 5 月，周刚突患急性肝炎。汗博士获悉后，不仅打电话慰问，还派医生来使馆探视。年底，周刚左眼视力明显下降，汗博士的医院为他做了仔细检查并提出治疗建议。

21. 巴基斯坦原子能委员会主席和恰希玛核电站

巴基斯坦能源短缺，不仅是经济社会发展的瓶颈，也给巴民众日常生活带来不便。巴政府重视能源建设，除同中国合作建设燃煤电站外，还希望在和平利用核能方面得到中国的帮助。我们在巴任期的 4 年间，有幸结识了著名的科学家巴基斯坦原子能委员会（PAEC）主席伊什法克·艾哈迈德博士和夫人。

德高望重、文质彬彬的科学家

伊什法克博士是一位典型的学术带头人。一头漂亮的银发，角质边眼镜后闪烁着一双智慧而慈祥的眼睛，举止谈吐温文尔雅，待人接物诚挚友好。在众多巴基斯坦朋友之中，他文质彬彬、温良恭俭让的风度和气质至今令人难忘。

1991 年 5 月，我们抵达伊斯兰堡后不久，即去拜会这位德高望重的科学家。8 月 21 日，应伊什法克·艾哈迈德主席夫妇的热情邀请，我们带领中国大使馆的主要外交官和夫人访问了巴基斯坦科技研究院（PINSTECH）。那天早上，主席率领研究院的几位主要科学家，首先陪同我们一行参观了这所久负盛名的科研机构。这座尽显穆斯林建筑风格雄伟的白色建筑群，四周是整齐的草坪和绿树花丛，令人心旷神怡。在参观展览馆和实验室时，他亲自为我们作讲解。参观完毕后，我们被引到客厅，同早在等候中国客人的主席夫人和其他几位科学家的夫人见面。伊什法克夫人高高的个子，五官端正俊秀，身着象牙白的巴基斯坦民族服装，仪态端庄，是位见过世面的大家闺秀。稍事休息之后，主席夫妇设午餐款待。在向主人赠送礼品和题词后，我们结束了这次增长见识的参观。

自此之后，我们不定期邀请伊什法克博士夫妇来使馆品尝中餐和观赏中国电影，博士夫妇也经常请我们去做客。每逢中国春节，他们总要给中国大使馆送来原委会农场的各种产品，包括野味。我们和使馆的外交官夫妇曾有幸参观了原委会的富有田园风光的现代化农场，并在那儿度过了惬意而美好的周末假期。

参观恰希玛核电站工地

1992 年 2 月，中国原子能公司总经理蒋心雄访问巴基斯坦。22 日，他同巴基斯坦原委会主席伊什法克签订了中巴核电站合作协议，谢里夫总理、巴财政部长、外交部秘书长和周刚出席签字仪式。

1992 年 12 月 26 日至 27 日，应伊什法克博士夫妇邀请，我们前往位于巴基斯坦中部的恰希玛核电站工地。同行的还有使馆政务参赞陆树林夫妇等。

我们一行早上 8 时乘汽车出发，经过 5 个小时，于下午 1 时到达

目的地。伊什法克博士和夫人在当地宾馆门前迎候我们。宾主热情握手拥抱，博士请我们先到客房稍事休息。之后，在宾馆饭厅共进午餐。

下午3：30，举行恰希玛核电站奠基仪式。

冬季是此地的最佳时光，蓝天白云，空气新鲜。举目四望，无边的黄色土地，虽没有红花绿草，在冬日的照耀下，微风吹来，如同春天，令人陶醉。

为了举办核电站破土仪式，巴方在工地上搭起了彩色条纹布的巨大帐篷，并在帐篷前面铺设了一条临时通道，两边摆放着盆栽棕榈树。整个工地打扫得干干净净。当伊什法克主席和周刚走在宾主队伍前面，站立在通道两旁的当地小学生身着整齐的校服，双手挥舞着中巴两国国旗，热情高呼口号。我们频频微笑鼓掌，向孩子们招手致意。

盛大的仪式准时在帐篷里举行。巴方首先讲话的是原委会主席伊什法克博士，以及该委员会的资深成员沙菲克博士和总经理阿兹菲尔·贝格。他们一致赞扬中巴两国深厚的友谊，感谢中方有关部门的

出席巴基斯坦恰希玛核电站奠基仪式

合作，强调巴基斯坦和平利用核能对经济发展的重要性。周刚最后讲话，高度评价了两国的全天候友谊，并表示作为中国大使，今后将继续努力推动两国在能源建设方面的合作。会场气氛热烈友好，不时响起经久不息的掌声。

讲话后，伊什法克主席带领宾主一行来到了工地，他请周刚和他一起用铲子铲起沙土，为恰希玛30万千瓦核电站破土奠基。主席端庄文雅的夫人，走过来邀请邓俊秉和她一起拿起铲子共同铲土。这一刻牢牢定格在我们的脑海之中。

当天晚上，我们在工地举行答谢晚宴。虽然冬季夜晚较为寒凉，巴基斯坦原委会主席夫妇和其他朋友来到时，热情地同我们握手和拥抱，夜晚的寒气顿时被朋友相聚的热烈气氛驱散。席间，宾主无拘无束畅谈，不时开怀大笑，就像和睦的家庭成员亲热聚会一样。宴会结束时，我们向在座的巴方朋友一一赠送了中国礼物。第二天早餐后，我们一行于9时出发，原道返回伊斯兰堡，抵达使馆时已是下午2时半。

在周刚同伊什法克主席其后的公务交往中，双方不仅关注恰希玛核电站工程的进展，而且就能否启动第二期工程交换意见。伊什法克博士不仅作为巴基斯坦原委会主席强调巴基斯坦和平利用核能的必要性，而且从专家的角度论证在同一工地兴建第二个核电反应堆的经济效益。

陪同莱加利总统参观核岛

1995年1月16日早晨，我们再次乘车长途跋涉前往恰希玛，因为巴总统将来核电站工地视察。陪同我们的有使馆经商参赞陈子斌夫妇、杨汝玉参赞和林德音科技参赞等同志。第二天上午，我们参观了大坝。中午，莱加利总统会见我们，并由我们陪同参观核岛。之后，总统同我们共进午餐。席间，宾主就恰希玛核电站二期工程交换了意见。对于美国和有些国家经常拿中巴和平利用核能说事，宾主都觉得可笑。因为，中巴两个主权国家完全有权在核能和平利用方面开展合作，而且核电合作是接受国际原子能机构的安全保障。午饭后，我们

陪同巴基斯坦总统莱加利视察恰希玛核电站

踏上返回使馆之路。

我们离开巴基斯坦至今已 22 年。我们高兴地得知,恰希玛核电站早已竣工发电,为巴基斯坦的经济建设服务。

22. 惜别巴基斯坦

1995 年 1 月,新年过后不久,我国外交部来电通知,决定周刚离任回国,将出任驻印度尼西亚大使,要求尽快安排辞行活动。这就是外交官生涯的特点,在一个国家工作一段时间后,熟悉了驻在国情况,结识了各界朋友,就又到了告别的时候。这就像中国的一句俗话所说的盛筵必散。

1995 年 2 月 1 日,周刚拜会巴外交部礼宾司长夏菲,通报奉命调离任事,并商谈有关辞行的安排。中巴关系十分友好,需要辞行的巴基斯坦领导人、政府、议会、政党和军队的要员很多,希望为我们饯行的各界朋友也很多。因此，在此之后的两个月中，我们开始了一场又一场的辞行拜会，出席一家又一家的送别宴请。

风尘仆仆走四省

巴基斯坦共有 4 个省。我们首先马不停蹄地先去辞行。

2 月 6 日至 9 日，在卡拉奇，我们拜会了信德省督马哈茂德·哈龙、省议会议长 G. B. K. 马哈尔、贝·布托的母亲努斯拉特·布托夫人、前科技部长、人民党信德省主席、穆斯林联盟信德省主席、信德省商会主席、巴中友协主席希拉利等老朋友，出席了驻卡拉奇总领馆、在卡拉奇的中国公司、当地华人华侨举行的送行招待会。

2 月 12 日至 15 日，我们在拉合尔拜会旁遮普省督阿夫塔尔·侯赛因，省首席部长瓦图、省议会议长拉梅分别会见和设宴饯行。我们还拜会了巴基斯坦奥委会主席瓦吉德·阿里、旁遮普省巴中友协主席蒙塔兹·艾哈迈德·汗、巴中经济和文化论坛主席拉纳·伊贾兹·艾哈迈德和旁遮普省巴基斯坦工商会主席等。

20 日至 22 日，我们在俾路支斯坦省会奎塔拜会了省督伊姆兰·乌拉·汗，省议会副议长、省巴中友协主席伊克巴尔和副会长及秘书长等朋友，看望中国冶金公司驻奎塔办事处的同志。

22 日晚，我们乘飞机赶到卡拉奇。23 日，出席中国港湾公司承包的卡拉奇液品 5 号码头竣工仪式。贝·布托总理、巴国防部长、信德省省督、首席部长和省议会议长、巴交通部秘书、卡拉奇港务局主席等出席这一盛大仪式，祝贺巴中合作的成果。

26 日，我们乘汽车风尘仆仆地到达西北边省省会白沙瓦，向中国人民的老朋友前总统伊沙克·汗辞行。接着，先后拜会了省督、省议长，出席白沙瓦商会的欢迎集会，知名人士赛伊福拉夫妇以及巴中友协的宴会，看望中巴友谊餐厅的员工，并参加向阿巴辛艺术委员会赠送电视机的仪式。我们还参观了白沙瓦大学。

首都伊斯兰堡的高规格热情送别

巴基斯坦外交部对中国大使夫妇离任非常重视，安排领导人会见。

向巴基斯坦前总统伊沙克·汗辞行

3月7日,参议院主席萨贾德夫妇为我们设宴饯行。3月19日,贝·布托总理会见并设午宴款待。3月21日,莱加利总统夫人请邓俊秉出席午宴送别。22日,莱加利总统会见周刚并授勋,之后设午宴为中国大使夫妇送行。

从3月份起,为我们举行宴会、茶会或会见的政要有:巴基斯坦前总理谢里夫、前看守内阁总理贾托伊和马扎利、外交部长阿里、国防部长米拉尼和夫人、工业生产部长M.阿斯加尔、总理特别顾问泽迪、总理特别助理S.哈桑、原子能委员会主席伊什法克夫妇。

巴参谋长联席会议主席法鲁克空军上将夫妇、陆军参谋长瓦希德上将夫妇、空军参谋长阿巴斯·卡塔克空军上将,以及三军情报局长、巴警察学院院长等分别宴请或会见。会见和宴请的还有前参谋长联席会议主席赛罗希(退役海军上将)、前参谋长联席会议主席夏米姆(退役上将)和夫人、前陆军参谋长贝格(退役上将)、前三军情报局长古

贝·布托总理会见周刚大使并为他饯行

巴前总理谢里夫夫妇为周刚大使和夫人邓俊秉饯行

尔（退役中将）、巴军人基金会主席法鲁赫·汗等。

很多老朋友为我们饯行。他们之中有：著名外交家前外交部长雅库布·汗，不久前还在政府任职的前议长和教育部长赛义德·法卡尔·伊玛姆和夫人、前石油部长尼萨尔·阿里·汗和夫人、以及科技部秘书库莱西博士和夫人、巴中友协主席夏希、著名专家汗博士和夫人、江泽民同志当年在巴基斯坦工作时的老朋友谢赫博士、穆斯林联盟秘书长伊克巴尔·艾哈迈德·汗、前科技部秘书巴特，文化、工商和金融界知名人士。印度尼西亚、印度、孟加拉国、尼泊尔、缅甸、日本、韩国、罗马尼亚等国驻巴大使和外交使团团长纷纷为我们饯行。

巴基斯坦外事秘书纳吉穆丁·谢赫为我们设宴饯行，出席作陪的有外交部主管亚太事务辅秘萨利姆，以及阿尔及利亚、罗马尼亚、印度尼西亚、孟加拉国、毛里求斯等国驻巴大使。外秘发表了热情洋溢的讲话。

读者从上述活动中不难看出，巴基斯坦政府和各界人士对中国大使和夫人离任的重视，以及其中体现的对中国和中国人民的友情。

23. 总统授勋：大使的勋章有邓俊秉教授的一半

在大使的离任拜会中，最重要的是向驻在国领导人辞行。能否安排，以及见到什么级别的领导人，取决于两国关系的水平，也同大使本人同该国领导人的私人交情有一定关系。

初识莱加利总统

1993 年 10 月，巴基斯坦人民党在大选中获胜。10 月 19 日人民党领袖贝·布托就任总理并组成政府。人民党的另一重要领导人法鲁克·莱加利出任外交部长。周刚于 11 月 4 日拜会莱加利外长，向他表示祝贺。新外长表示，人民党政府重视同中国的关系，视巴中友好是巴外交政策的基石。他强调两国经贸和科技合作的重要性。双方还就巴印关系和中印关系交换了意见。第一次见面给周刚留下了良好的印象：这位律师出身的新外长平易、务实、友好。原以为今后会长期同他打交道，没想到十天之后，莱加利于 11 月 14 日就任巴基斯坦总统，周刚出席了他宣誓就职的仪式。以后虽然在很多外交场合也同莱加利总统见过面，但真正同他近距离接触并无拘束地交流，是我们陪同他和夫人 1994 年 12 月 2 日至 4 日访华期间。

莱加利总统这次访问受到中方高规格的接待。2 日下午 4∶00 总统专机抵达北京，中国政府陪同团团长农业部长刘江和我们在机场迎接。晚 6∶00，国家主席江泽民举行欢迎仪式，之后会见并举行欢迎国宴。第二天上午，两位国家元首举行只有少数助手参加的小范围会晤，就两国关系的重大问题深入地交换了意见。随后，双方举行大范围正式会谈。下午，国务院总理李鹏会见莱加利总统，全国政协主席李瑞环会见并宴请。总统在北京大学发表演讲，会见中国企业家，接受中国记者采访，出席巴驻华大使为中国学术界人士举行的午宴，并在离京前举行记者招待会畅谈访华观感。当然，对于首次访华的外国元首来说，参观故宫和游览长城是必不可少的。中国主人为总统夫人专门安排了一些活动日程。陪同这位虔诚的穆斯林女贵宾的任务自然落到了邓俊秉的肩上。邓俊秉悉心照顾平日不与陌生男人接触且第一次访华的总统夫人，很快两人就成为朋友。在回到伊斯兰堡后，莱加利总统夫人欣然接受邓俊秉的邀请，到中国大使馆做客，并在我们离任回国前专门为邓俊秉设午宴饯行。

5 日至 8 日，莱加利总统和夫人访问了上海和西安，不仅看到中国改革开放的窗口上海的新变化，而且还下到西安兵马俑博物馆的坑内，面对面地仔细观看了世界八大奇迹的秦朝将军和士兵。8 日中午，莱加利总统一行乘中方专机从西安回到北京。在结束对中国的访问，换乘巴方专机之前，我们陪同总统夫妇在贵宾室稍作休息。这时的总统已一身轻松，同我们和巴方部长们谈笑风生。他高度评价中国改革开放取得的成就，感谢中国领导人的热情款待，赞扬中国人民对巴基斯坦人民的真诚友谊。

向周刚授勋——大使的勋章有邓教授的一半

　　1995年3月22日中午，莱加利总统会见即将离任回国的周刚。双方进行了半个小时的十分亲切友好的谈话。总统高度评价周刚在任职期间为发展中巴关系所做的贡献，高度赞扬中巴两国的友好合作关系。他还就两国在交通和军工生产方面的合作同周刚交换了意见。周刚回顾了近年来中巴关系的发展，赞扬巴总统和政府为巩固和发展中巴关系的宝贵努力，衷心感谢总统和巴政府对自己工作的合作和帮助。

　　13：15，在总统府大厅举行了隆重的授勋仪式。总统首席秘书宣读总统令。接着，莱加利总统向周刚授"巴基斯坦新月勋章"(Hilal-i-Pakistan)，表彰周刚大使为发展中巴关系、促进巴基斯坦经济社会发展和地区和平的贡献。周刚随后致答辞。周刚表示，总统阁下授予自己"巴基斯坦新月勋章"，是本人的莫大荣幸，更是巴基斯坦政府对中国和中国人民伟大友谊的表现。作为驻巴大使，为发展中巴关系尽力是自己的职责。在完成这一使命时，自己得到巴领导人、政府和

巴总统莱加利向周刚大使授勋

各界朋友的大力支持和帮助，谨向他们表示衷心感谢。自己虽然即将离任，但在今后将继续为中巴友谊尽微薄之力。仪式之后，在场的巴官员和使团长沙特大使以及摩洛哥、法国、印度尼西亚、尼泊尔大使纷纷向周刚和邓俊秉表示祝贺。

随后，莱加利总统设午宴为中国大使和夫人饯行。总统特别对邓俊秉表示："教授在巴基斯坦做了很多增进巴中友谊的工作，大使的勋章有你的一半。"真是无独有偶，就在不久之前，当巴前外长雅库布·汗为我们饯行时，这位著名的外交家也对她讲过类似的话："邓教授，你在伊斯兰堡外交界很活跃，很出色，你的名气比周大使还大。"听到巴总统的评价，邓俊秉心头为之一热。为了中国的外交事业，她半路出家，放弃了自己喜爱的从事了十几年的教书育人的工作。她努力按照敬爱的周恩来总理的夫人邓颖超大姐对大使夫人的要求，甘当无名英雄，做扶持"红花"的"绿叶"。七年来，她的辛劳和牺牲居然得到了巴基斯坦国家元首的肯定，这真使她百感交集，得到极大的安慰。

不用说，宴会的气氛亲切友好，宾主畅叙友谊，表达依依不舍之情。出席宴会的总统特别顾问、首席秘书、原子能委员会主席伊什法克·阿卜杜勒·卡迪尔·汗博士、中国大使馆的政务参赞和武官夫妇，以及外国驻巴使节，都加入了友好的交谈。

印度尼西亚篇

周 刚

1. 做好上层工作，推动关系发展

1995 年 8 月 22 日，我抵达雅加达履新，此时距离中印尼恢复外交关系已经 5 年。在我的前任钱永年大使任期内，中印尼关系起步平稳，发展较快，两国领导人进行互访。对我来说，面临的使命无疑是继续推动两国关系的全面发展。这需要进一步增进政治互信，稳定而积极地增加各层次各领域交往与合作，并妥善处理因外交关系中断 23 年而仍然存在的一些敏感问题。

总的来看，印尼领导人和政府对发展中印尼关系是重视和积极的，但有时比较谨慎。而且，印尼是一个大国，不仅幅员辽阔，面积有 190 万平方公里，人口众多，有 2.2 亿，而且是东盟的"龙头老大"，在地区事务中有重要影响。印尼官方有一种大国情结，每每讲究对等。

隆重的递交国书仪式，同总统的友好谈话

1995 年 8 月 24 日，即我抵达后两天，我往见印尼外交部礼宾司长，商谈递交国书事宜。我交了国书副本，司长介绍了有关程序和要求。9 月 27 日，我向苏哈托总统递交国书，印尼外交部做了精心安排。上午 9：00 礼宾司长来官邸接我，陪同我乘坐礼宾车，由开道车引导、护卫车殿后，前往总统府。9：30 抵达后，我检阅仪仗队，乐队奏中国国歌。检阅毕，我在贵宾簿上签名。之后，礼宾司长陪同我到会见大厅。苏哈托总统已在大厅中央等候，我走上前去，向总统递交国书，并致颂词。总统致答词。参加仪式的印尼代理外交部长穆迪约诺国务部长和外交部高级官员依次走过来，由总统向我一一介绍。之后，我向总统介绍了中国大使馆的梁栋和金品山公使衔参赞、何尧奎武官和刘国健经济商务参赞。随后，苏哈托总统同我进行了友好谈话。他强调和平共处五项原则和万隆会议十项原则的重要意义，各国应互相尊重领土主权，

周刚大使递交国书时接受检阅的总统府仪仗队

周刚大使由印尼外交部礼宾总司长陪同准备递交国书

周刚大使向印尼总统苏哈托递交国书

互不干涉内政,发展互利合作。他说,印尼和中国都是人口众多的大国,经济发展快,两国合作对亚太地区和全世界十分重要。两国的合作不是为了对抗第三国,而是维护自己的发展权利。会见结束后,我同总统握手告别。礼宾司长陪同我走到厅外,我再次检阅仪仗队,这时乐队奏印尼国歌。礼宾司长陪同我乘车回中国大使官邸。

在我拜会印尼外交部礼宾司长商谈递交国书之后的十来天,印尼外交部安排我先后拜会了外交部礼宾领事总司长苏坎达尔、对外文化关系和新闻总司长阿特马加、不结盟运动特别助理苏特里斯纳、经济总司长布罗托迪米格拉特和外交部秘书长伊尔桑等高级官员。双方谈话友好坦率。苏坎达尔总司长表示,印尼中国存在传统友谊,两国友好是为了合作,而不是对抗第三国。两国是兄弟,不存在大问题,小问题不难解决。冷战后,西方在人权、民主和环保等问题上采用双重标准,不断指责发展中国家。西方至今仍在天安门事件问题上攻击中国,而这是中国的内政。印尼反对西方借此问题干涉中国内政。阿特马加总司长表示，中印尼建交后，两国文化交流有进展。印尼同中国台湾地区有文化关系，但印尼奉行一个中国政策。伊尔桑秘书长表示，中印尼复交后，两国关系快速发展。他代表外交部欢迎我履新，将争取在中国国庆节前安排我递交国书。

密集拜会印尼领导人和部长们

1995 年 9 月 29 日晚，我和夫人邓俊秉举行国庆招待会，来宾900 多人。印尼外交部安排贸易部长久多诺、青年体育部长伊斯曼、印尼总检察长辛吉和外交部秘书长伊尔桑出席祝贺。

在此之后至年底的 3 个月里，印尼外交部安排我拜会了印尼领导人：副总统特里、人民协商会议主席瓦霍诺、最高评议院主席苏多诺；政府部长和高官：外交部长、国务秘书（部长）、贸易部长、新闻部长、文化教育部长、工商统筹部长、妇女作用事务国务部长、人口事务国务部长、社会事务部长、旅游部长、总检察长；军队领导人：国防安

拜会印尼副总统特里

拜会外交部长阿里·阿拉塔斯夫妇

全部长、武装部队总司令；以及雅加达省省长、国会议员、议会印尼中国友好委员会主席、外交部总监、司法部移民总司长等人。

这些拜会既是礼节性的，结识新朋友，方便今后的业务接触，又适当地就两国相关领域的合作初步交换意见并加以推动。

特里副总统回顾了他1992年对中国的友好访问，赞扬中国的发展，希望中国不断发展和强大。他愿意大力推动两国关系，加强经济合作。他还介绍了印尼经济发展情况，强调教育、人力资源开发和地区平衡发展的重要性。我强调中印尼在和平、发展问题上的共同点，希望加强两国友好合作，推动亚太地区的和平、稳定与发展。

瓦霍诺议长畅谈了他访华的观感，建议加强两国议会及专门委员会之间的来往。

苏多诺主席表示，印尼过去认为威胁来自北方，具体地说来自中国，这一看法是错误的。

拜会印尼社会事务部长苏文诺

　　新闻部长哈尔莫哥说，他曾于1992年访华。期待不久以"专业集团"①主席身份再次往访，将参观上海电视塔，与中方探讨帮助建造雅加达电视塔事。他表示，双方在新闻、通讯方面的合作很重要，有利于推动两国在其他领域关系的发展。这次拜会后一个月，我在哈尔莫哥访华归来设宴为他洗尘时，他畅谈访问观感，希望加强两国合作，落实新闻和电视合作事宜。我着重就中印尼关系中的一个老问题，即"中国"的印尼文称谓"支那"（"CINA"）一事，介绍了有关历史背景，希望印尼方将"CINA"改为"CHINA"。为此，请他在新闻、电视、广播等领域改起。哈尔莫哥表示，他了解了中方的考虑，将努力从广播、电视、报纸做起，但是需要一定时间。

　　文教部长瓦尔迪曼希望双方加强高教领域的合作，互派小组考察高教农业和医学。

_____

　　①现印尼专业集团党前身

人口事务部长苏约诺女士刚刚参加过在北京举行的世界妇女大会。她希望双方在计划生育方面合作，印尼要学习中国发展乡镇企业的经验。

国防安全部长苏德拉加特在 1991 年曾以现役军人身份访华。他说印尼同中国交往历史久远，当前两军领导人互访有重要意义。

武装部队总司令丹绒上将介绍了印尼的防务战略和军队任务。他对访华受到的热情接待表示感谢，希望两军加强往来。

司法部移民总司长普拉诺沃是时任驻华大使尤瓦纳之弟，曾任总统军事秘书。当我提出应该加快发放两国大使馆外交官及家属、官方代表团和商贸团组的签证时，他表示同意，并说只要有周大使的来信和签字即可。不久，他给我来函称，愿尽力为两国友好往来提供方便。如有问题，欢迎我随时找他。

这里，我想介绍同印尼政府几位重要部长的交往。

阿里·阿拉塔斯外长是我任上交往最多的部长，对于驻印尼大使来说，这是十分自然的。阿拉塔斯是印尼著名的外交家，曾为恢复中印尼外交关系而积极努力。1990 年 7 月 1 日至 4 日，阿拉塔斯外长应钱其琛外长的邀请访华，两国外长签署了《关于恢复两国外交关系的公告》。双方商定于同年 8 月 8 日正式恢复两国外交关系。李鹏总理届时将对印尼进行正式访问，使中断 23 年的两国关系掀开新的一页。

1995 年 7 月 19 日至 20 日，阿拉塔斯外长访华。我当时已是候任驻印尼大使，因此参加了他在北京的所有重要活动，包括李鹏总理、全国政协主席李瑞环的会见，钱其琛副总理兼外长的会谈和宴请。我到任后，于 11 月 28 日拜会阿拉塔斯外长。我首先转交了钱其琛副总理兼外长的信。信中回顾了两国复交后中印尼关系的发展，赞扬阿拉塔斯外长为恢复和发展中印尼关系所作的贡献。阿拉塔斯外长感谢钱其琛副总理兼外长的来信，表示两国关系特别是经贸关系发展很快，愿同中国共同努力进一步加强合作。在交谈中，我就台湾问题介绍了中国的一贯立场。强调中方反对"两个中国"、"一中一台"和"台独"，反对台湾与中国建交国发展和提升政治关系，希望印尼作为多种族、多省份的大国理解中国的统一愿望。阿拉塔斯外长表示，印尼奉行"一个中国"政策，这是印尼对华政策的支柱，不会改变。他理解中国对台湾问题的敏感，他本人常向印尼大学介绍中国立场，并向印尼内阁做工作。他强调，"上级"同意他的看法。

在以后同阿拉塔斯外长的交往中，我们一起讨论过中国领导人邀请苏加诺总统出席香港回归大典、参加昆明博览会开幕式和两国领导人在国际场合会见等问题，中国全国政协主席李瑞环访问印尼事，以及浙江舟山渔民和渔船被扣事件。上述有关领导人访问和会见等重要外交活动，由于种种原因没有落实。但是，双方的态度是积极的，考虑是认真的，交涉气氛是友好的。接触中可以感到，阿拉塔斯外长是一位经验丰富、对华友好的外交家。

中国外长致国务秘书、部长穆迪约诺的特殊介绍信

国务秘书、部长穆迪约诺在印尼内阁中是一位特殊人物。他是苏哈托总统的亲信，手握实权，有"小总统"之称。他曾参与中印尼复交谈判，对发展两国关系态度积极，是位"知华派"。1989年2月23日，钱其琛外长在日本出访期间，分别会见了穆迪约诺国务部长和苏哈托总统，双方最后就实现两国关系正常化达成三点意见，即：实现关系正常化；两国关系应建立在和平共处五项原则和万隆会议十项原则的基础上；通过驻联合国代表团就关系正常化进行具体商谈，必要时，两国外长举行会晤。

1995年11月13日，我拜会穆迪约诺部长，首先转交了钱其琛副总理兼外长致穆迪约诺的信。信中，赞扬并感谢穆迪约诺为恢复和发展两国关系的贡献，强调中印尼之间的共同点，重申中国对积极发展同印尼友好合作关系的政策，并邀请他方便时访华。信中还特别请穆迪约诺部长对我在印尼的工作给予关心和帮助。这封信比较特殊。新大使上任时转达本国外长对驻在国外长的问候是常有之事。但是，这封信是为我出任驻印尼大使而专门写给穆迪约诺国务部长的，并指示我面交。国内

的考虑是，鉴于穆迪约诺部长在印尼政府中的特殊地位，以及他对发展中印尼关系的积极态度，利用钱副总理兼外长同穆迪约诺的老朋友关系，请他在必要时同我一起处理好两国关系中的棘手问题。

我在任期间，确实出现过棘手的事。例如，1997 年 2 月至 12 月浙江省舟山渔业公司 16 条渔船和 301 名船员在印尼杜尔港被扣事件。期间，我曾致函穆迪约诺部长，两次会见他，两次约谈他的政治秘书。我根据国内指示，希望印尼方早日放人放船。穆迪约诺建议解决此案应尊重印尼法律，同时照顾中印尼友好和对等的原则。在双方努力下，历时 10 个月的大案得到圆满解决。这同穆迪约诺部长的积极协助是分不开的。1997 年 11 月 6 日，我和夫人邓俊秉宴请穆迪约诺部长夫妇和其女儿女婿，表达对部长的衷心感谢。

科技部长哈比比对华态度的转变

科技部长哈比比在印尼是一位知名度很高的人物。他幼年丧父后，受苏哈托总统资助成长，二人情同父子。留学德国，攻读航空专业。回国后，在万隆创办飞机制造厂，有印尼"航空之父"之称。哈比比部长可以随时往见总统或打电话，是政府中唯一拥有专机的部长。哈比比本人属伊斯兰教的保守派，对印尼华社的态度不受华人欢迎。作为一位技术官僚，搞不太清楚台湾问题。

在我上任的头几个月，印尼外交部没有安排我拜会哈比比部长。但我的夫人邓俊秉于 1995 年 12 月 5 日拜会过哈比比夫人，双方交谈友好。1996 年 2 月 10 日，哈比比部长和夫人邀请我和邓俊秉乘坐他的专机去巴淡参观游览，矿业能源部长苏加纳同行。巴淡岛属印尼廖内省，同新加坡隔海相望，是仅次于巴厘岛的旅游胜地。哈比比部长的邀请表示了他的友好姿态，并使我们一路上有很多面对面交流的机会，这为我们以后的交往打下了基础。我们当天返回雅加达。哈比比给我比较深刻的印象是，说话坦率，表情丰富，不谈政治，重个人情感。

1997 年 3 月 19 日，我往见哈比比，商谈在年中举行两国科技联委会首次会议，中国国家科委副主任邓楠访问印尼，以及邀请哈比比访华等问题。哈比比表示，如果访华，请中方同意他乘个人专机。

谈话中，哈比比犯了一个大错误，把我当成台湾当局在雅加达的前代表L博士的继任者。经我指出后，他一再表示道歉，并重申印尼坚定奉行"一个中国"政策。

4月13日至17日，邓楠副主任访问印尼。对这位邓小平同志女儿的科委副主任的访问，哈比比做了精心安排和高规格接待。14日，由我和邓俊秉陪同，邓楠副主任乘坐哈比比的专机去万隆参观印尼航空公司和通讯公司。15日，哈比比会见邓楠，随后陪同邓楠拜会苏哈托总统。当晚，由于哈比比不在雅加达，由科技部秘书长以哈比比部长的名义为邓楠副主任举行欢迎晚宴，科技部三位部长助理及印尼科学院院长等人出席。

10月20日，我往见哈比比部长，具体商谈其访华事。按国内指示，我答复哈比比，中方破例同意他乘专机访华。哈比比非常高兴，深表感谢。25日，我和邓俊秉去机场为哈比比部长夫妇一行送行。11月10日，我和邓俊秉设宴为访华归来的哈比比部长夫妇一行洗尘。席间，哈比比部长畅谈访华观，盛赞中方热情好客，感谢安排他拜会时在外地的李鹏总理，破例允许他乘坐专机，会见多位副总理和国务委员。他为中国日新月异的进步感到高兴。

1998年2月12日，哈比比部长夫妇设宴为我和邓俊秉离任回国饯行，科技部总司长以上的高官全部出席。他还邀请了美、俄、德、澳等大国大使，以及华社领袖人物作陪。哈比比和我先后致辞。他赞扬中印尼关系的发展，并称将继续做中印尼友好的桥梁。他称我和邓俊秉是他的好兄弟、好姐妹。我称赞哈比比部长对发展中印尼关系的贡献，以及他对中国领导人和中国人民的友好情谊。

高规格的辞行拜会活动

1998年1月初，国内通知我将出任驻印度大使，要求尽快辞行拜会。1月7日，我往见印尼外交部礼宾领事总司长苏坎达尔辞行。对方很快对我的辞行拜会做了安排。

2月3日，我向苏哈托总统辞行拜会，维多多部长助理和大使馆公使衔参赞傅莹在座。总统同我就进一步发展中印尼关系交换了意见。他介绍了印尼应对亚洲金融危机的措施，强调印尼与"国际货币基金"不同的解决办法。印尼希望同中国进行易货贸易。1月22日，我向特里副总统辞行。他谈了对亚洲金融危机的看法，并就中印尼关系同我交换了意见。

在距我离任回国前的几周内，印尼外交部安排我拜会了哈尔莫哥议长和最高评议会主席苏多诺，文化教育、青年体育、国防、科技等部部长，副议长，总监察长和武装部队司令，以及印尼谍报机构主任。我和夫人邓俊秉拜会了妇女事务部和社会事务部两位女部长。哈尔塔托统筹部长和苏文诺社会事务部长分别为我们设宴饯行。2月9日，印尼旅游、邮电部长和总统府部长助理出席我和邓俊秉举行的离任暨大使馆新馆舍启用仪式招待会。

2月13日，阿里·阿拉塔斯外长夫妇举行盛大午宴，他和我先后致辞。我们都高度评价了两国关系的发展。他赞扬我为发展中印尼关

印尼旅游部长阿贝出席周刚大使的离任招待会

系所做的努力。我对外长本人和印尼外交部对我和中国大使馆工作的合作与帮助表示衷心感谢。印尼外交部秘书长和政治、东盟事务、礼宾领事、文化各位总司长夫妇出席作陪。此前，邓俊秉拜会了外交部长夫人。

从印尼方上述对我离任的高规格安排，不难看出印尼领导人和政府对中印尼关系的重视和对两国关系发展的肯定。

2. 印尼华社的朋友们

我在印尼工作的两年半里，结识了华人社会的不少精英。迄今我从印尼离任已 19 年，仍时时想念那些华社的朋友们。他们对我和大使馆的热心帮助，对中国故乡的思念之情和回报桑梓的真诚，对居住国印尼的贡献，以及他们本人和他们的先人们当初创业的艰辛都给我留下了难忘的印象。

我到雅加达时，印尼的人口约为 2 亿。一般说法是，华人约占 3%，即 600 万人左右。也有人认为，如果包括二分之一华人血统的人（即父母双方中，一方是华人的子女）和四分之一华人血统的人（即二分之一华人血统的人的子女），实际人数要大得多。

印尼华人是中国明、清两朝从中国福建、广东和海南等地迁移而来。他们的祖先在印尼艰苦生活和创业几百年。20 世纪 40 年代，日本侵占印尼时期，印尼华人积极参与抗日运动。第二次世界大战结束后，1945 年至 1950 年期间，许多印尼华人参加了摆脱荷兰殖民统治争取民族独立的斗争。但是，印尼独立之后，苏加诺和苏哈托两任总统时代，印尼华人遭受歧视。政治上，他们无权，政府高官和军队将领没有他们的位置，华人不准成立政党。经济上，受到限制。文化上，华人被强迫同化。他们不能使用中文姓名，被迫改为印尼姓氏。"9.30 事件"中，不少华人被杀害。之后，中文学校被关闭，中文报纸停刊，公共场合不准出现中文，中文书刊不准入境。华人的宗教活动和庆祝传统节日只准在家中进行。我赴印尼任职时，中文报纸只有一家，主

要内容是婚丧嫁娶的广告。70年代，印尼华人在经济方面有一线生机，因而一些华商取得很大成功。

1998年2月，我结束在印尼任期。4月，我出使印度。1998年5月，苏哈托总统在经济危机和政治动乱中下台。之后，印尼历任总统陆续取消了对华人的一些歧视政策，如：允许教授中文。取消华人在入学登记和申请公职时要出示国籍证明的要求。允许华人宗教和传统节日活动自由进行，不需要获得当局批准。从2003年起，春节被设为国家假日。中文出现在电视上。印尼华人可以成立政党，华人开始出任政府部长和高官。根据2006年国籍法，凡出生在印尼且未接受外国国籍的人均为印尼国民，所有种族和社群都享有同样的权利和义务。对华裔用"中华"代替"支那"，用"中国"来代表"中华人民共和国"。简化华人办理国籍证的手续。

华社领袖林绍良

林绍良1916年7月16日出生在中国福建省福清市。1938年春来到印度尼西亚中爪哇谋生。他参加了支援印尼争取独立的斗争。几十年间，他依靠艰苦打拼，从学徒成为印尼的首富。其间，他同印尼首任总统苏加诺的岳父的结识，同第二任总统苏哈托的友情，都有助于他创建一个庞大的"企业王国"。他创建了三林集团（三林经济开发公司，"三林"指林绍喜、林绍良、林绍根三兄弟）。他拥有"丁香烟大王""面粉大王""水泥大王""房地产大王""金融大王""纺织大王""钢铁大王"和"商贸大王"的桂冠，业务跨越亚、美、欧、非各洲。他是印尼华社公认的领袖。

我同林绍良先生第一次见面是1995年9月10日。是日，林府为林绍良先生80华诞举行祝寿活动。我和夫人邓俊秉教授前去祝贺。祝寿是要带点礼品的。带什么呢？林先生是亿万富翁，当然不在乎礼物的轻重。我请大使馆厨师用面粉做了一个大寿桃，祝林先生寿比南山。另外，还有唐三彩马，寓意"老骥伏枥，志在千里"。林先生热情地欢迎我出使印尼，感谢我们前来祝贺他的"贱辰"。我们衷心祝

与印尼华社领袖林绍良（右1）和夫人李淑珍在一起

印尼林业部长马鲁丁夫妇出席中国国庆招待会

愿林先生健康长寿。林先生给我的第一印象是，虽已届耄耋之年，但精神矍铄。

9月29日，我举行国庆招待会，庆祝中华人民共和国成立46周年。林绍良先生和夫人李淑珍女士到会祝贺。同时他还派人将一盆插满100支鲜红玫瑰花的花篮送到我的官邸。说到林先生送玫瑰花篮，还有一个小故事。1990年中国同印尼复交时，中国的改革开放才取得初步的成绩，中国的家底还薄。中国驻外使馆的外交官工资很少，西服的式样老旧，不够挺拔。林先生希望给中国驻印尼大使馆的外交官量身定制西装。这是林先生的一番好意，出于同为炎黄子孙的情谊。但是，中国大使馆还是婉言谢绝了林先生。此后，每逢中国国庆和春节，林先生送的"贵重"礼品就是鲜艳夺目的玫瑰花篮了。

国庆过后，10月11日，我和邓俊秉前往林府拜会林先生和夫人李淑珍。11月3日，林先生和夫人宴请我们。宾主进行了十分友好的谈话。在以后的日子里，林先生先后邀请我们参观他的面粉厂和水泥厂。印尼地处赤道南北，气候炎热，不产小麦。林先生从澳大利亚进口小麦，再加工成面粉，供应市场生产方便面和面包。为此，他专门在海边修建了码头。林先生实际上垄断了印尼的面粉市场。水泥厂的设备从德国进口，十分先进。我们参观时，听不到机器的轰鸣声，看不到细微的水泥粉末。产区清洁，道路旁绿树成荫。据说，三林公司生产的水泥占领了印尼90％的市场份额。

作为华社众望所归的领袖，林先生对来自故乡中国福建的代表团，不论是省级还是市县级，均热情接待。在很多场合，我和邓俊秉都参加林先生为代表团举行的宴会。林先生在故乡福清开办工厂，兴学修路。我们回国述职和休假期间，曾应福建省人民政府邀请前往福清参观，亲眼看见林先生对发展故乡经济所做的贡献，亲耳听到当地领导和群众对林先生的赞誉之声。

20世纪90年代，中国"老少边"地区的脱贫任务很重。中央各部委均承担对口扶贫的市县。外交部负责云南的麻栗坡和金平两县。为了帮助两县脱贫，外交部希望驻外使领馆能够拉一些海外赞助。为此，我于 1997 年底找了林绍良先生。我说明了有关情况，希望林先生帮助麻栗坡和金平县发展教育，各援建一所中学。林先生赞赏中国的扶贫计划，表示愿为上述两县发展教育事业尽微薄之力。他说，出资不成问题，但方式和途径要考虑一下。由三林公司出面不大方便，因为印尼有关当局会说，印尼也有不少贫困地区，为什么不先赞助他们。实际上，我在印尼已经做了大量捐赠。但是，由于印尼华人在印尼的地位，他们赞助祖籍国的贫困地区，难免在政府和印尼原居民中产生某种想法。因此，我想用我个人在香港的"私房钱"，捐给云南两县两所中学各 100 万元，由我的助手在香港同中方指派的代表办理交接手续。我将林先生的建议报告北京。不久我复告林先生，中国外交部同意他的建议，衷心感谢他的大力支援，并将告知云南上述两县用好这笔捐赠，为本地中学培养更多有知识的人才。1998 年 1 月 21 日，我往见林先生，转交了中国外交部赠送他的"扶贫纪念章"，以及云南省人民政府的感谢信。

我在印尼工作的两年半里，林先生对我和中国大使馆给予了很多帮助。1997 年 2 月，浙江省舟山渔业公司 16 条渔船和 301 名船员在印尼被扣，同年 12 月船长等人和渔船平安回国。为了营救祖国亲人，我和大使馆动用了各种资源，包括林绍良先生。林先生同苏哈托总统是多年至交。当我请林先生帮助时，他向苏哈托总统反映了有关事实真相，并做总统妹妹的工作，为最终释放船员和归还渔船起了积极作用。

1998 年 2 月，我奉调离任，并赴印度履新。此时的雅加达正酝酿一场针对苏哈托总统的政治风暴。林绍良先生夫妇已移居新加坡。听说我要离任回国，他不顾印尼大选前雅加达变幻莫测的政治氛围，以及自己 82 岁的高龄，在我离开雅加达的前一天，即 2 月 19 日，从新加坡专程回雅加达为我和邓俊秉设午宴饯行。我们衷心感谢林先生的深情厚谊，祝愿他和夫人健康长寿。对于外交官来说，离别是家常便饭。但是，当想到印尼变动的政局，面对耄耋之年的林先生伉俪，不知此次告别之后，何时是重逢之日。

金光集团董事长黄奕聪

黄奕聪先生是我在印尼工作期间接触最多的华社领袖之一，给我留下良好印象。

黄奕聪先生 1923 年生于中国福建省泉州市。1930 年离开家乡到印尼。从沿街叫卖糖果、饼干的小贩，经过艰苦创业，成为印尼的"食用油大王"、"纸业大王"和著名银行家，打造了一个富可敌国的金光集团。黄先生不忘故里，为福建省和泉州市提供了大笔捐助，发展家乡的经济和教育。金光集团在中国大陆有大量投资。我在任期间，福建各级代表团接踵访问印尼，黄奕聪先生一一热情款待。我和夫人邓俊秉参赞常常应邀参加会见和宴请，因此同黄奕聪先生会面很多。

黄先生幼年曾在华侨中小学上学，不仅中文基础很好，而且深受中华文化熏陶。他同中国代表团会见时，毫无语言障碍。黄先生为人热情，待人坦诚，谈吐风趣，给我留下深刻印象。黄先生的故乡情结还表现在，在 20 世纪 60 年代，他送长子黄志源和次子黄鸿年到北京

会见印尼金光集团主席黄奕聪

上学。黄志源曾在北京大学就读，"文革"期间还当过"红卫兵"，并上山下乡。黄志源虽然攻读数学力学，但他中文功底甚深。我同他接触中，他熟练使用中国成语，不仅随口而出，而且恰到好处。

黄奕聪先生热心华社公益事业，对改善当地下层华人处境甚为关心。他对我多次谈到印尼华社的处境和华社领导人如何促进解决一些华人加入印尼国籍问题。他说，印尼原居民包括高级官员常常对印尼华人的故乡情结不仅不理解，甚至颇有微词。我对这些人说，我们已加入印尼国籍，努力使印尼富裕，不要怀疑我们对印尼的忠诚。我们和我们的先人来自中国，可以说是中国嫁到印尼的女儿。如果婆家对我们好，我们自然安心在这里过日子，孝敬公婆，相夫教子。逢年过节，我们也会"走娘家"，看望自己的父母和兄弟姐妹。最多在娘家住上十天半月就回来。如果婆家老给我们气受，我们怎么能不经常想家呢。

黄先生说，60年代放弃了印尼国籍而没有回到中国的华人，不仅家境贫苦，而且被印尼有关部门圈地为牢，不能自由离开居住地，小孩不许读书，大人不给工作，过着衣不蔽体、食不果腹的生活。黄先生说，地方官员把这些华人当成"摇钱树"，可以随时随地拿他们的身份说事，敲诈勒索他们。我曾到农村去看望这些乡亲。他们家无余粮，房不挡雨，小孩甚至衣不蔽体。看了实在令人心酸。为解决这些人的入籍问题，我同林绍良先生、李尚大先生等华社领袖人物商议解决办法。唯一现实的是，由华社大企业家集一大笔资金，一次性交给有关地方的政府和警察部门，请他们高抬贵手。华社领袖在此问题上非常齐心，慷慨解囊，终于解决了这个存在多年的难题，使30多万华人加入了印尼国籍。

力宝集团主席李文正

李文正先生1929年出生于印度尼西亚东爪哇，祖籍福建莆田。中学时期因参加反抗荷兰殖民者的斗争被驱逐出境。他返归故土，考入南京国立中央大学。50年代初，毕业后重返印尼。经过30多年的奋斗成为印尼"钱王"。

印尼力宝集团主席李文正博士在中国大使馆作金融形势报告

　　1995年10月24日，李文正先生夫妇宴请我和邓俊秉。虽初次见面，但相谈甚欢。李先生是印尼华人中少有的学者型企业家。此后，我同李先生来往不少，深感他风度儒雅，平易近人，学识渊博。李先生关心并赞扬中国改革开放取得的成就，对祖籍国有特别的感情，在中国大陆的金融、实业领域有不菲的投资。1997年，亚洲金融危机重创印尼经济。10月15日，我邀请李先生到中国大使馆为使馆外交官讲课。李先生的分析条理分明，结合实际，论述深透，对我和使馆外交官启迪不小。1998年1月25日，李先生和我又就亚洲金融危机问题深入交换了意见。

　　在我两年半的任期内，同印尼华社各界知名人士的交往很多。由于本文篇幅所限，不可能讲述一些朋友的故事。但是，我不能不提及几位朋友。

　　大江集团总主席陈大江先生。他是印尼中华总商会名誉主席，热心中印尼友好往来。他同访问印尼的中国领导人的合影，以及他访华

会见印尼大江集团总主席陈大江（右2）和夫人

时中国领导人会见他的照片，摆满了他的书房。陈先生为人忠厚，有长者之风。他乡梓情深，对故乡福建福清的建设贡献良多。他还在江苏、云南很多省市有投资，因此获得当地"荣誉市民"的称号。他同时任印尼科技部长，与后任印尼总统的哈比比交情甚深，对沟通我和邓俊秉教授同哈比比的关系十分热心。我和夫人退休后，曾多次访问印尼。他热情地安排我们拜会哈比比前总统，积极促成了邓俊秉所翻译的哈比比的回忆录《哈比比和艾努恩》中文版在中国的出版发行，以及哈比比前总统访华出席该书发行式。陈先生深念旧情，他每次来北京访问都设法同中国历任驻印尼大使夫妇会面，畅叙友谊。

敦那士私人有限公司主席唐裕先生，祖籍福建省安溪县。我在马来西亚任大使时，唐先生曾拜会我，介绍他为恢复中印尼外交关系到处奔走的情况。5年后，我出使印尼，唐先生又到雅加达拜会我。老朋友重逢分外高兴。得知我礼节性拜会印尼外交部长阿里·阿拉塔斯时拟带一件唐三彩马送礼。他认为礼品太轻，临时替我换了宋代钧窑

印尼华社知名友人唐裕先生（左1）

瓷瓶。中国领导人访问印尼时，已移居新加坡的唐先生总是赶回印尼参加有关活动，有时还向代表团成员赠送有印尼"国服"之称的"巴迪"（Batik）留念。"巴迪"虽是衬衫，但布料用传统方法制成，做工精湛，图案优美而对称，可在正式外交场合穿着。我同唐先生多次交往中，他给我最深刻的印象是热情和坦诚。我离开印尼后，每年中国春节时都收到他寄来的贺年卡。我在回卡祝贺时，高度评价唐先生的爱国热忱，以及他为发展中国同马来西亚、印尼和新加坡关系所做的宝贵贡献。

我还要提到马龙佳集团主席郑年锦先生、李尚大先生，大马集团董事长吴家熊，印尼金锋集团董事总经理林文光等朋友。

在两年半中同印尼华社的交往中，使我得出的深刻印象是：印尼华人在印尼独立前是华侨，他们爱国爱家，并为印尼的独立斗争做出过贡献；在印尼独立后，他们陆续加入了印尼国籍，为印尼的经济发展、中印尼经济合作和友好关系发展发挥了重要作用。

3. 访问印尼的"天南海北"

不忘万隆

1996 年 3 月 28 日，我和夫人邓俊秉教授应万隆陆军指挥和参谋学院邀请前往万隆访问，随行的有大使馆武官荆炳坤和印尼文秘书孙国远。万隆距雅加达虽然不远，但山路崎岖，汽车走了 3 个半小时。万隆是西爪哇省首府，印尼第三大城，位于火山群峰环抱的高原盆地中，城市海拔 719 米。年均气温在 20 多摄氏度，气候清爽宜人。

第二天上午，我到东道主万隆陆军指挥和参谋学院为学员做报告。院长主持报告会，对我到访表示欢迎。我在两个小时的报告中，介绍了中国改革开放的成绩，中国的外交政策和防务政策，以及中印尼关系，并回答了学员的提问。

对中国外交官来说，到了万隆，必看的是亚非会议纪念馆。著名的亚非会议 1955 年 4 月 18 日至 24 日在此召开，因此亚非会议又名万隆会议。旧址是一座 3 层楼的建筑，1945 年印尼独立后改名为独立大厦。为了纪念历史性的万隆会议在此召开，印尼政府将会议旧址辟为亚非会议纪念博物馆。这个建筑不大，主会场大厅面积近 3000 平方米，展览厅陈列着当年亚非会议的展品和图片。

看到这个简朴的大厅，29 个与会国的国旗，会议主办国和倡议国领导人的照片，特别是有关周恩来总理活动的照片和报道，我好像回到了民族解放运动风起云涌的 20 世纪的 50 年代。

第二次世界大战后，特别是新中国成立之后，世界上出现了一批新独立的亚洲和非洲国家。这些国家开始走向历史舞台，希望维护独立和主权、发展经济，加强亚非国家的团结合作。万隆会议由"科伦坡会议"五国（锡兰即今之斯里兰卡、印尼、印度、缅甸和巴基斯坦）发起。他们是较早承认新中国的国家，同中国有着友好的关系，决定邀请中国参加万隆会议。周恩来总理应邀率中国代表团与会。

万隆会议是亚非地区举行的没有西方殖民主义者参加的第一次历史盛会。会议广泛讨论了民族主权和反对殖民主义、保卫世界和平及各国经济文化合作等问题。但是，在会上，有些亲西方的领导人称共产主义是新殖民主义，说中国有铁幕，企图挑起争论，干扰会议大方向。面临会议走向何方的关键时刻，周恩来总理4月19日作了力挽狂澜的发言。他表示，中国代表团是来求团结而不是来吵架的，是来求同而不是来立异的。他指出，与会国家间有共同的基础。从解除殖民主义痛苦和灾难中找共同基础，就容易互相了解和尊重、互相同情和支持，而不是互相疑虑和恐惧、互相排斥和对立。他呼吁亚非国家团结起来为亚非会议的成功而努力。周总理的发言受到印度、缅甸和其他国领导人的热烈支持，也得到其他国家代表团的欢迎。他的发言对保证会议成功发挥了至关重要的作用。

经过中国代表团以及东道主、印度和缅甸代表团共同努力，会议本着团结合作、求同存异、协商一致的精神，于4月24日通过了《亚非会议最后公报》。《公报》在《关于促进世界和平和合作的宣言》中，提出了各邻国和平相处、发展友好合作的原则基础，即著名的"万隆会议十项原则"。这是中国同印度和缅甸在1954年6月共同倡导的和平共处五项原则的继续。同时，十项原则又是对五项原则的扩大。会议号召亚非各国团结一致、和平相处、友好合作、共同反对帝国主义与殖民主义，被称为"万隆精神"。亚非会议成为亚非各国民族解放运动史上重要的里程碑。

周恩来总理在会议上表现的新中国领导人从亚非团结合作的大局出发、求同存异、以理服人的精神，他的坦诚态度和大度宽容，他的个人风度、睿智和机敏，不仅令友好国家印度、缅甸和印尼领导人不绝称赞，也赢得了绝大多数国家代表的认同，令对手也不得不心服口服。周恩来总理的精彩亮相，为新中国赢得了赞誉，使新中国闪亮地登上世界历史舞台。他还为新中国的外交官树立了学习的榜样。

访问印尼最东端的伊里安查亚省①

我到任后不久，材源帝集团主席黄双安先生和夫人白嘉莉于1995

---

①现为印尼西巴布亚省和巴布亚省

年 10 月 22 日设宴欢迎我和夫人邓俊秉教授。此前，我对黄双安先生夫妇有点了解，一个享有印尼"木材大王"和"渔业大王"的美誉，一个是当年"台湾最美丽主持人"。1931 年生于福建省闽清县的黄双安，幼年随父母到印尼谋生。从伐木工人干起，艰苦创业多年，打造了一个庞大的跨国企业"材源帝"集团。这次我们虽是初次相识，却一见如故。黄先生热情开朗，夫人端庄大方。大家相见恨晚。黄先生当面邀请我们到印尼最东端的伊里安查亚省，参观他的渔业工厂。

10 月 31 日凌晨 4：30，我和邓俊秉赶赴哈里姆（Halim）机场，黄双安先生和夫人白嘉莉已在那里等候。他们陪同我们登上一架小型喷气式客机。飞机只有十多个座位，但设备先进而齐全，时速可超过 800 公里。同行的还有印尼总统府全国渔民协会总主席兼行动与建设管制秘书图克·塞特约哈迪、渔业总司长穆尔迪约退役海军少将，以及黄先生的儿子黄敬平。经过 5 个多小时的飞行，于当地时间 12：30(雅加达时间 10：30) 飞机降落在 Lanud Merauke。我第一次感受到印度尼西亚国土的辽阔。印尼地跨赤道，是世界上最大的群岛国家，

黄双安总裁夫妇陪同参观伊里安查亚省

由太平洋和印度洋之间 17508 个岛屿组成，自东至西长 5000 多公里。下机后，改乘直升机去吉马姆（Kimaam）。从机窗向地面看，有一个简易的停机坪，四周是高高的灌木和杂草。升机降落时，螺旋桨卷起的大风吹低了草丛，看到一些赤足半裸的孩子欢呼雀跃，向直升机跑来。飞机停稳后，前来欢迎的土著姑娘跳起舞蹈。他们的脸部和全身涂满五颜六色的泥巴，头戴草带，腰部围着草裙。这是我第一次看到原始居民，高兴地同他们合影留念。

下午 5 时，黄双安先生同我们一行众人参加渔民技术训练班开学典礼。全国渔民协会总主席图克、渔业总司长穆尔迪约和黄双安总裁先后致辞，并向学员颁发培训证书、渔网和船舵。我给 5 名学员代表戴上帽子表示祝贺。仪式之后，我和邓俊秉在黄双安先生陪同下，会见在当地安装工厂机器设备的山东济南和天津的中国技术人员。原来，黄先生同山东省和天津市都有渔业合作关系。我向中国员工表示慰问，祝愿他们工作顺利，平安健康。

11 月 1 日，我们简单进早餐后，于 6 时乘直升机离开吉马姆小岛，

伊里安查亚省的原著民手持中国国旗欢迎中国大使

伊里安查亚省的原著民的欢迎舞蹈队

3个小时后抵达北吉纳（Beijina），参观综合渔业区。当地也举行了渔民技术训练班开幕式，仪式和程序同吉马姆岛一样。之后，黄先生陪同我们参观北吉纳渔业加工厂，工厂的冷冻和发电设备是从中国引进的。我们同来自天津的水产品加工技术人员会面。我对他们进行慰问，并询问了他们的工作和生活情况。

午餐后，乘飞机前往塞拉姆（Seram）岛，途中在杜尔（Dual）岛茶点。抵达后，乘汽车去帕马里（Pamali）港，参观养虾场。再乘船去参观阿拉拉（Arara）养虾场。参观之后，乘船返回港口。印尼官员去机场乘班机返回雅加达。我和邓俊秉则由黄先生夫妇陪同去港口码头，乘船去阿姆波（Ambon）。晚9点抵达时，黄先生工厂的员工在码头欢迎我们，热烈的场面一下子驱走了我们一天中多次改乘交通工具和参加多场活动带来的疲劳。

11月2日，访问的最后一天，我们在阿姆波参观材源帝集团的木材加工厂。工厂设备是进口的，非常先进，生产各种胶合板。我在工

厂植树留念，在留言簿上题词：朋友广交五洲四海，财源来自四面八方。参观后，黄先生夫妇陪同我和邓俊秉乘车去码头，坐船去机场。晚6点，我们搭乘航班告别阿姆波，在肯达里（Kendari）换乘班机返回雅加达。回到官邸时，已近午夜时刻。

"英雄城"泗水之行

应印尼泗水金锋集团总裁林文光先生的邀请，我和夫人邓俊秉参赞于1996年2月7日中午去泗水访问。同行的有使馆领事参赞刘永固和康勇秘书夫妇。下午3时抵达时，在机场迎接的有林文光总裁和他的父亲林学善先生、盐仓烟厂董事主席方明远，以及当地政府礼宾官员。林文光先生是印尼华社企业家中的后起之秀，他的金锋集团多种经营，是泗水最大的华商企业。他也是东爪哇华社的领袖人物，时任东爪哇工商会副主席和东爪哇印尼中国协会主席。当晚，东爪哇印尼中国协会设宴为我们洗尘。8日，我们拜会东爪哇工商会主席穆恰

拜会泗水省长，右2是林文光先生

亚特，并就发展中印尼经贸关系进行座谈。中午，我拜会东爪哇省长苏迪尔曼，赞扬这座"英雄城"的光辉历史，以及近年来经济的迅速发展。接着，拜会东爪哇军区司令乌托莫少将。乌托莫司令派军官迎接，并设仪仗队欢迎。我们就中印尼关系和两军往来交换意见。在泗水，我们还参观了金锋集团公司总部，以及展览厅大厅中陈列着公司的主要产品：家用炊具和电器、化妆品和洗涤品、装修器材等。林文光先生告诉我，华人企业在当地经营和发展面临的挑战和困难远比原居民企业为大。华社一定要搞好同地方军政长官的关系。他安排中国大使会见东爪哇省长和军区司令，既是为我的访问添彩，也是为华人企业家壮威。

9日，我们应盐仓集团（Gudang Garam，Tbk）的邀请，乘直升机离开泗水前往盐仓参观。盐仓集团是印尼最大的烟草公司，生产的丁香烟驰名国内外，中国是很大的买主。盐仓烟厂负责人陪同我们参观烟厂和造纸厂。他告诉我们，烟厂有4万员工，多来自周围乡村。我们参观的车间很大，工人上千，使用手工和机器两种方法生产卷烟。他们专注工作，非常熟练。这家卷烟厂的规模使我震惊，深感在印尼这个人口大国解决农村青年就业的重要性。参观完纸厂，我们乘直升机返回泗水。用毕午餐，告别好客的主人，搭乘航班离开泗水返回雅加达。

五星红旗飘扬在苏门答腊岛

我到任后不久，结识了华人朋友、SBU集团主席刘湄树先生，以后又多次见面。刘先生对华友好，乡梓情深，为人直爽，谈吐风趣。他热情邀请我和夫人邓俊秉去他的家乡苏门答腊参观游览。1996年12月5日上午，刘先生陪同我们乘班机去棉兰，两个多小时后抵达。棉兰位于北苏门答腊省的东北部，距离上面提到的伊里安查亚省有万里之遥。同行的还有大使馆的经济商务公使衔参赞白敦松夫妇等人。当晚，棉兰华人社团举行欢迎宴会。6日，在刘先生事前安排下，我们先后拜会了北苏门答腊省长拉贾·伊纳尔·西利加尔、军区参谋长

拜会北苏门答腊省长西利加尔夫妇

北苏门答腊省长会见周刚大使一行

同刘湄树先生（左 1）合影

努尔丁准将和省警察副司令。邓俊秉教授还拜会了省长夫人。我们和西利加尔省长出席了刘湄树先生旗下的 12 家新企业开业典范，以及新企业的欢庆晚宴。此外，在棉兰的三天里，我们还访问了鹅城社会福利基金会、SBU 银行分行，参观了新建住宅区、木薯粉厂等。7 日，我们去多巴湖游览。这是印尼闻名的旅游胜地，湖位于苏门答腊岛上，湖中又有小岛。在"湖中岛"上放眼望去，水波荡漾，水天一色。泛舟湖上，悠然自得。此次棉兰之行结识了当地华社的朋友，了解了苏门答腊省的人文经济状况。另一个收获则是刘湄树先生所说的，中印尼断交 30 年后，五星红旗首次在 4 天里飘扬在棉兰的街道上。这是因为，我作为中国驻印尼大使，座驾前侧可以插挂中国国旗。刘先生说，他要借我访问棉兰之机让当地华人看到久违的中国五星红旗。这就是一个爱国华人的华夏情怀。

在赤道线上

　　1997年7月17日，印尼太平洋集团主席彭云鹏陪同我和夫人邓俊秉乘坐他的私人专机前往苏门答腊的巨港，一个多小时后抵达。稍事休息后，我们改乘直升机参观彭先生的种植园。彭云鹏祖籍广东陆河县，生于印尼，是印尼新一代企业巨星。他从为黄双安先生打工做起，凭借聪明和苦干，20年创建了一个"森林王国"，享有印尼"林业大王"和"胶合板大王"声誉。他的"太平洋集团"拥有员工10万人，行业包括木材、种植、纸浆、金融、运输、旅游、房地产及石油化工等。他拥有的森林采伐权的面积550万公顷，即5.5万平方公里，可以说是名副其实的"世界热带雨林大王"。他在巨港附近，开辟了面积达35万公顷（3500平方公里）的人造热带雨林。我们乘坐直升机围绕他的种植园参观，往下看去，一望无际的树林尽收眼底。彭先生介绍他的人造林时，掩饰不住内心的喜悦和自豪。

　　午饭后，因印尼总统召见，彭先生赶回雅加达。他的助手肖锦安

在苏门答腊巨港彭云鹏先生的种植园植树留念

和夫人陪同我们乘专机飞往印尼第二大岛加里曼丹西部的坤甸。坤甸是西加里曼丹省的省会，该省政治和经济中心。18日上午，我们参观彭云鹏的木板厂和金龙鱼养殖场。金龙鱼是一种金黄色的观赏鱼，非常名贵。之后，驱车去参观赤道纪念碑。这是我们坤甸之行的压轴景点。坤甸地跨赤道。赤道纪念碑位于坤甸城北，距市中心约3公里。主人告诉我们，第一座赤道纪念碑由荷兰地理学家建于本世纪20年代，标志着南半球和北半球之间的分界

在坤甸赤道纪念碑留影

线赤道。1990年增建圆顶以保护原碑，1991年9月21日隆重揭幕。这是我和邓俊秉第一次到赤道，感到十分新鲜，因而迈步来回跨越赤道几次，并拍照留念。下午，我们告别赤道名城坤甸，乘专机返回雅加达。

在印尼任职期间，我还不止一次到过巴厘岛、茂物、日惹婆罗浮屠佛塔和三宝垄等地参观访问。访问给我留下了深刻而又美好的印象：万岛之国的印度尼西亚拥有辽阔的领土、茂密的森林、丰富的海洋资源、众多的火山、悠久的历史、多种族文化。它有广阔的发展远景。

4. 营救浙江舟山 301 名船员的 300 个日日夜夜

在21世纪的今天，中国每年上亿公民走向国外访问、经商、旅游、探亲。保护在海外的中国公民的安全和合法权益成为中国驻外大使馆和总领事馆的一项大量的、紧迫的日常工作。中国政府对海外领事保护工作高度重视，有关指示十分及时和具体，充分体现了执政为民的

宗旨。

1988 年至 2001 年，我出使马来西亚、巴基斯坦、印度尼西亚和印度的 13 年中，曾多次处理中国公民在有关国家被绑架、扣留和伤害的事件。营救在印度尼西亚被扣留的浙江省舟山市 16 艘渔船和 301 名渔民，是历时最长、难度最大，但效果相当理想的一例。

1997 年 2 月 15 日，浙江省舟山渔业公司 16 条渔船和 301 名船员在印度尼西亚东部杜阿尔港被扣，至同年 12 月 19 日船长等人和渔船平安回国，前后历时 10 个月。在此期间，国内外密切配合，使馆各部门全力以赴，经过长期艰巨复杂的交涉和大量艰苦细致的工作，终于在尊重印尼法律、照顾中印尼友好和对等的原则下取得圆满解决。时间已过去 18 年，但回忆往事，仍历历在目。

祖国大量船员被扣，使馆立即全力营救

1997 年 2 月 19 日，在一个外交活动场合，印度尼西亚海军参谋长阿里埃夫中将告诉中国驻印尼大使馆武官金炳坤，印尼有关部门近期加强了对印尼领海及专属经济区的外国非法捕鱼船只的抓捕，数日前在东部某港口扣押了十几条中国渔船。

金武官返馆后立即向我报告了此事，我即指示大使馆经商处向印尼友人核实有关信息。据朋友告，印尼海军在东部杜阿尔港扣留了由印尼 P. T. CDP 私人公司代理的中国浙江省舟山市 16 艘渔船和全部 301 名船员。大使馆马上向外交部报告了有关情况。2 月 28 日，印尼驻华大使馆照会中国外交部和公安部，通报印尼有关当局扣留浙江 16 艘船和 301 名船员的情况。国务院领导对此事非常重视，作了重要批示。外交部副部长唐家璇和领事司负责人分别向印尼驻华大使馆做了工作。3 月 11 日，外交部向驻印尼大使馆转发了交涉情况，要求大使馆向印尼有关部门多做工作，争取对方早日放人放船。

上个世纪 90 年代，中国每年出国的公民数量有限，中国公民在海外遭遇的突发事件尚不多，中国驻外大使馆和总领事馆还没有建立海外领事保护的应急机制。对一般性个案，基本上是国内有关部委或省

市同使领馆联系，由使领馆主管处室具体处理。

这一次，祖国 300 余亲人在印尼被扣留的消息使我和大使馆全馆同志万分焦急。一是被扣留的同胞数量太大，二是当年中印尼关系远未达到今天十分友好的程度，三是大使馆第一次处理如此大案缺乏经验。但是，被扣留的祖国 301 名船员牵动着大使馆几十位馆员的心。紧急动员起来，千方百计营救被扣押的祖国亲人，一下子成为大使馆工作的重点。

我和大使馆领导以及领事部、经商处、办公室、研究室等部门立即开始了全方位的营救工作。首先，同国内主管部门和浙江省沟通信息，听取指示，统筹应对。第二，根据外交部的指示，大使馆于 4 月 13 日至 16 日派领事部和经商处官员赶赴杜阿尔港探视慰问船员，现场了解情况，并解决船员生活必需品和药品。第三，我召集使馆有关部门和已经赶到雅加达的舟山渔业公司负责人研究案情，部署救助措施。舟山渔船公司负责人前往杜阿尔港，慰问被扣留的船员，并为他们解决生活和治病困难。第四，由我和领事参赞刘永固、商务公参白敦松分别向印尼有关部门做工作，使馆其他部门从旁协助。

我先后约见印尼外交部礼宾领事总司长苏坎达尔、内阁建设调控秘书亨德罗普利约诺、印尼总检察长辛基，并致函外交部秘书长伊尔桑、国家谍报统筹机构主任等高级官员。刘参赞和白公参分别约见印尼外交部领事司代司长和农业部渔业总司长进行交涉。交涉中，我们详细介绍事件原委，说明舟山渔船在出发来印尼之前，印尼 P. T. CDP 公司和印尼海军基金会主席伊曼·陶菲克均表示已为舟山渔船办妥一切在印尼海域的捕鱼证件和手续。舟山渔船是根据与 CDP 公司签订的合作协议，按该公司的安排前往杜阿尔港领取入渔许可证等有关证件。因此，责任在 CDP 公司和陶菲克，舟山渔船是无辜的，系上当受骗。希望印尼方从两国友好关系大局出发，妥善处理此案，早日放人放船。

艰苦交涉数月之久，不断克服种种困难

大使馆配合国内不间断地进行了四个多月的营救努力，但面临重重困难，实质性进展不大。主要原因有四：（1）印尼方强调，舟山

渔船没有合法证件，却悬挂印尼国旗，使用印尼船名，未经许可进入印尼领海，依照印尼法律应当查处，船只没收充公，船员判刑入监。（2）此案涉及印尼政府、司法和军队多个部门，已成立部际协调小组，启动司法程序，因此处理需要时间。（3）印尼方对印尼"阿曼达·格劳列"（ARMADA GLORY）号轮船1996年在上海港被扣长达13个月之久心有怨气，强调印尼渔民身心长时间受到严重打击，但是中方并没有通过外交途径以友好为重的精神解决。（4）部分印尼官员力主严惩，还有人积极策划没收舟山渔船，以便自己廉价收购。

另外，船员已被扣数月，生活和医疗条件都很差，他们的身心健康受到很大损害。舟山渔业公司也蒙受了巨大经济损失。据浙江省人民政府告，一旦船员被判刑、渔船被没收，舟山渔业公司的损失将达数千万元。这将危及数百名船员和上千名家属的生活，并可能在当地引发社会危机。浙江省和舟山市的殷切期望对大使馆既是鞭策，又是巨大压力。

工作做到高层，案件出现转机

在异常困难的情况下，我和大使馆没有失掉信心，决心继续多方努力。我向外交部建议，由我出面把工作做到印尼政府最高层。外交部指示使馆进一步加大工作力度，同意由我出面致函印尼总统。7月18日，唐家璇副外长约见印尼驻华大使尤瓦纳，强调船员和船无辜被扣，船员和家属身心健康深受影响，希望印尼方从友好大局出发，尽快放船放人。

7月25日，我致函苏哈托总统，信中详细介绍了舟山渔船被骗经过，并附上有关材料，请总统和印尼政府充分考虑中国舟山渔船被骗事实，从两国友好大局和人道主义出发，尽快从轻处理。

另外，6月25日和7月30日，我先后两次会见印尼政府实权人物穆迪约诺国务部长，同他进行了亲切友好、深入细致的交谈。此前，4月14日，我曾给他写信，详细介绍了有关案情，并赞扬他为中印尼复交作出的积极贡献，希望他作为中国的老朋友发挥崇高影响，力促该问题早日妥善解决。穆迪约诺表示，此案涉及多个部门，法律程序业已启动，很多部门参与其中，政府已派出部际小组。他必须尊重有关部门的权限。他建议解决此案应兼顾两个方面：（1）印尼的法律。地方法院已于 7 月 28 日开庭，船长等人必须接受审讯。（2）考虑印尼中国友好关系，一般船员可全部释放。我表示，虽然 P. T. CDP 公司负主要责任，但舟山渔船未及时取得有关证件，触犯印尼法律，也有部分责任。希望穆从两国友好大局和人道主义出发，推动有关方面从轻处理。

同时，我还通过华社领袖林绍良先生和苏哈托总统的妹妹向总统做工作。经向总统府了解，总统已收阅我的去信，并于 7 月 28 日批转穆迪约诺国务部长。据友人告，总统批示的精神是，在处理中国渔船被扣案件时"不可以牺牲与中国的友好关系"。这样，经过双方共同努力，解决舟山渔船一案出现了重大转机。

其后，8 月份至 9 月份，刘永固参赞同印尼官员就首先遣返 252 名船员的时间、费用、地点等问题进行商谈。9 月 19 日，刘永固参赞

会见印尼国务部长穆迪约诺谈中国渔民被扣事

专程去杜阿尔港落实遣返事宜。此前，我和夫人邓俊秉参赞在国内述职期间，于 9 月 4 日至 6 日专程到宁波市和所属舟山市，会见两市负责人以及舟山渔船所在地的区、镇负责人，交流情况，研究营救方案。

国内有关部门和中国驻印尼大使馆几个月来的辛苦努力终于取得了成效。印尼方同意释放 16 艘船的一般船员，但仍扣留渔船以及各船的船长和大副共 49 人另做处理。9 月 20 日，252 名船员乘印尼遣返船离开杜阿尔港，于 25 日抵达雅加达丹戎不碌港。我和刘永固参赞等使馆同志赶到丹港，登船看望船员。我代表大使馆对船员表示亲切慰问，并告诉他们国务院领导、外交部、农业部、外经贸部、大使馆和浙江省、舟山市一直关心他们的安危，通过各种途径积极营救。我国政府和大使馆现正积极营救其余 49 名船长和大副。我们对船员们安抵雅加达感到十分欣慰，希望他们保重身体，早日平安回国同亲人团聚。当天中午，使馆为船员订了热腾腾的午餐。使馆还要求印尼方保证船员的饮食、洗澡和安全。之后，大使馆抓紧同印尼方联系，安排船员回国的班机。10 月 1 日，在我国国庆的喜庆日子，252 名船员乘印尼航班离开雅加达，并于下午安抵广州。

在船员抵达雅加达的当天，唐家璇副外长约见印尼驻华大使馆临时代办，感谢印尼方释放 252 名船员，并希望尽快释放其余 49 人和船只。唐副外长表示，苏哈托总统批示从友好大局出发解决此案，有利于增进双方的信任和了解，以及两国关系的顺利发展。

坚持不懈努力，力争圆满解决

在欢送船员回国的同时，使馆为争取使船长、大副早日获释和印尼方放船而继续努力。

9 月 22 日、23 日和 25 日，我先后会见总统府的维多多秘书、印尼总检察长辛基和内阁建设调控秘书亨德罗中将，商谈释放船长和渔船事宜。双方同意，按"尊重印尼法律、充分考虑中印尼友好关系、对等"三原则解决上述问题。

10 月下旬和 11 月初，杜阿尔地方法院先后作出判决：中国船长悬挂印尼国旗为国籍标志触犯印尼法律，处以刑事罚款 1600 万印尼盾（约合 5000 美元）。法院不同意检察官要求判处船长 6 个月监禁和没收渔船的要求。其后，我馆同印尼部际协调小组具体商谈释放船长和渔船问题。经商舟山渔业公司，我馆照会印尼外交部，表示船长和 16 艘渔船离开杜阿尔港后，将驶往公海，由中方派船接回。

12 月 13 日晚，船长和渔船启航离开杜阿尔港。按照我方安排，在杜阿尔港附近作业的舟山其他渔业公司派船尾随护送 16 艘渔船到公海，与舟山派出的船队会合，并于 19 日驶回祖国。至此，舟山渔船和船员被扣一案圆满地划上句号。

对使馆的营救工作，国内给予很高评价。外交部致电说，使馆通过多渠道做印尼有关人士特别是上层的工作，最终使全部渔船和渔民获释并安全回国，维护了国家利益，最大限度地减少了有关公司的损失。外交部对使馆在大使亲自领导和直接参与下为此事所做的大量有效工作和结果表示满意，并特予表扬。农业部致函称，使馆创造性地开展工作，使数百渔民家庭得以保全生计，使渔民们感受到祖国的温暖、亲人的关怀，救活了一个集体远洋渔业企业，同时又维护了国家尊严，树立了外交部门竭力维护民族利益的良好形象。浙江省政府致电说，外交部和使馆所做工作既维护了我国尊严，又减少了我方经济损失，为此谨表示衷心感谢。

营救船员经验和对中国企业"走出去"的启迪

（一）国务院领导重视。唐家璇副部长三次向印尼驻华大使和大使馆临时代办做工作，领事司多次交涉，条法司和亚洲司积极协助。中国政府的态度引起印尼高层领导重视。

（二）外交部指示明确，要求具体。外交部、林业部、外经贸部、浙江省和舟山市政府同使馆密切协同配合，形成内外一盘棋。为营救祖国亲人和保护国家财产，国内外决心坚定，目标明确，措施得力。

（三）使馆在十个月中一直把救人救船当作工作重点。大使亲自指挥和进行关键交涉，主管的参赞和领事部、商务处、办公室等全力以赴，形成了全馆营救机制。

（四）大力做印尼高层领导工作。解放思想，打破常规，由大使致函印尼总统，把工作做到最高层。总统指示和国务部长关心对扭转案件进展起了关键作用。

（五）利用一切营救手段。除大使、参赞通过官方做工作外，发挥华社领袖、总统亲属和友好人士的作用。使馆同浙江省、舟山市以及渔船公司互通情况，密切配合，并派馆员看望慰问船员，解决生活困难，认真做船员的思想工作。

（六）坚持以两国友好大局为重，尊重对方法律。耐心协商，实事求是，既强调船员上当受骗，又承认负有部分责任；既敦促对方放人放船，又同意对等原则。

在中国企业实施"走出去"战略的今天，舟山渔业公司人船被扣一案有值得总结的经验教训。第一，企业走出国门之前，必须进行调查研究，了解合作国的经济和资源状况、有关法律、对外资的政策，以及政府主管部门的运作程序。第二，了解合作对象的资信，办妥合法手续，取得必要的担保。第三，事先同我驻外使领馆联系，主动介绍情况和合作意向，听取使馆的咨询和指导。第四，出现重大问题时，及早报告使领馆并积极配合，争取帮助。

5. 中国中央芭蕾舞团首访印尼

1997 年初，时任国务院侨办主任廖晖向我提出，中央芭蕾舞团希望访问印尼并演出，请中国驻印尼大使馆邀请并提供帮助。3 月 18 日，我同印尼—中国经济社会文化合作协会（以下简称印尼—中国合作协会）总主席苏坎达尼商谈中国中央芭蕾舞团访问印尼的可能性。6 月 6 日，我同大使馆文化参赞讨论如何落实中央芭蕾舞团访问的各项准备工作。7 月 11 日，我同印尼—中国合作协会总财政白德明先生商量具体安排中央芭蕾舞团访问印尼有关事宜，包括往返机票、旅馆、演出场地、广告宣传、演出请柬和入场券和演员补贴等等。

落实这次访演有不少困难。首先要征得印尼主管当局同意。中印尼于 1990 年 10 月复交。复交之初的几年，两国领导人进行了互访，为两国关系发展奠定了基础。但是，1967 年断交后，两国没有来往，相互了解甚少。复交之初，两国关系在一些方面还处于敏感时期。中央芭蕾舞团访问印尼将是两国复交后中国国家级文艺团体首次访问印尼。印尼政府对此持谨慎态度。为推动印尼主管部门早日同意来访，中国大使馆向印尼外交部提出申请。与此同时，印尼—中国合作协会和印尼中华总商会的负责人积极做印尼有关部门的工作。特别是请印尼—中国合作协会总主席苏坎达尼先生做印尼主管部门工作。

印尼—中国经济社会文化合作协会于 1992 年 7 月成立，是印尼最大的对华友好组织。苏坎达尼 1928 年 3 月出生于中爪哇省的梭罗，出身贵族，受过高等教育，曾获名誉博士学位，是印尼知名企业家和社会活动家。他曾多次率领印尼企业家代表团访华，为增进两国企业

周刚大使夫妇和为中央芭蕾舞团访问印尼积极努力的白德明先生

界的相互了解、推动两国恢复直接贸易关系、促进双边友好往来做出了不懈努力。他对中国和中国人民怀有深厚的感情。中国人民对外友好协会授予他"人民友好使者"称号，表彰他长期来为增进中印尼人民的友谊和促进两国友好交往与合作的积极贡献。苏坎达尼先生热心支持中国芭蕾舞团来印尼访问演出。因此，苏坎达尼先生以他的出身、地位和社会影响力出面做印尼主管部门的工作，加上印尼—中国合作协会和中国大使馆的努力，确保了中国中央芭蕾舞团访问印尼较快地得到印尼主管部门的同意。之后，7 月 16 日，我分别致函印尼移民厅长和印尼驻华大使，请他们及时为芭蕾舞团成员发放签证。

其次，中央芭蕾舞团队伍庞大，有 150 多人。20 世纪 90 年代中期，中国文艺团体出国访演，如果不是商业演出，解决往返机票和当地食宿、交通等费用有一定难度。对此，印尼—中国合作协会和印尼中华总商会的领导人表示理解，并积极想法解决。

印尼—中国合作协会总财政白德明先生是印尼华商中有名的企业家，大松集团总裁。白先生幼年随母告别福建老家，漂洋过海到印尼

积极推动中印尼友好的印尼—中国经济社会文化合作协会总会长苏坎达尼和夫人

谋生，在东爪哇接受华文教育。他终生怀有抹之不去的桑梓情和一颗解不开的中国结。中印尼复交之初，白德明先生即利用他的身份与人脉，积极奔走，穿针引线，协助中国大使馆热心联络一批华社前辈，参与并组织开展了一系列促进两国民间文化、经贸交流等活动。这次中国芭蕾舞团访问印尼，由印尼—中国合作协会承办。我和印尼—中国合作协会商量，委托白德明先生担任筹备委员会执行主席，他愉快地接受了任务。芭蕾舞团团员将下榻白先生的巴达维亚五星级酒店，免费食宿。白先生请印尼华社领袖林绍良和黄奕聪等人出资，承担代表团往返包机的全部费用，以及在雅加达的食宿交通。不仅如此，为了芭蕾舞团演出的成功，需要预订场地、印制请柬和入场券，以及在报纸上刊登广告，这也要一笔不菲的费用。不用说，在白德明先生的协调下，也由华社朋友出资解决。令人感动的是，白德明先生同商华社朋友协商为芭蕾舞团团员提供演出津贴，每人每天25美元。这笔钱在今天看来并不多，但在20年前，对中国演员来说很不错，体现了印尼华社朋友的真挚情谊。

印尼文化教育部长瓦尔迪曼登台祝贺中国芭蕾舞团演出成功

第三，这是两国复交后中国大型文艺团体首访印尼，芭蕾舞团往返交通、衣食住行及相关演出的接待安排，事务庞杂，牵扯面广，筹备工作和访问演出的整个过程复杂艰巨。白德明先生迎难而上，一马当先，率领筹备委员会成员，在苏坎达尼总主席和华社领袖们的热情支持以及中国大使馆的全力配合下，圆满操办了这次艺术交流活动，演出大获成功，广受各界好评。这里，我要感谢大使馆的同事们，特别是文化处、领事部和办公室的同志的辛苦工作。

7月19日，芭蕾舞团抵达雅加达。当晚7时，白德明先生代表印尼—中国合作协会设宴为代表团洗尘。白先生和袁学团长及我先后致辞。20日中午，我和夫人邓俊秉为芭蕾舞团设午宴并同大使馆联欢，团员们表演了几个小节目，我和华社领袖林绍良先生致辞欢迎，袁学团长致答词。

21日晚8时，中央芭蕾舞团在雅加达国际会议中心举行首演。印尼文化教育部长瓦尔迪曼偕夫人在我和邓俊秉陪同下到场时，观众热烈鼓掌。出席的还有印尼军政官员和林绍良先生等华社领袖人物，以

华社领袖会见中央芭蕾舞团领导和主要演员

及 40 多位外国驻印尼使节。芭蕾舞团演出的是经典舞剧《天鹅湖》。演员们的精彩表演受到全场四千观众的热烈欢迎。演出结束时，爆发了经久不息的掌声。观众中有很多华人朋友，他们很久很久没有观看中华儿女的演出了，而且是那么精彩的芭蕾舞。他们不仅为演员的精湛演技叫绝，而且感到作为华人的骄傲。外国使节们纷纷同我和邓俊秉握手祝贺。他们说，听说中国人跳芭蕾舞有点惊讶，没有想到这些青年演员跳得那么好，那么专业，一点也不比欧洲的著名芭蕾舞团逊色。第二天，华文报纸大量报道了演出盛况，可以说中国芭蕾舞团演出一时轰动雅加达。

22 日中午，金光集团董事长黄奕聪设宴慰问芭蕾舞团全体团员。黄先生和我致辞祝贺。赵汝蘅副团长致答词，对黄先生、印中协会和中国大使馆表示感谢。晚 8 时，芭蕾舞团举行在雅加达的第二场演出。瓦尔迪曼文化教育部长再次光临。他对我说，昨天的演出太精彩了，今天我还要欣赏芭蕾舞团演出的芭蕾精品。他指的是演员们表演的《古典女子四人舞》《男子四人舞》《红色娘子军》选段等。他还对白德明先生说：

林绍良（左 2）和中央芭蕾舞团团长赵汝蘅女士

"印尼和中国很需要这样的文化交流，你们做了一件好事！"

23日，芭蕾舞团团员们在雅加达游览参观。24日晨，芭蕾舞团乘包机回国。就在飞机起飞前，出现了一个小插曲。机场方面称，芭蕾舞团的道具不能随机运走，因为飞机行李仓已满。这使芭蕾舞团领导非常犯难，因为"中芭"返回北京后还有演出安排，没有道具是无法登台的。他们打电话向我求助。我立即同白德明先生商量解决办法。白先生说，依他的经验，这不是飞机行李仓满不满的问题，而是机场工作人员借口要"小费"。他同机场联系后，表示愿意再交一笔手续费，对方随即同意放行。包机终于按时起飞，"中芭"在印尼史无前例的访问演出画上了圆满的句号。

邓俊秉

6. 天津华夏少儿艺术团访问印尼

1995 年 8 月 24 日，我随丈夫周刚大使抵达雅加达履新的第三天，就迎来了一支不同寻常的友好使者队伍——天津华夏少儿艺术团。这个由 39 名儿童组成的演出团，年龄最小的只有 5 岁，最大的 12 岁，全团平均年龄不足 10 岁。然而，这群天真烂漫的孩子在印尼为期 10 天的访问演出轰动了雅加达和泗水两大城市。看过他们演出的印尼朋友无不交口称赞中国儿童了不起，中国未来大有希望。周刚当时作为候任大使无法参与该团的公开活动，只能在幕后关照，我则代表他全程陪同。

这些来自天津的少年使者，没有辜负中国印尼经济社会文化合作协会主席王光英副委员长、天津市领导以及他们的爸爸妈妈、爷爷奶奶的殷切期望。孩子们不顾印尼旱季的炎热，克服了长途旅行、不断演出的疲劳，即使是吃不下和睡不好，只要一登台，个个精神抖擞，全神贯注，发挥出最佳水平。泗水的一场演出尤其感人。在没有空调降温设备的体育馆内，印尼朋友奋战了一个夜晚，突击搭起了一个舞台。前来观看演出的观众竟多达 3500 多人。歌喉甜美的小歌手陈淼用印尼文演唱的《梭罗河》，赢得了全场观众比这体育馆内的高温更加热烈的掌声。京剧小演员高航，全副行头粉墨登场，字正腔圆地演唱了两段包青天的戏文，活脱脱再现了一个刚正不阿小包公的风采。在女孩子占压倒多数的舞蹈演员中，6 岁的侯博是唯一的"男子汉"。他在《英雄自古出少年》和《小斗牛士》两个舞蹈中突出而认真的舞姿，使所有观众为之倾倒。这个人见人爱的小不点儿，睁着一对圆圆的大眼睛，紧抿着一张稚气的小嘴，与众多女扮男装的女孩相比，更加显示出一股锐不可挡的阳刚之气。木琴独奏演员小齐奇，站在踏脚凳上还得掂起脚，两条小胳膊才能勉强够到木琴键盘。然而，当小家伙聚精会神演奏时，俨然是个气度不凡的小演奏家。年龄最小的要数 5 岁的女娃娃左春芳。小姑娘是个多面手，既是舞蹈演员，还精于打击乐器。别小看她两条纤细的手臂，打出的鼓点和锣声铿锵有力，极有感染力，着实令人兴奋。演出结束，孩子们来到台前谢幕时，个个汗水淋漓，气喘吁吁。印尼观众们被深深感动了。他们争先恐后簇拥着小演员拍照留念，拉着孩子们的手问长问短，久久不愿离去，盛赞这群可爱的少儿小小年纪志气高昂，演技精湛，态度认真，纪律严明，精神可嘉。

印尼官方、民间和媒体给与天津华夏少儿艺术团热情而高规格的接待和报道。苏哈托总统夫人婷女士在繁忙的日程中挤出时间接见了艺术团的主要领导和两名小演员代表。她表示，这个艺术团若再次访问印尼，将亲自去观看孩子们的演出。事后，总统夫人委托印尼中国经济社会文化合作协会总主席苏坎达尼博士代表她向艺术团所有团员赠送了礼品。前总统苏加诺夫人哈蒂尼女士专程来到艺术团下榻的饭店，拜访了该团的名誉团长、王光英副委员长夫人应伊利大姐。她饶

印尼—中国协会负责人同天津少儿团领导和小演员合影

中国印尼友好协会理事、天津少儿团团长应伊利女士在欢迎宴会上

有兴趣地听了两个司仪小演员的朗诵后，称赞他们口齿伶俐，印尼文说得地道。印尼文教部长特地在艺术团结束访问前夕会见了该团主要代表，热情赞扬我国注重从小培养具有艺术天赋的少儿并成绩斐然。印尼电视台不止一次地播放了孩子们的精彩演出；印尼报刊发表专文称赞来自中国的友好小使者，并刊登了他们动人的演出的照片。作为东道主的印尼中国经济社会文化合作协会全力以赴做好接待工作，总主席苏坎达尼博士和夫人设宴两次，欢迎和欢送来自中国天津的友好使者；第一主席纳瓦维硕士亲自前往机场迎送；秘书长塔哈、副秘书长邦邦还有蓝天龙先生不辞辛劳，全程陪同。艺术团在印尼访问期间，几乎顿顿饭有人请，个个小演员都得到不少饱含印尼朋友真情厚意的礼物。

7. 朱镕基副总理访问印尼出席经济高级论坛

1996 年 5 月 12 日至 16 日，朱镕基副总理率团（包括其夫人劳安

女士）前来雅加达出席印尼举办的多国经济高级论坛并顺访这个万岛之国。

鉴于朱总理是中国资深的常务副总理，又是中共中央政治局常委，中方希望主办国印尼委派该论坛主席、印尼工商统筹部长哈尔塔托届时前往机场迎接。为此，周刚和我分别努力做哈尔塔托统筹部长夫妇等人的工作，完成了国内交办的这一棘手的任务——因为按照印尼的外交礼仪，举办这样由多国高官出席的高级论坛，论坛主席不必前去机场迎送。幸运的是，我俩与统筹部长夫妇早已成为了朋友，相互来往甚密。该部长曾于1991年年底访华时拜会过朱镕基副总理。其夫人具有华裔血统，与我很亲密友好。

为了促成此事，我和周刚首先邀请了部长夫妇，之后还请了部长全家前来我馆聚会和品尝地道的中国佳肴（他们对我馆厨师李师傅做的糯米八宝饭情有独钟，所以逢年过节，我常常亲自登门将这一美味食品赠送给夫人）。4月中旬，周刚又专门约见统筹部长，介绍朱副总理将出席论坛和访问印尼的有关事宜，并请求部长能亲自前去机场迎接朱副总理以示友好情谊。哈尔塔托很友好和坦率地表示，他个人的确对华友好，但他不能违背有关规定，只去迎接朱副总理而得罪其他国家前来与会的高官。之后，周刚又做了印尼外交部礼宾司长的工作，仍是没有结果。怎么办呢？我与周刚商量后决定，由我出面去做统筹部长和其他有关部长夫人的工作，另辟蹊径。五一劳动节，我专程登门拜访哈尔塔托统筹部长夫人。我先向夫人介绍了劳安女士的情况和在印尼的活动日程，然后向她谈到中方期盼统筹部长夫妇能亲自前往机场迎接朱副总理夫妇的愿望。听完我的叙述后，这位深明大义、对华友好的夫人先是感谢我将她视为知己，接着诚恳地表示，虽然她无法承诺能起什么作用，但是为了增进印中两国友好关系，她将一定尽力做她丈夫和有关人士的工作，并让我耐心等候她的消息。此外，我还拜访了总检察长辛基赫的夫人。事后，我将统筹部长夫人的友好积极态度告知周刚，我俩决定不再另外找人帮忙，一心静候她的佳音。

随着时间的推移，我馆为接待朱副总理而成立的接待小组有序而紧张地工作着。然而，统筹部长夫人迟迟未有音讯。我又不能食言再去打扰她，只有强忍心中的焦虑等待她的消息。时间一天天过去，直到 5 月 11 日，即朱副总理飞抵雅加达的前一天，接待小组正在开会最后检查各项准备工作时，值班的同志匆匆跑进会议室要我去接统筹部长夫人的电话。我气喘吁吁地跑进了值班室，心砰砰跳着，拿起听筒就听见："Prof. Deng, there is a piece of good news I'm going to tell you…（邓教授，我要告诉你一个好消息……）"顿时，压在我心中的一块石头扑通落了地。听完她的振奋人心的消息并感谢她和统筹部长为中方所做的工作后，我立刻回到会议室，忙不迭地向接待小组的同志们宣布了印尼统筹部长哈尔塔托夫妇将于次日（5 月 12 日）亲自前往机场迎接朱副总理夫妇的消息，小小的会议室中顿时响起了热烈的掌声。功夫不负有心人，我们总算完成了国内交办的这项任务。

　　5 月 12 日下午 4 时，当朱副总理乘坐的专机降落在雅加达国际机场后，哈尔塔托统筹部长夫妇率领印尼外交部高官夫妇，周刚和我引领我馆主要外交官夫妇一同上前迎接缓缓走来的朱镕基副总理和劳安夫人。代表团下榻在次日将举行高级论坛的香格里拉饭店。当晚，朱副总理率中国代表团出席了由哈尔塔托统筹部长和 IHT 总裁麦克莱恩（Richard Mclean）共同主持的盛大招待会。作为中国大使夫人，令我尤其感到自豪的是劳安夫人，这位朱副总理早年的大学同窗、红颜知己，多年相濡以沫的终身伴侣，气质高雅，当她身穿一袭富有民族特色的华丽旗袍，彬彬有礼、落落大

朱镕基副总理抵雅加达访问

方地出现在大厅里时，厅内的女宾不禁为之一怔，交口称赞中国副总理夫人极有品味的穿着和深厚的文化底蕴。

5月13日，高级论坛在香格里拉饭店如期开幕。印方专门为劳安夫人安排了另外的活动日程。当天早上，我陪同她来到了享誉海外的巴迪布工艺商店（Keris Gallery），哈尔塔托统筹部长夫人笑容满面地欢迎中国客人进入一个色彩缤纷的乐园。然后，她请商店女主人引导我们参观了这工艺品琳琅满目、极富印尼民族特色的展览窗口，让我们亲眼领略了巴迪布的有趣制作过程。最后，宾主来到了一个摆放着T型舞台、充满热带风光的大厅。统筹部长夫人兴致勃勃地告诉劳安女士，她将为中国客人举行一场富有印尼特色的时装表演，再饱餐一顿民族菜肴。在美妙而悠扬的乐曲伴奏下，印尼的年轻模特款款走在T型台上；这些训练有素的俊男靓女，身着颜色鲜艳、款式各异的巴迪布时装，一招一式，一颦一笑，均风姿绰约，令台下观众无不为之倾倒。当宾主仍陶醉在模特儿创造的美妙气氛中时，身穿巴迪服的

邓俊秉陪同朱镕基副总理夫人劳安参观

服务员已站在他们身后，轻声请他们前去就餐。正如统筹部长夫人所说的一样，这是一顿极富印尼风味的午餐，令我们大饱口福。

次日早上，劳安夫人仍在我的陪同下驱车前往野生动物园参观。该园主人蔡先生与夫人均系印尼华人，多年经营下来，该园已成为印尼之最，名震海外。蔡夫人首先为劳安女士举行了一场别开生面的欢迎仪式：让经过训练的几只小象排成整齐的一列横队做着迎客的动作，其中一个鼻子上挂着蓝花花环的小象走到劳安夫人面前，用它的长鼻将花环献给了中国贵宾。然后，女主人热情陪着我们，一路讲解，让我们尽情欣赏了珍禽奇兽，还让我们体会了搂抱小虎仔的亲切感觉。参观完毕，蔡夫人请我们来到她家宽敞明亮的餐厅，请中国客人享受了一顿她亲自烹饪的中国印尼合璧的美味午餐。

15日早上，朱副总理（13日下午开始正式访问印尼）携夫人率全团参观了苏哈托总统夫人创建的 Taman Mini（微缩景观公园），还挤出时间到使馆看望使馆全体同志和中资公司代表。当天下午，在印尼

朱镕基副总理和夫人劳安访问巴厘岛

朱镕基副总理同苏哈托总统交谈

外交部长助理巴赫鲁姆等官员的陪同下，代表团飞抵闻名全球的巴厘岛访问。当晚，巴厘省省长夫妇设宴招待中国客人，席间有印尼民族音乐和舞蹈助兴。由于朱副总理在雅加达日程紧凑，没时间会见印尼华商代表，一些知名的华商如林德祥和唐裕等人也专程从雅加达来到巴厘，在朱副总理下榻的宾馆见到了中国领导人，完成了他们的心愿。次日早上，代表团一行马不停蹄地参观了巴厘画廊、木雕中心和当地的工艺品商店。遗憾的是，由于日程太紧，中国客人无暇到海滨休闲，观赏海上美景。16日下午，朱副总理率团告别巴厘，飞赴泰国访问。

这是周刚和我在印尼的两年半（1995年8月至1998年2月）任期内接待的唯一的高级政府代表团。虽然时间已经过去了十几年，当时的情景和我俩事先做的工作回想起来仍恍如昨天，历历在目。

8. 做好夫人外交，发挥扶助"红花"的"绿叶"作用

当今世界，国家的官方外交中，夫人外交是一个不可或缺的部分。在中国驻外使馆，以大使夫人为主的夫人外交有其优势和特点。但是，

它只是起着"绿叶"作用，扶助大使这朵"红花"，并配合大使馆的整体工作。

周刚已介绍了他出使印尼后中印尼关系的大背景。加强相互了解，增进政治互信，推动互利合作，进一步改善和发展两国关系，是新任大使的根本任务。为此，我要当好配角。在印尼做夫人外交，我面临新环境、新朋友，要从头做起。但是，我有自己的优势。我有在马来西亚和巴基斯坦两任大使夫人的经验；毕业于北京外语学院英文系，是英国牛津大学高访学者，曾任中国社会科学院外事局英文高级翻译，英语沟通自由；在社科院西欧研究所为副研究员，在大使馆任参赞，熟悉国际关系，可同官员和学者交流。外国朋友对这样的中国大使夫人另眼相看。

在驻印尼大使馆，除了作为参赞的分内工作外，开展夫人外交首先从拜会驻在国领导人和高官的夫人做起。周刚于1995年9月27日向苏哈托总统递交国书。29日，周刚大使和我举行庆祝中华人民共和国成立46周年招待会。此后，我开始礼节拜会印尼领导人和部长们的夫人。10月7日，我先后拜会总统夫人婷女士和副总统特里·苏特里斯诺夫人。至年底之前，我又拜会了财政统筹部长（统筹部长相当于副总理级）夫人、生产与分配统筹部长哈尔塔托夫人和科技部长哈比比夫人，以及武装部队司令丹绒夫人，为同印尼高层夫人交往开了一个好头。

大使夫人外交的重要形式是同驻在国部长和达官贵人夫人们互相看望、宴请和参加彼此举办的活动。我陪同周刚大使先后拜会或宴请了前总统苏加诺遗孀哈尔蒂妮女士全家、国务部长穆迪约诺夫妇和女儿女婿、妇女作用事务国务部长苏甘蒂女士、社会事务部长苏文诺女士、总统表弟苏特维卡特莫诺夫妇、青年体育部长哈亚诺·伊斯曼夫妇和子女、文化教育部长夫妇、林业部长、投资部长、印尼中国合作协会总主席苏坎达尼夫妇等。通过这一系列的拜会和宴请，我结识了印尼高级领导人的夫人，表达了中国大使夫人对她们的尊重和友好情谊，为未来交往打下了基础。

邓俊秉同印尼统筹部长哈尔塔托夫人（左1）和阿里外长夫人（右1）

大使夫人同驻在国高官和各界精英的夫人们互相看望和宴请时，少不了的是请她们品尝中国的美味佳肴，但也常放映一些纪录片，介绍中国的名山大川、京剧、杂技、音乐舞蹈，以及经济建设成就等，以增加她们对中国的了解。

参加当地达官贵人子女的婚礼也是大使夫人和女外交官的一种交友形式。我曾应邀参加总统弟弟的女儿的婚礼，新闻部长女儿出嫁仪式，司法部长儿子的婚礼，场面宏大，程序繁杂。这里我要特别介绍陪同周大使1997年4月30日参加苏哈托总统的小儿子托米婚礼的情况。婚礼在雅加达著名的景点印度尼西亚微缩公园（Taman Mini）举行。公园坐落在市郊，面积100公顷。园地划分为27个区，代表印尼的27个省，表现各省的地方文化及建筑特色。因举行总统儿子婚礼，园内车水马龙，宾客如云。婚礼大厅内金碧辉煌，四壁从上到下挂满了茉莉花串，香气浓郁，沁人心脾。苏哈托总统是主婚人，他的子女亲属忙于迎接客人。贵宾在大厅就座，他们中有副总统、议长、各部部长、议员、三军将领、工商巨子、各界名流和夫人，以及外国驻印尼

邓俊秉同印尼高官夫人们（右 8 为阿里外长夫人）

参加印尼华人婚礼

大使夫妇。大厅内座无虚席。乐鼓齐鸣，仪式按照印尼传统进行，令人目不暇接。园内临时搭起的几个大帐篷内堆满五光十色、大小不一的礼品。仪式结束后，客人们到厅外的食品摊位品尝各种印尼小吃。这是周刚和我第一次出席如此隆重和高规格的结婚仪式。场面之盛大，装饰之豪华，客人之众多，礼品之丰富，实属罕见。可谓"此景只应天上有，世间能见有几人"。

作为参赞，我还有在大使馆内的分内工作。对于天津少儿艺术团在印尼的访问演出，朱镕基副总理访问印尼的接送礼遇，我也尽微薄之力。我曾安排在印尼访问演出的上海丝绸七厂模特儿时装表演队到中国大使馆演出，邀请印尼部长夫人和外国驻印尼使节夫人前来欣赏，受到她们的热烈欢迎。我曾多次应邀到大学、报社、妇女组织和慈善机构做报告，介绍中国的妇幼事业、教育状况，以及中印尼关系的发展。

通过上述种种活动，我向印尼上层人士显示了中国外交官夫人、特别是大使夫人对印尼各界朋友的尊重和友好，中国大使夫人的开放大方、知识和风度，新中国妇女半边天的作用。

在印尼两年半的时间里，在大使馆的领导和帮助下，我组织使馆的夫人和女外交官参加三次印尼方举办的义卖活动。1995年11月3日，大使馆成立以我为组长的夫人工作小组，并讨论参加印尼妇女组织举办的年度义卖活动的准备工作。这是一些具体琐碎的事，决定参展人选，准备展品，如何分类布台，由谁收款结账，谁宣传推介，男同志谁运送展品，厨师做什么小吃，所有工作都离不开使馆领导的关心，以及男馆员的支持配合。11月29日一大早，大使馆的女同志们提前到场。周大使和使馆主管参赞随后赶到。9：15义卖开幕式开始，印尼总统夫人婷女士和副总统夫人特里女士出席。不久，在义卖活动主人的陪同下，总统夫人穿过熙熙攘攘的人群向中国展台走来，周大使和我走上前去迎接。我们对总统夫人光临表示欢迎和感谢。我向第一夫人介绍展品。展台上摆满了景德镇的瓷器茶具、杭州的丝绸和绸伞、天津的泥人和年画、陕西的剪纸、女士的骨架折扇、北京的果脯，琳琅满目。旁边还有五香鸡蛋、现炸现吃的羊肉和鸡肉串、春卷和虾片。

邓俊秉接待参观中国义卖展台的印尼总统夫人婷女士

邓俊秉接待参观中国义卖展台的印尼副总统夫人特里女士

第一夫人饶有兴趣，看得很仔细。我向她赠送了纪念品。总统夫人参观时，围上来很多人。我们送她离开之后，观众不断前来选购并品尝中国风味小吃。30 日上午，中国展台依然是生意兴隆。中午，义卖结束。我的女同事们忙着收摊结账。13：00，我去义卖展览厅，代表中国馆向义卖举办方印尼妇女组织捐赠 300 万盾义卖收入。印尼妇女组织的负责人对中国大使馆的慷慨举动大加赞扬。

1997 年 12 月 1 日，印尼国际妇女俱乐部在雅加达会议中心举办年度义卖活动。这次依然人满为患。副总统特里夫人出席，并参观中国展台。周大使和我热烈欢迎她光临。她同我进行了友好交谈。我向她赠送一把精美的杭州绸伞留念。第二天中午义卖结束时，我照例去义卖举办单位捐赠了一天半的义卖收入。

几次义卖活动使大使馆女同志直接接触印尼各界民众，开阔了眼界，得到了锻炼，提高了办事能力。

9. 同哈比比前总统的交往

周大使和我 1995 年 8 月至 1998 年 2 月在印尼工作期间，哈比比任科技部长。他的身份比较特殊：幼年丧父，母子生活由苏哈托总统接济。哈比比视苏哈托为义父。哈比比此时虽是部长，但可以随时往见总统并直接给总统打电话，他还拥有小型喷气式专机。

开始，哈比比同中国大使馆接触不多，对中国不太了解。但是，他日益重视印尼同中国的关系。1997 年 4 月 13 至 17 日，邓小平同志的女儿、国家科委副主任邓楠访问印尼。哈比比热情地接待了她。不仅安排苏哈托总统会见，而且派专机送邓楠去万隆参观印尼航空公司。在此期间，周大使和我同哈比比部长有多次接触和交谈。同年 10 月初，他提出希望访华。他不仅要求乘坐自己的专机，而且希望会见李鹏总理。当时，外国部长级官员访华乘私人专机的没有先例。中国总理一般不会见除重要国家外长以外的外国部长。考虑到他的特殊身份，为多做他的工作，周大使和使馆建议国内给哈比比部长特殊礼遇，满足他的要求。外交部请示中央后同意哈比比的要求。1997年10月25日，哈比比夫妇乘专机离雅加达访问中国。此前，他曾请周大使和我陪他同机前往。我们托词谢绝了，因为中国大使只陪同外国国家元首（总统或国王）和政府首脑（总理或首相）访华。哈比比部长此次访华取得圆满成功。11月10日，周大使和我设宴为哈比比部长夫妇和代表团高官洗尘。席间，哈比比畅谈访华观感，盛赞中国领导人平易近人，中国发展成就巨大。他还感谢周大使和我为他访华成功所做的努力。他特地将他的传记《B.J.哈比比的生活和事业》一书赠给了我。1999年，由我策划的《哈比比的生活和事业》中文版在北京出版了。当年8月，印尼中国经济社会文化合作协会和印尼总统办公室（1998年5月哈比比当选为总统）共同举办该书的发行式，事先正式邀请我出席。我因随同丈夫驻印度大使周刚在拉萨访问，无法应邀前往，却深感欣慰——此书不仅加深了中国读者对印度尼西亚和哈比比总统的了解，而且增进了中国和印尼两国人民之间的友谊。

国家科委副主任邓楠访问印尼

苏哈托总统会见国家科委副主任邓楠

哈比比部长会见国家科委副主任邓楠

1998年2月，哈比比部长和夫人为周大使和我举行盛大饯行晚宴。印尼科技部各位部长助理、各部门总司长悉数出席。他还邀请了美国、俄罗斯、德国和澳大利亚等国驻印尼大使和印尼华社工商界巨子。哈比比发表热情洋溢讲话，称周大使和我为他的兄弟妹妹，表示今后要充当中印尼友谊的桥梁，为发展两国关系做贡献。

2001年秋，周大使和我退休。之后，有幸四次访问印尼。2009年4月，我们前往哈比比前总统私邸拜会他和夫人。两对古稀老人亲密地拥抱和随意聊天。2011年8月，我们访问雅加达，再次去拜访哈比比前总统时，他的夫人艾努恩已于2010年5月22日病逝。作为友谊的象征，他将其回忆录《哈比比与艾努恩》的英文版赠送给我，并高兴地同意我翻译此书的提议。表示届时将访华，出席其著作中文版的发行式。经过我两年多的努力，此书中文版于2013年9月面世。

经周刚和我推动，中国人民外交学会报国务院批准，邀请哈比比前总统率团于2013年9月8日至16日访华。外交学会请周大使和我全程陪同。全国政协马培华副主席在人民大会堂会见哈比比前总统一行。

9月10日，印尼驻华大使馆和世界知识出版社在北京举行《哈比比与艾努恩》中文版的发行式。印尼驻华大使馆外交官、外交学会和世界知识出版社领导、中国前驻印尼大使以及新闻、出版、学术各界人士数百人出席。印尼大使易慕龙致辞，外交学会常务副会长卢树民、世界知识出版社社长闵永年大使和我发言，哈比比前总统做主旨讲话。13日，在上海由印尼华商林美金女士举行此书的第二次发行式，印尼驻上海总领事艾克茜女士及各界人士上百人出席。哈比比前总统和作为译者的我先后发言。之前，上海电视台专门采访了哈比比前总统和我。两个发行式上，与会者都排长队请哈比比前总统在中文版上签名。

哈比比前总统这次访华不仅两次出席他的回忆录中文版发行式，而且会见了中国领导人和很多新老朋友以及印尼侨民，在清华大学演讲，参观了清真寺、上海"商用飞机公司"和苏州新城区。他对访华结果非常满意，对中国改革开放的新成就赞叹不已，进一步增进了对中国的友好感情。9月16日，在上海浦东机场为哈比比前总统送行时，周大使和我同他紧紧拥抱，互道珍重。

哈比比前总统新书《哈比比与艾努恩》中文版在北京的发行仪式

邓俊秉在哈比比前总统新书发行式上

哈比比前总统在上海的新书发行式上致辞

周刚和邓俊秉同哈比比前总统在上海

印度篇

周 刚

1. 受命出使印度

　　1998年1月，外交部通知我，2月份离任回国，转任驻印度大使。这对我来说，有点意外，我到印尼工作还不到两年半，时间短了一些，最好在印尼再工作一年半载。我已近61岁，该是退休的时候了。但是，因工作需要，外交部特报中央组织部批准。当然，又感到高兴。1956年我被派到莫斯科国际关系学院学习南亚外交专业，1962年毕业后即分配到外交部亚洲司印度处工作。"文化大革命"期间，于1970年2月到1972年4月派到中国驻印度大使馆负责研究室工作。其后，回到亚洲司。1973年3月起，担任主管印度等国事务的副处长，直到1976年5月去中国驻孟加拉国大使馆担任使馆党委委员、研究室主任。1980年7月至1988年7月，先后担任外交部亚洲司副处长、处长和副司长。也就是说，在参加外交工作的26年里，同印度打交道长达22年。在年逾花甲之后能够出使印度，对我既是荣誉，又是幸运，为我的外交生涯画上一个完美的句号。

　　1998年2月20日，我和邓俊秉离开雅加达回国。从1988年出使马来西亚到这次出使印度前后已有十年。其间，印度的内外形势和中印关系都发生了很大变化。因此，自雅加达回到北京后，我的主要任务是向外交部领导和有关司局，以及外经贸部、文化部、科技部、中联部、中央统战部、总参情报部等有关部门了解情况、洽谈工作、听取指示和意见。4月17日，外交部长唐家璇约我谈话。他强调，印度是中国的重要邻国，是南亚大国，在地区和国际事务中有相当影响，在新形势下要转变观念，加强对印工作，认真做好调查研究，积极结交朋友，进一步推动中印关系的发展。唐外长和有关部委领导的指示和意见使我明确了到印度工作的主要任务。

唐家璇外长会见驻印度大使周刚

2. 印度核试验的爆炸声中迎来了中国新任大使

我和夫人邓俊秉参赞于 4 月 22 日抵达印度首都新德里履新。按照国际惯例，新任大使在向驻在国国家元首递交国书前是候任大使，一般不能以大使身份开展外交活动。但是，印度外交部同意我参加中国中央军委委员、中国人民解放军总参谋长傅全有上将 4 月 26 日至 30 日访问印度的接待工作，陪同傅总长拜会印度总理瓦杰帕伊和国防部长，以及印度陆军、海军、空军三位参谋长。傅总参谋长这次访问是中印两军的一次重要交往，对增进中印双方的了解和互信有积极意义。

但是，出人意料的是，中国人民解放军总参谋长刚结束对印度的访问，印度国防部长费尔南德斯突然于 5 月初发表谈话，声称"中国是印度的头号威胁"。接着，印度于 5 月 11 日和 13 日，先后进行了 5 次核试验。不仅如此，印度总理瓦杰帕伊于 5 月 11 日致函美国总统克林顿等 9 个国家领导人，声称印度进行核试验的主要原因是印度对不断恶化的安全环境、特别是核安全环境深感不安。瓦杰帕伊强调，一个公开拥有核武器、1962 年曾对印度发动武装侵略的国家与印度接壤。两国边界问题尚未解决。这个国家还大力帮助印度的另一个邻国成为秘密拥有核武器的国家。

印度以所谓"中国威胁"为借口进行的核试验使两国关系受到严重挫折。这反映了中印关系的复杂性和脆弱性。中印关系不断发展时为什么会出现这样大的波折，这需要回顾一下中印建交近半个世纪来两国关系发展的曲折历史。

印度是最早承认新中国的国家之一。两国于 1950 年 4 月 1 日建交。新中国和独立的印度面临共同的历史使命，即反对帝国主义和新老殖民主义，维护来之不易的独立和主权，并努力恢复和发展经济。为此，双方需要互相支持和合作。

1950 年西藏和平解放以后，印度继承英国殖民主义在西藏的一些特权并没有得到清除。1953 年底，印度派代表团到中国商谈解决印度在中国西藏地方的历史遗留问题。周恩来总理在 12 月 31 日会见印度代表团时指出，需要按照"互相尊重领土主权、互不侵犯、互不干涉内政、平等互惠和和平共处的原则"来发展中印两国之间的关系，处理和解决两国之间"业已成熟的悬而未决的问题"。中方的态度，得到了印方的积极回应。此后，经过会谈，双方于 1954 年 4 月 29 日达成了《中华人民共和国和印度共和国关于中国西藏地方和印度之间的通商和交通协定》及有关换文。《协定》中明确表示，"双方同意基于（一）互相尊重领土主权、（二）互不侵犯、（三）互不干涉内政、（四）平等互惠、（五）和平共处的原则，缔结本协定。"根据双方同日的换文，印度将撤退其驻扎在中国西藏地方亚东和江孜的武装卫队，并将其在中国西藏地方所经营的邮政、电报和电话等企业及其设备和 12 个驿站移交给中国政府。《协定》标志印度正式承认中国对西藏行使主权。

1954 年 6 月，周恩来总理先后访问印度和缅甸。6 月 28 日和 29 日，周恩来总理先后同印度总理尼赫鲁和缅甸总理吴努发表中印联合声明和中缅联合声明。在中印联合声明中，两国总理重申指导两国关系的和平共处五项原则，并表示，中印与亚洲国家以及世界其他国家的关系也应该适用这些原则。

周恩来总理1954年6月访问印度，尼赫鲁总理同年10月访问中国，受到两国人民热烈隆重的欢迎。毛泽东主席在会见到访的尼赫鲁总理时，曾引用中国古代大诗人屈原的两句诗："悲莫悲兮生别离，乐莫乐兮新相知"来表达他会见印度客人的友好心情。

1955年，中国和印度为亚非会议的成功召开和万隆会议十项原则的诞生做出过宝贵贡献。

在50年代，"中印人民是兄弟"的口号曾经响彻两国的广大城乡。但是，历史总是走着曲折的道路。一方面，印度奉行一个中国政策，支持恢复中华人民共和国在联合国的合法席位，希望同中国友好。另一方面，它在中印边界问题和对待中国西藏的态度上，又继承了英殖民主义统治印度时的遗产，在1950年曾企图阻挠中国人民解放军进军西藏，并在50年代初越过两国传统习惯边界线，占领了非法的"麦克马洪线"以南的大片中国领土。印度还支持西藏上层反动集团1959年发动的叛乱。从那时起，达赖集团一直在印度进行分裂中国的政治活动。

中印边界问题几十年来一直困扰两国关系。中印边界长约2000公里，从未正式划定。但是，长期以来，按照两国历来的行政管辖范围有一条传统习惯线可循。中印边界纠纷是英国统治印度期间对中国西藏实行侵略和扩张政策的遗产。在中印边境东段，1914年3月24日，英帝国主义背着中国中央政府的代表，同西藏地方政府的代表用秘密换文的方式，炮制了臭名昭著的"麦克马洪线"。所谓"麦克马洪线"是非法的、无效的，中国历届政府都不承认。印度1947年独立后继承了英殖民主义对中国西藏的政策。1951年前后，印度大举向"麦克马洪线"推进，到1953年基本上侵占了该线以南、传统习惯线以北的约9万平方公里的中国领土。

1959年3月，印度正式向中国全面提出领土要求。双方主张线之

间的争议地区共约 12.5 万平方公里，包括东段的 9 万平方公里，中段的 2 千平方公里和西段的 3.3 万平方公里。印度以武力片面改变边界现状，多次挑起边境冲突。

1960 年 4 月，周恩来总理赴新德里同尼赫总理举行会谈，谋求和平解决边界问题。在会谈中，周总理从双方的立场和观点中归纳了 6 个共同点或接近点，建议双方肯定下来，遭到印方拒绝。之后，中印两国官员举行会晤，也未获结果。

从 1961 年起，印度军队不断越线蚕食和挑衅，导致 1962 年 10 月中印边境全线的大规模武装冲突。中国被迫自卫还击。边境冲突之后，中印关系陷入长达 14 年的僵冷时期。印度于 1961 年和中国于 1962 年先后撤回了大使，两国之间没有任何友好往来，连直接贸易也不存在。

20 世纪 60 年代末和 70 年代初，印度领导人表示愿同中国谈判改善两国关系。

1970 年 5 月 1 日，毛泽东主席在天安门城楼上接见外国驻华使节时，对印度驻华大使馆临时代办布拉杰什·米希拉说："印度是一个伟大的国家。印度人民是一个伟大的人民"，"中印人民总是要友好的，不能老是这么吵下去嘛。问候你们的总统和总理。"

在此之后，1976 年中印恢复互派大使。其后的 12 年里，遵循和平共处五项原则，中印开始了关系正常化的进程。中国人民友好代表团访问印度首先开辟了两国友好交往的道路。两国总理曾先后在贝尔格莱德、坎昆和纽约会见。两国外长进行互访。两国签署了贸易协定。中国领导人邓小平在会见印度代表团时，曾就中印边界问题提出过本着互谅互让精神一揽子解决的方案。

在中印关系正常化进程中，印度总理拉吉夫·甘地 1988 年 12 月访华起着里程碑的作用。这是时隔 34 年后印度总理首次访华。两国领导人就双边关系及共同感兴趣的国际问题广泛地交换了意见。两国领导人站在历史的高度，以长远的眼光和新的视野看待两国关系。中国领导人邓小平表示："真正的亚太世纪和亚洲世纪，是要等到中国、印度和其他一些邻国发展起来，才算到来"，"中印两国如果发展起来了，那就可以说我们对人类做出了贡献。也正是在这个伟大的目标下，中国政府提出，所有发展中国家应该改善相互之间的关系，加强相互之间的合作。中印两国尤其应该这样做。"他进一步提出，中印两国在向国际社会推荐两国共同倡导的和平共处五项原则时，"首先我们两国之间的关系要遵循这些原则，而且我们同各自的邻国之间的关系也要遵循这些原则。"拉吉夫·甘地总理同意邓小平的看法。拉·甘地总理和中国领导人对改善中印关系采取积极务实的态度，同意一方面努力发展两国关系，另一方面寻求边界问题的解决。双方就中印边界问题进行了认真深入的讨论，同意通过和平友好的方式、本着互谅互让互调的原则协商解决这一问题。双方决定建立边界问题联合工作小组。拉·甘地总理重申，西藏是中国的一个自治区，印方不允许西藏人在印度进行反对中国的政治活动。

拉·甘地总理访华后到 1998 年春，近 10 年里中印关系稳定发展。两国领导人接连互访。印度总统文卡塔拉曼、总理拉奥、副总统纳拉亚南分别于 1992 年、1993 年、1994 年访华。国务院总理李鹏、全国政协主席李瑞环、全国人大常委会委员长乔石和国家主席江泽民分别于 1991 年、1993 年、1995 年和 1996 年访印。两国就边界问题签订了两个重要文件，即《中华人民共和国政府和印度共和国政府关于在中印边境实际控制线地区保持和平与安宁的协定》（1993 年 9 月 7 日）和《中华人民共和国政府和印度共和国政府关于在中印边境实际控制线地区军事领域建立信任措施的协定》（1996 年 11 月 29 日）。上述两个协定对保持边境地区的和平与稳定起了积极的作用。在此期间，中印在各领域的关系不断改善和发展。

回顾中印建交后两国关系的发展，可以看出，中国和印度作为山水相连的邻国，世界上人口最多的发展中国家，睦邻友好和互利合作是最佳的选择。中印之间，共同点多于分歧，共同利益大于摩擦。印度重视对华关系，有发展双边关系的积极面。但是，印度一些当权者

和强力部门一直对 1962 年边境冲突的惨败耿耿于怀，总是想按"麦克马洪线"划界以维护既得利益。某些人甚至一贯视中国为最大的潜在对手。有这样思维的人把所谓"中国威胁"作为印度进行核试验的借口也就不足为奇了。

印度进行核试验逆历史潮流，无视国际社会反对核扩散的愿望，因而受到国际社会的谴责。而且，印度更无端指责中国对其威胁是核试验的主要原因，这极大地伤害了中国，毒化了中印关系气氛，恶化了两国关系。中国不能不强烈谴责印度的核试验，驳斥对中国的恶意攻击，要求印度对毒化两国关系承担责任。印方的言行使中印关系严重受挫，双方副部长级以上的访问和双边军事领域的交往暂停，文化交流也受到影响。

我就是在这种情况下出任中国驻印度大使的。有印度报刊说，印度 5 声核爆炸迎来了中国的新大使。

3. 向印度总统递交国书的特殊安排

我向印度总统递交国书的安排也受到影响。按印方惯例，一般一次安排三位新任驻印大使向印度总统递交国书。在我到任之前，白俄罗斯新任驻印度大使已经抵达新德里。印方决定等待第三位新大使到任后，统一安排递交国书事宜。不巧的是，在我抵印后的一个多月里，竟然没有其他国家驻印度的新大使上任。在中印关系明显恶化，双方不断就印度核试验进行外交交涉的情况下，中国新任驻印度大使能否尽快向印度总统递交国书，不仅是时间安排的技术问题，也是对印度一再口头声称愿意改善中印关系是否真诚的考验。印方一时颇费斟酌。5 月 14 日，印度外交部联合秘书朗加恰利会见我，随后印度外交部礼宾司长加威同我商谈递交国书事宜。5 月 22 日，朗加恰利联秘和印度驻华大使南威哲同我会见，表示印方愿同中方对话，改善对华关系。这段时间，印度舆论和外国驻印使馆都在关注中国新任驻印大使何时递交国书。

在此情况下，印方作了变通安排，即先安排白俄罗斯大使和我于

递交国书前乘坐礼宾马车

递交国书前在总统府检阅仪仗队

向印度总统纳拉亚南递交国书

6月1日向印度总统纳拉亚南递交国书，不再等待第三位新大使到任。

纳拉亚南总统向中国新任大使表示：相信印中关系将在和平共处五项原则基础上稳定发展。

1998年6月1日上午10时30分，印度外交部礼宾司官员来到中国驻印度大使馆，请我登上印方礼宾车。抵达总统府门前广场时，受到总统军事秘书迎接。我换乘马车，检阅仪仗队。之后，总统军事秘书陪同我进入总统府礼宾大厅。印度外秘在厅口欢迎，并引见已在大厅中央等候的纳拉亚南总统。我向总统递交国书。双方握手后，总统和夫人乌莎女士同我和夫人邓俊秉教授会见，并同在场的中国大使馆的参赞和武官握手。

入座后，纳拉亚南总统同我进行了半个小时的谈话。乌莎女士则同邓俊秉交谈。总统的谈话友好诚挚。他首先欢迎我出使印度。他说，印中有几千年的友好交往史，两国人民相互学习，为人类文明和进步作出过贡献。在近代，两国并肩战斗，共同反抗殖民主义和帝国主义侵略。印中分别获得独立和解放后，两国共同提出和平共处五项原则，这些原则已成为处理国家之间关系的基石。他回忆了在70年代中期两国恢复互派大使时出使中国的愉快日子。他对近年来中国在经济、科技和文化领域取得的显著进步感到高兴。他说，印中加强经济技术合作，促进两国人民交往，将有助于本地区和世界的和平、安全与合作。印中两个人口大国可对世界作出应有的贡献。

纳拉亚南总统会见周刚大使

纳拉亚南总统接受国书后会见周刚大使夫妇及中国大使馆官员

他还表示，周大使学的是印度专业，具有多年从事印度和南亚地区外交工作的经验。在两国关系重要和关键的时刻，被任命为伟大中国的驻印度大使，一定能发挥重要作用。他强调，印中之间的共同点大于分歧点，分歧可以对话来消除。他相信，印中友好合作和睦邻关系将在和平共处五项原则的基础上稳步发展。

总统夫人乌莎女士同邓俊秉的谈话十分亲切。她特别回顾了随丈夫在中国工作及以后访华的情景，流露出希望旧地重游的愿望。

告别时，总统有力地久久同我握手。

4. 纳拉亚南总统批评"中国威胁论"

1999年1月26日，纳拉亚南总统在总统府大草坪上举行盛大的国庆（印度共和日）招待会。印度政府各部部长、两院议员、社会名流和外国驻印使节夫妇出席。当时在新德里参加中印学者对话的中方团长、前驻印度大使程瑞声也应邀参加，当面向老朋友纳拉亚南总统祝贺节日。当天晚上，我接到总统秘书的电话称，总统将于27日晚上接见程瑞声先生。我当即表示感谢并允转告，同时希望作为大使陪同程瑞声前往。不多久，总统府来电话答复，同意我的要求。

27日晚6时15分，我陪程瑞声同志抵达总统府。总统私人秘书将我们引到书房，先由总统夫人乌莎女士会见我们，进行了15分钟亲切友好的谈话。接着，纳拉亚南总统和夫人在客厅会见我们。会见气氛友好，谈话轻松愉快。

纳拉亚南总统，他读了江泽民主席和朱镕基总理分别给他和印度总理的国庆贺电，感到十分高兴。他说，当前国际形势正经历重大变化，出现了多元化趋势。超级大国凭借军事、经济和科技优势，企图将其意志强加于其他国家。印中作为两个最大的发展中国家的友好合作具有重大意义。印、中、俄三国友好虽不是对抗美国，但是可以平衡美国这个世界警察。他说：去年印中关系出现了波折。印度有人称中国是印度的主要潜在威胁，我不同意这种看法。这种说法是错误的，我批评了这个人。我认为，近年来中国经济发展速度超过印度。一个经济繁荣、力量强大并在国际上发挥重大作用的中国，无论对印度或其他发展中国家都是有力的支持。早在50年代，印度就充分感受到新中国的成立改变了世界力量的对比，对于印度维护独立和主权具有重大的意义。目前，印中都在集中力量进行建设。我完全赞同邓小平先生的观点，中国对印度不构成威胁，印度也不构成对中国的威胁。对当前两国关系中出现的事情，希望双方以大局为重，恰当处理，重新恢复两国的友好关系。明年是印中建交50周年，相信两国将隆重庆祝。总统说："我现在手中仍有江泽民主席对我的邀请，希望在时机成熟时访华，同江主席重叙旧谊。"

纳拉亚南总统的讲话高瞻远瞩，掷地有声，充分表现了他作为政治家的智慧和勇气，以及对中印关系发展的远见卓识。这对中印关系重新回到健康发展的道路发挥了十分积极的作用。

1999年6月，印度外长辛格访华，同唐家璇外长达成共识，即中印关系恢复的前提是双方互不构成威胁，基础是两国共同倡导的和平共处五项原则。双方努力克服了印度核试验对双边关系的短暂影响。

5. 纳拉亚南总统访华——中印关系回到正常发展轨道之旅

在纳拉亚南总统谈话后不久，中印外交部司局级官员于1999年2月在北京进行会晤。印方确认，印度总统关于中印互不构成威胁的谈话以及中印关系应在双方倡议的和平共处五项原则的基础上稳步发展的建议代表印度政府的对华政策和态度。这成为中印关系恢复和改善的政治基础。同年6月，印度外长贾斯旺特·辛格访华。两国外长会见中，唐家璇外长强调，中印关系的基础是和平共处五项原则，前提是互不视对方为威胁；中印之间不存在根本的利害冲突，也不存在任何不能解决的问题。辛格表示，印中互不构成威胁，两国需要稳定发展双边关系，需要对话，而不是对抗。这次访问使中印关系正常化迈进了一步。

2000 年 4 月 1 日是中印建交 50 周年纪念日，双方举办了一系列庆祝活动。在友好的氛围中，纳拉亚南总统应江泽民主席的邀请，于 5 月 28 日至 6 月 3 日对中国进行国事访问。两国元首就中印双边关系和共同关心的国际问题广泛而深入地交换了意见，重申两国在和平共处五项原则的基础上建设面向 21 世纪的建设性伙伴关系。江泽民主席对未来中印关系的发展提出了四点意见，即：增加人员往来，增进彼此了解和信任；扩大经贸合作；加强在国际事务中的协调与配合；登高望远，求同存异，妥善处理历史遗留问题。纳拉亚南总统表示，印中在各个领域都有广泛的共同利益，在国际事务中也有广泛和良好的合作。双方都坚定地维护和平共处五项原则，反对以任何借口干涉别国的内部事务。因此，印中之间不仅没有任何理由不能解决历史遗留问题，而且应该永远成为好朋友和好合作伙伴。

我和邓俊秉有幸全程陪同纳拉亚南总统和乌莎女士访问，同他们朝夕相处，从近距离了解了这对对中国人民充满友情的印度领导人伉俪。纳拉亚南总统对这次访问成果非常满意。他和夫人乌莎女士一再向我和邓俊秉表示，中国领导人高瞻远瞩，中国人民热情友好，中国发展一日千里。

纳拉亚南总统这次国事访问标志着因受印度核试验影响的中印关系重新回到正常的轨道。在此之后，从 21 世纪开始，中印关系沿着正确方向不断开拓新局面，迈上新台阶。

6. 同印度媒体交朋友

印度核试验后，中印关系一下子跌到低谷。中国方面批驳了印方所谓"中国威胁"是印度进行核试验的借口，指出印方应对中印关系的恶化承担责任，要求印方给一个说法。印度通过外交渠道向中方表示，核试验不是针对中国，但是回避恶化中印关系的责任，空谈愿意同中国改善关系。因此，中印关系如何发展，何时走出僵局，倍受中印双方以及国际社会关注，也成为印度媒体报道的热门话题。我作为中国驻印度大使自然成为印度媒体采访的主要对象。

印度自诩为世界最大的民主国家（因为人口比美国多），媒体有几大特点：中央和地方报纸、杂志、广播电台、电视台数量庞大；政治背景复杂；作为"无冕之王"，报道自由度高；反应迅速，受众面广。因而对印度的政局动向和对外政策有不可忽视的影响。

在中印关系的敏感时期，我和中国大使馆深知同印度媒体打交道的重要性。在 20 世纪 90 年代，中国外交官还不太习惯接触外国媒体，一般是避而远之，怕被对方追问，特别是提敏感问题，既担心自己说错了话，又怕对方断章取义、歪曲报道。我向中国大使馆的外交官强调，形势和工作需要我们积极、主动、有针对性接触印度媒体，介绍中国的政策和观点。要解放思想，放下包袱，敢为人先。只要我们勤于学习，掌握政策，熟悉情况，做好"功课"，就能心中有数，不会被记者问倒。即使讲的不全面，有时不太确切，甚至出点小错也不怪大家。重要的是，不断总结经验，汲取教训，在实践中改进提高。

纳拉亚南总统访华时同周刚邓俊承夫妇的合影

纳拉亚南总统访华期间，江泽民主席同周刚和邓俊秉合影

纳拉亚南总统访华时同中方陪同人员合影

在做印度媒体工作时，我们得到外交部的支持，有政策的指导，有具体的表态口径。在工作中，我们强调积极同印度报刊、电视台和广播电台接触，主动发声。"走出去"和"请进来"相结合，既走访印度主要媒体办公室，又把印度记者请到中国大使馆参观、座谈、看电影和品尝中国餐。我在印度工作的三年多里，接受印度各种媒体采访、在电视台和广播电台访谈先后几十次。既有半官方的通讯社PTI(印度报业托拉斯)，又有《印度教徒报》《印度快报》《印度时报》《印度斯坦时报》《政治家报》等英文大报，以及全印电视台、新德里电视台、ZEE、CNBCTV等电视台，印度记者俱乐部、《关键问题》杂志和在各种社交场合碰到的印度记者。

记者们关心的问题主要有：中国要求印度对当前中印关系负责并给个说法，中方的具体要求是什么；中印关系何时和如何转圜；中国早在60年代就进行核试验，是有核国家，为什么中国现在批评印度核试验；印度希望同中国改善和发展关系，中国却要印度拿出诚意，印度怎样做中国才会满意，等等。此外，记者们还关心中国的外交政策特别是南亚政策、中巴关系、中国如何看待和处理印巴关系。无疑这些问题都同当时的中印关系密切相关。作为中国大使，我不仅不能回避，而且必须给予权威的答复。我在同印度媒体接触中，不论是正式采访、访谈、做报告还是在社交场合的简短交谈，对印度记者也有要求，即希望他们客观报道，不管篇幅长短，都不要歪曲，不断章取义。

对印度媒体做工作，中国大使馆是一个整体，全馆一盘棋。新闻处责无旁贷，很多活动都是新闻官联系和具体安排。研究室（现在叫政治处）负责起草演讲稿和准备相关资料。文化处、经商处、武官处等提供有关文化、经济和军事方面的材料，办公室则承担后勤保障。参赞们和武官作为大使馆的高级外交官是各职能部门的负责人和大使的重要助手，同我一起商讨重大问题，也不时向印度相关人士做宣传介绍工作。而我，在这项工作中，作为特命全权大使，要发挥国家和政府代表的作用，发出权威声音并当好大使馆外交官的领队和排头兵。

接受印度广播电台采访

在那段特殊的日子里，我和中国大使馆的公共外交受到了印度各界的关注和积极评价。同印度媒体的交往拉近了双方的距离，增进了了解，创造了和谐的工作关系，有助于营造中印关系改善的氛围。当时印度媒体称，周大使是出镜最多、知名度最高的外国驻印大使之一。时任印度驻华大使则称，周大使充分享受了印度的新闻自由。我在向印度总统纳拉亚南辞行拜会时，他对我说："我经常关注你在各种场合的公开讲话，你讲得很得体。"我为印度总统的评价感到欣慰。因为，在印度核试验后中印关系的特殊时期，中国大使在向印度媒体谈中印关系时要把握好自己的身份，既要明确地表达中国的立场，又要注意自己作为大使的身份，遵守国际礼仪，不点名印度领导人，不公开批评印度政府，不伤害印度人民的感情。

对大使馆的外宣工作，中国外交部和国务院新闻办公室等有关部门给予了积极的支持、具体的指导、充分的肯定和热情的鼓励。

7. 致力于中印友好的印度朋友

不忘老朋友是中国人交友的美德。在中印建交后的几十年里，不论是在20世纪50年代"中印人民是兄弟"的日子，还是中印边境冲突之后的两国关系僵冷的十多年里，不少印度人为增进中印两国人民的友谊做了坚持不懈的努力。印度核试验冲击中印关系后，我们不仅怀念那些多年致力于中印友好的印度友人，而且注意加强同他们的联系，发挥他们为使中印关系回到正常轨道的正能量。

在印度，有多个全国性的对华友好组织，以及众多的地方分会。印中协会（India–China Society）、印中和平友好协会、印中之友、森德拉尔亚洲研究所每年都举办庆祝中华人民共和国成立周年活动，我应邀出席并讲话。宾主热情赞颂中印人民的友谊，期盼中印关系改善和发展。我的夫人邓俊秉教授以及大使馆外交官都参加这些集会，同印度朋友畅叙中印友谊。西孟加拉、旁遮普、比哈尔、卡尔纳达卡、马哈拉施特拉、喀拉拉等邦（相当于中国的省）的友好组织也举行庆

热心的摄影记者卡普尔

祝中国国庆的集会和展览会。

印中友好组织的成员主要是大中城市的中产阶级和知识阶层，如退休公务员、律师、教师、医生、记者、银行职员、中小业主等。友好协会的会长一般是德高望重长期从事印中友好的知名人士，副会长、秘书长、司库等职务都是无偿服务。他们没有办公室，没有经费，举办活动的资金来自捐献。很显然，他们为一次集会、一次展览都要花费大量精力和时间。他们热情、敬业、诚挚，事迹平凡无华。他们为增进印中友谊而自豪。我和夫人邓俊秉教授也经常邀请他们参加中国国庆节招待会和其他联谊活动，观赏反映中华文明和建设成就的电影，品尝中国风味小吃。使馆文化处、经商处同他们保持密切的交往。

这里我要特别提及"印中协会"的司库（负责财务）罗森拉尔先生。他在青年时代就参加周恩来总理访问印度的欢迎群众行列。在那之后，数十年坚持不懈地为增进中印友谊而努力。我在印度期间，罗森拉尔先生已年逾古稀，仍经常参加中国大使馆和印中协会的活动。他是有名的内科医生，还不时为中国大使馆的外交官提供医疗咨询。我和夫人邓俊秉教授曾多次得到他的热情帮助。

潘特先生是印中友好事业的先驱之一，为印中友谊贡献了毕生的精力。每年逢他的诞辰，印中协会都结合中国国庆举行纪念集会，同中国大使馆的外交官缅怀他的宝贵贡献。可喜的是，他的女儿早已继承父业，继续传承印中友谊。

旁遮普邦印中友协主席凯桑·辛格先生长期从事印中友好工作。我上任后不久，和夫人邓俊秉教授去旁遮普访问。他亲自迎送，并协助安排同旁遮普邦领导人的会见。凯桑·辛格先生热情友好，待人诚恳。他虽已年过花甲，每年都从外地赶赴新德里参加中国大使馆的国庆招待会。他还尽力在当地举办一些活动，介绍中国文化和建设成就。

卡纳塔卡邦的友协秘书巴斯卡兰先生是一位银行职员。他热心友协工作，不辞辛苦，不计报酬，努力协助友协主席举办印中友好活动。我和夫人邓俊秉教授1998年10月下旬访问卡纳塔卡邦，出席该邦印中友协举办的庆祝中华人民共和国成立49周年集会。我在讲话中介绍了中国对印度的政策，表示坚信中印友好有坚实的基础，双方一定能够克服暂时的困难，使中印关系早日回到正常的发展轨道。第二天，我专门会见巴斯卡兰先生，赞扬他多年来为增进中印友好所做的努力，并赠送礼品，表达谢意。

1999 年 10 月 5 日，我应邀出席印中协会举办的庆祝中华人民共和国成立 50 周年暨协会创始人森德拉尔先生 113 岁诞辰集会。首都德里的首席部长迪克希特女士作为主宾出席。协会主席纳拉亚南·萨米先生代表协会授予我"印中协会 1999 年奖"，表彰我为发展中印友谊所做的贡献。

这里，我还要提及中国大使馆的印度雇员们。大使馆面积 12 万平方米，当时在中国驻外使领馆中是面积最大的。除大使官邸、使馆政治处、办公室、领事部、新闻处、科技处外，商务处、文化处、武官处都有自己不小的院子。因此，雇员人数较多，既有新闻处、文化处的白领雇员，更有数十名司机、花工、门卫、厨房帮工、清洁工等蓝

印中协会主席辛格（左 2）和司库罗森拉尔（左 1）

领雇员。当年，中国不及现在富裕。大使馆给印度雇员的工资不高。尽管如此，他们都尽力尽责，安心工作。他们说，工资虽然远不如在美国、日本驻印度大使馆工作，但是中国人对我们平等相待，不分贵贱，热情友好，我们在这里工作心情舒畅。一部分印度雇员及家属住在中国大使馆内专门为雇员修建的院子里，不收房租，水电费用优惠，而且还有菜地种植蔬菜。我到任后，特意去这些雇员的家中看望和慰问。每逢中国春节，大使馆邀请印度雇员联欢聚餐并赠送节日礼物。考虑到雇员的工资较低，经请示外交部同意，为他们大幅度地增加了工资。

新闻处的高级雇员巴拉布先生曾是中国中央人民广播电台的专家。在使馆，他负责新闻处"中国新闻"稿件的审核。他对中国和中国人怀有友好的感情，工作勤恳负责，一丝不苟。他曾对我谈起中印边境冲突后他因为在中国大使馆工作面临的压力。有人污辱他，称他是"中国的狗"。但是，他把误解和挑衅压在心里。他说，他问心无愧，他为中国大使馆工作是为了中印友好，深信中印关系一定会好起来。

对于众多印度友人为增进中印人民友好和相互了解的不懈努力和宝贵贡献，中国人是不会忘记的。2014年9月，习近平主席对印度进行国事访问。访问期间，习近平主席会见印度友好人士、友好团体代表并颁发"和平共处五项原则友谊奖"，表彰他们长期致力于中印友好事业。这些友好人士和友好团体中就有印度—中国友好协会、印度中国之友协会秘书长莫哈帕特拉、安得拉邦印中友协秘书长雷迪等。

8. 同柯棣华和巴苏大夫家属的交往

我知道印度援华医疗队的故事是在上大学时代，那时我在莫斯科国际关系学院东方系学习南亚专业。对柯棣华大夫有点了解是1962年4月我在大学毕业后被分配到外交部亚洲司印度处工作。亚洲司的唐叶文女士1958年8月在中国驻印度大使馆工作时，曾陪同到印度访问的柯棣华大夫的中国遗孀郭庆兰女士和儿子印华。她向我们谈及郭庆兰女士和小印华在访问期间的趣事。20世纪60年代，中印关系

参加安得拉邦印中友协成立大会

同印中友协主席辛格和他的孙女合影

旁遮普邦印中友协主席凯桑同周刚大使夫妇合影

参加印度对外文化友好学会活动

印中友协欢迎周刚大使夫妇

参加印度现代管理学院的研讨会

印中协会主席萨米（右1）和安得拉邦友协秘书长巴斯卡兰（左2）

处于低潮。郭庆兰女士同家住孟买的柯棣华亲戚的联系通过外交部亚洲司印度处，由钱嘉东处长和李达南副处长负责。我是主管印度的年轻科员，对此事有些了解。此后，我对印度援华医疗队的事迹逐渐熟悉起来。

1998年4月，我和夫人邓俊秉教授赴新德里履新。去印度前，我们曾到石家庄考察学习，参观了柯棣华纪念馆，对柯棣华和巴苏华及印度援华医疗队有了更多的了解。柯棣华是印度人，全名为：Kwarkanath.S.Kotnis（柯瓦卡纳特·桑塔拉姆·柯棣尼斯），1910年10月10日出生于印度马哈拉施特拉邦的绍拉浦尔市，兄弟姊妹共有8人。1937年7月7日，中国全面抗日战争爆发。印度国大党领袖尼赫鲁提出一项援华抗战的计划。8月，当时正在争取民族独立的国大党决定派遣以爱德华医生为团长的5人援华医疗队，表示印度人民对中国人民的同情和支持。1938年6月29日，柯棣华申请并加入援华医疗队。

同印度农民耕牛比赛获奖者合影

参加印度 PHD 工商会研讨会

1938年9月17日，印度援华医疗队到达中国广州，受到保卫中国同盟主席宋庆龄和两千名中国群众及印度侨民的热烈欢迎。9月29日，援华医疗队经长沙辗转来到汉口。之后在武汉、重庆等地工作。在武汉期间，中国共产党南方局负责人董必武和叶剑英为援华医疗队举行欢迎宴会。10月7日，中共领导人周恩来副主席会见他们。中共领导人的平易、亲切、朴实、清廉给印度医生们留下了深刻的印象，坚定了他们奔赴革命圣地延安的决心。在重庆，医疗队员们请中印文化协会主席谭云山先生为他们各起一个中国名字，在每人名字后面加上"华"字，即爱德华（马登·莫汉拉尔·爱德）、巴苏华（比埃乔·库马尔·巴苏）、卓克华（莫勒斯旺·拉姆昌德拉·卓克）、木克华（德本·木克吉）、柯棣华（柯瓦卡纳特·桑塔拉姆·柯棣尼斯），以表达他们的使命与中国休戚相关。医疗队冲破国民政府制造的种种阻碍，于1939年2月抵达延安。2月14日，八路军总卫生部举行大会，欢迎援华医疗队，毛泽东主席出席。之后，印度医生们分配到八路军总医院及所属卫生学校工作。同年秋，医疗队坚决要求追随白求恩大夫的足迹去抗日前线并得到毛泽东主席批准，来到晋东南太行山区的八路军总部。1940年3月，柯棣华进入晋察冀边区，随部队转战千里，在战火纷飞的抗日前线为八路军战士救死扶伤，不畏危险，不辞辛劳。1941年1月，他担任白求恩国际和平医院院长。1941年11月25日，柯棣华与卫生学校教员郭庆兰结婚。第二年，他们生了一子，军区聂荣臻司令员亲自为其取名为印华（印度和中国）。1942年7月7日，柯棣华加入了中国共产党。同年12月9日，由于癫痫病发作，在河北唐县逝世，年仅32岁。17日，柯棣华大夫追悼会在晋察冀军区举行，18日举行公葬。柯棣华逝世后，毛泽东主席为他亲笔写挽词，周恩来副主席和朱德总司令分别向柯棣华家属和印度国大会写信，高度评价了柯棣华大夫的国际主义精神。1949年，将柯棣华大夫安葬在石家庄华北烈士陵园。

印华在党和政府的关怀下，先在延安上幼儿园，后入八一学校、101中学、西安第四军医大学。在"文化大革命"的动荡日子里，

1967 年 6 月 1 日，印华在第四军医大学附属医院就诊时，因医护人员失职的医疗事故，不治身亡，年仅 25 岁。印华病危的消息报告了周恩来总理和聂荣臻元帅，他们非常生气，立即指示：一定要尽一切努力、不惜一切代价挽救印华的生命，用飞机送去抢救药物，但医生已无回天之力。印华的骨灰安放在石家庄华北烈士陵园，同他的伟大的国际主义战士的父亲做伴。

我想，如果柯印华仍然健在，这几十年里他为中印友谊会做出多少宝贵的贡献，在今天中印关系进入新时代时又能发挥多么巨大的正能量。

1998 年 9 月 13 日至 16 日，我和夫人邓俊秉教授访问加尔各答。我们先后拜会了西孟加拉邦邦长基德威和首席部长乔蒂·巴苏，出席华人社团的欢迎大会，走访中国城，参观玄奘寺。我们也参加了西孟加拉邦印中友协年会和该邦印度商会座谈会。

9 月 15 日下午 3 时，我们去看望印度援华医疗队队员巴苏华大夫的遗孀。巴苏华大夫原名巴苏，是印度共产党党员。由于当时印度处于英国殖民主义统治之下，他在 1938 年参加印度援华医疗队时，不得不隐瞒自己的印度共产党员身份。巴苏大夫跟随印度援华医疗队到达延安后，同爱德华、柯棣华大夫一起奔赴晋察冀抗日前线。在枪林弹雨的战场上，他不畏艰险为八路军战士治伤医病，同时向当地医护人员传授医疗技术。后返延安，在八路军医院工作。1939 年底和 1940年初，卓克华、木克华和爱德华大夫因病先后返回印度。柯棣华大夫病逝后，巴苏华大夫于 1943 年 7 月离开延安返回印度，成为在华工作长达近 5 年、最后一个离开的医疗队员。由巴苏华 1938 年至 1943年的日记汇编而成在印度出版的《延安的召唤》一书，详细记述了印度援华医疗队在中国的奋斗历程，中文译本名为《巴苏日记》。

巴苏华 1943 年回印度后，成立了全印柯棣华大夫纪念委员会，以纪念与柯棣华等战友共同战斗的日子，继续致力于印中友好事业。他在 1957 年访华后决心把针灸技术带到印度。1978 年，巴苏华再次访华，带领学生学习针灸治疗。他在加尔各答开设针灸诊所，从此针

灸在他和他的学生的努力下向全印传播。他把后半生都贡献给了中印医学及友好交流事业。1986年巴苏华病逝。他的骨灰一半留在印度，一半葬在中国。巴苏华大夫和爱德华大夫纪念碑就竖立在石家庄华北烈士陵园中柯棣华大夫陵墓的旁边。

巴苏大夫的夫人热情地接待我们，请我们品尝印度的红茶和甜食。我向巴苏夫人表示崇高的敬意和慰问。夫人和我们一起回顾巴苏大夫在中国抗日战争的艰苦岁月里和印度援华医疗队的队员们救死扶伤的感人故事。我表示，巴苏大夫是中国真挚的朋友，中国人民将永远怀念他。巴苏大夫把中国的针灸医术带到印度不仅为印度人民解除病苦，也传承了中华传统医术，继续为中印友谊大厦添砖加瓦。谈话后，巴苏夫人带我们参观针灸诊所，介绍诊所成立和发展的过程。

下午5时，我们参加柯棣华纪念委员会举办的印度援华医疗队赴华60周年纪念大会。主人和我相继讲话。我高度赞扬了印度援华医疗队对援助中国人民反抗日本侵略的宝贵贡献，表示中国人民永远不

在加尔各答印度援华医疗队队员巴苏诊所

在孟买同柯棣华大夫家属合影

参加加尔各答印度援华医疗队纪念馆座谈会

会忘记印度援华医疗队队员的英雄业绩，及对中国的真诚友谊。我还积极评价柯棣华纪念委员会在新的历史条件下发扬柯棣华和印度援华医疗队成员的国际主义精神，努力增进中印两国人民的友谊。

我同柯棣华大夫家属的接触次数更多一些。1998年10月26日至31日，我和夫人邓俊秉访问马哈拉施特拉的首府、印度工业、金融、航空和海运中心孟买和安德拉邦。在孟买，我们看望了中国驻孟买总领事馆的同志，会见当地华人华侨，先后出席印中协会马邦分会、印中工商会和印度商人协会的欢迎招待会。在卡尔纳塔卡邦，先后出席该邦上院主席和大迈索尔工业商会的早餐会和午餐会，以及卡邦印中友协为庆祝中华人民共和国成立49周年集会。

10月28日下午3时，我们去柯棣华大夫家看望他的亲属。柯棣华的两个妹妹接待我们。他们热情地款待中国大使夫妇。我表示，我年轻的时候就知道柯棣华大夫和印度援华医疗队到中国帮助中国人民抗日的故事，今天见到柯棣华大夫的两位亲人感到十分高兴和荣幸。柯棣华大夫逝世50多年来，中国人民从来没有忘记柯棣华大夫援助中国抗日的伟大国际主义精神和冒着枪林弹雨救治八路军伤病员的崇高人道主义精神。我同柯棣华大夫的妹妹们一起回忆柯棣华大夫在中国的难忘日子，畅谈柯棣华大夫的弟妹们访问中国和柯棣华大夫的夫人郭庆兰女士来印度探亲的美好情景。柯棣华的三妹马诺拉玛特别向我和邓俊秉教授展示了她全家几十年来珍藏的毛泽东主席1942年12月29日在延安各界举行的追悼柯棣华大夫逝世大会上的亲笔挽词原件。原件已按中国传统书画装裱整齐。毛泽东主席的题词为："印度友人柯棣华大夫远道来华，援助抗日，在延安华北工作五年之久，医治伤员，积劳病逝，全军失一臂助，民族失一友人。柯棣华大夫的国际主义精神，是我们永远不应该忘记的。"告别时，我向两姐妹赠送纪念品，并祝愿他们身体健康、阖家幸福，希望他们今后常到中国走亲戚。

我最后一次见到柯棣华大夫的弟妹等亲人是2001年1月。这年1月9日至17日，李鹏委员长对印度进行正式友好访问。孟买是访问的第一站。1月9日下午抵达孟买后，晚上会见马哈拉施特拉邦邦长亚历山大夫妇，并出席邦长夫妇的欢迎宴会。1月10日上午11时，李鹏委员长和夫人朱琳女士在下榻的泰姬陵饭店的"水晶南厅"会见柯棣华大夫的家属。柯棣华大夫的亲人得知李鹏委员长在访问的繁忙日程中那么快就会见他们，都十分高兴。全国人大常委会办公厅外事局局长早已在宽敞明亮的水晶大厅里为柯棣华大夫的亲人安排好座位。家属中能来的都来了，他们是柯棣华大夫的妹妹和弟弟们，他们的子女和孙子女，共有十多人。当李鹏委员长和夫人朱琳在我和邓俊秉陪同下进入会见大厅后，他们全体起立鼓掌。李鹏委员长走向前去同他们一一握手。就座之后，李鹏委员长同他们进行了十分亲切友好的交谈。李鹏委员长高度评价柯棣华大夫在中国抗日战争的艰苦岁月到中国同中国人民并肩战斗，救死扶伤。表示，中国人民将永远铭记柯棣华大夫的宝贵贡献和伟大国际主义精神。赞扬柯棣华大夫的亲人们多年来为增进中印人民之间的友谊所做的不懈努力。柯棣华大夫的妹妹代表全家感谢李鹏委员长会见他们。表示，几十年来，中国政府和领导人一直关心柯棣华大夫的亲人，这使她全家深为感动。李鹏委员长向柯棣华大夫的亲属赠送了慰问品，并祝他们阖家幸福，希望他们今后常到中国看看。

9. 同印度政要和社会精英的交往

外交，顾名思义是一国同外国打交道。新中国成立后，在周恩来总理示范并引领下，开始民间外交，以民促官对一些国家起过重要的作用。但新中国的外交实践中，早期主要是官方外交，即同建交国政府打交道。20世纪80至90年代，中国开始重视公共外交，但不普及，也没有形成理论和体系。

我出使印度后，面临着中印关系因印度核试验而跌入低谷。走出这一局面，当然主要靠两国政府的共同努力。但是，中印关系的恶化导致高层往来中断，没有领导人访问或会晤。作为大使，我很难拜会印度领导人，唯一的例外是印度的国家元首纳拉亚南总统。同少数部

长的接触也是"无事不登三宝殿"。两国文化团体访问演出和两军交往都受到影响。

但是,中国大使馆的对外交往不能停止。除前几章我提到的做印度友好人士和新闻媒体的工作,大使馆还有广阔的活动空间。印度的前政要、议员、退休高官和退役将军、政党领导人、文化教育科技工商界的社会名流都是我们的交友和往来对象。大使馆每年的国庆招待会都有印度有关部门的主管官员和各界朋友出席,而"主宾"(Chief Guest)是印度副总统克里尚·康特。康特副总统兼任议会上院联邦院议长。他德高望重,待人谦恭。每次国庆招待会我都到大厅外迎候。宾主入座后,我和夫人邓俊秉教授同副总统进行友好交谈。招待会期间,我陪同他环绕大厅一周同来宾见面,并恭送他离席。

接触印度的前政要和议会两院(人民院和联邦院)议员则比较方便。

1998年6月26日,我和夫人邓俊秉先后拜会了印度资深政治家前总理古杰拉尔夫妇。1999年1月5日,在新年的喜庆日子,我和夫人宴请古杰拉尔前总理夫妇。双方在友好交谈中,表达了对中印关系的重视,以及对改善两国关系的愿望。这些交往增进了相互了解,拉近了距离。1999年5月10日,古杰拉尔前总理给我来函。在信中,他谴责北约轰炸中国驻南斯拉夫大使馆,慰问中国使馆的受害者及家属。14日,我复函表示衷心的感谢。2000年8月10日和2001年2月16日,我两次拜会古杰拉尔前总理,代表中国政府邀请他出席博鳌亚洲论坛成立大会。2001年6月14日,我和夫人邓俊秉向古杰拉尔前总理夫妇辞行。双方进行了亲切谈话。我赞扬古杰拉尔前总理对中印关系的关注和推动,对中国人民的友好感情。感谢他作为印度著名的政治家在我任期内多次会见我和夫人,以及古杰拉尔夫人参加邓俊秉教授举办的"中国之晨"夫人活动。

前总理德夫·高达不住在首都。在他来新德里的时候,我和夫人于2000年10月25日宴请了他。他介绍了印度的对外政策和对印中关系的看法，强调中印关系的重要性，期待两国关系不断改善和发展。他希望于 2001 年访华，了解中国改革开放的情况和农业发展的成就。他邀请我和夫人邓俊秉教授去他的家乡访问。我将他的访华意愿报告了中国有关部门。2001 年 3 月 6 日至 12 日，我和邓俊秉到海德拉巴（安德拉邦）和班加罗尔、迈索尔（卡尔纳塔卡邦）公务旅行，同时应高达前总理的邀请访问他的故乡哈桑。3 月 8 日，高达前总理在班加罗尔的家中会见我们。宾主进行了长达一个半小时的友好谈话，对中印关系重新回到健康发展轨道表示高兴，并相信两国关系有广阔的发展空间。高达说，他的夫人因车祸受伤不能出席今天的会面，特嘱咐她的女儿代表她参加。他表示，夫人现住院治疗，不知何时才能出院，因此他们夫妇二人原拟 5 月份的访华之行恐有困难。我祝愿高达夫人早日康复，也完全理解他们夫妇推迟访华的原因。高达前总理建议我们去他的故乡哈桑访问。两天后，我们驱车到达哈桑，在释拉瓦纳贝拉戈拉瞻仰了有一千五百年历史的耆那教教主大雄（Mahavira）的巨

会见印度前总理高达

型裸体石雕像。大雄的生活年代是公元前五世纪，同释迦牟尼和孔子是同时代人。他们分别创立了耆那教、佛教和孔学，对古印度和中国的文明和社会发展都有巨大贡献。

我最后一次同高达前总理会见是在 2001 年 6 月 14 日。是日，印度国际团结基金会举行授奖仪式。出席仪式的有基金会的首席监护人高达前总理和前外交国务部长纳特瓦尔·辛格等前政要，还有我和几个国家驻印度大使。高达代表基金会授予我 2000 年度终身外交成就奖。他在致辞中积极评价印中关系的改善，赞扬我在任职期间为恢复和发展印中关系所做的贡献。我致答谢辞表示，我对获印度国际团结基金会授予终身外交成就奖深感荣幸。这不仅是对我个人的鼓励，而且更体现了印度国际团结基金会对中国和中国人民的友好感情，及对进一步发展中印关系的期盼。我感谢国际团结基金会和在座的高达前总理、纳特瓦尔·辛格前部长以及众多印度朋友为推动中印关系发展所做的宝贵努力，以及对我工作的帮助。我表示，在回国之后，我将为增进

拜会印度国大党主席索尼娅·甘地

中印两国人民的友谊继续尽绵薄之力。

我在任期间，广泛接触和结交对中国友好的印度上层人士。我曾拜会或陪同中国重要代表团会见印度国大党领导人索尼娅·甘地。我们赞扬她的丈夫已故总理拉吉夫·甘地为中印关系正常化所做的贡献，高度评价他 1988 年 12 月对中国的"破冰之旅"。表示中国共产党愿加强同印度国大党的关系。同时希望索·甘地为推动中印关系发展发挥积极作用。她表示，感谢中方不忘记已故总理拉吉夫·甘地的贡献，并表示，印度国大党重视对华关系，将继续为两国关系发展而努力。2000 年 3 月 28 日，我拜会印度国大党资深领导人、印度议会反对党领袖曼莫汉·辛格，商谈邀请印度国大党主席索尼娅·甘地出席中国人民政治协商会议全国委员会举办的 2000 年年会事。

我结识了不少印度老外交官，如前驻华大使任嘉德、前外秘迪克希特、前大使纳拉等人，同他们就国际和地区形势交换意见，并探讨中印关系改善和发展问题。我同印度共产党（马克思主义）总书记苏

会见印度共产党（马）总书记苏吉特

会见印度前驻华大使任嘉德

吉特、印度共产党总书记巴尔丹、印度前进集团领导人比斯瓦斯等左翼政党领袖保持交往，商讨发展中国共产党同这些党的党际关系问题。

同印度的重要智库：印度中国问题研究所、印度国防研究和分析所、印度三军学会、印度国际中心和印度国际事务委员会等，我都经常接触，双方就中印关系和南亚形势自由地和深入地交换看法。

我经常出席印度主要全国性工商组织：印度工业联合会（CII）、印度工商联合会（FICCI）、PHD商会和印度市场管理学院（IMM）举办的活动，并就中印关系和两国经贸合作发表演说。印度工商界有发展中印经贸合作的积极性。不断扩大两国经贸关系，发挥经贸合作在双边关系中的润滑剂作用，是双方的最大共识，因为它符合双方的利益。

对于我同印度各界人士的交往，印度有关组织给予了积极评价。

1999年8月14日，德里泰卢固学会（Delhi Telugu Academy）举

同印度外交部长贾·辛格交谈

行集会，授予我和南斯拉夫驻印度大使"1999年国际关系卓越成就奖"，德里最高行政长官副总督卡普尔和德里选举委员会专员克里什纳·穆尔蒂出席授奖仪式。

1999年10月5日，印中协会 (India–China Society) 举行集会，庆祝中华人民共和国成立50周年和印中协会创建人森德拉尔诞辰113周年。印中协会主席、前议员纳拉亚南·萨米授予我"1999年度奖"（"Award 1999"），同时获奖的还有中国驻印度大使馆文化处秘书张介岑。

1999年12月29日，印度争取世界和平教育家国际联合会 (International Association of Educators for World Peace) 举行大会。大会由联合会副主席、驻印度全权代表、印度生态学院院长特利维地教授主持。印度城市就业和扶贫部长丁沙授予我世界2000千禧奖 (World 2000 Millennium Award)。同时获奖的还有阿根廷、不丹、巴拿马、利比亚驻印度大使。我致答谢词，并代表该联合会向近百名印度中学校长、教师和学生颁奖。

印中协会授予周刚大使 "1999 年度奖"

2000 年 1 月 25 日，德里市场和管理研究所（Institute of Marketing and Management）举行仪式，授予我 1999 年优秀外交官奖（1999 Top Diplomat）。

2000 年 12 月 23 日，维护世界和平、环境和人权全球大会（Global Assembly of Educators for World Peace，Environment and Human Rights）举行授奖仪式，授予我 2000 年全球和平、环境和人权奖（2000 Global Peace，Environment and Human Rights Award）。

2001 年 6 月 14 日，在我离任的前 6 天，印度团结基金会举行大会，基金会首席监护人、印度前总理高达授予我终身外交成就奖。高达前总理、印度前外交国务部长纳特瓦尔·辛格和我分别致辞。

我获得的上述奖项不是我个人的成绩，而是中国驻印度大使馆全馆同志努力的结晶，还有国内有关部门的帮助。这不仅是印度各界友人对我的厚爱，而且是他们对中国人民友谊的体现，以及对发展中印睦邻友好合作关系的期待。

10. 同印度军方的交往：不吵不相识

国与国军队之间的关系是两国总体关系的重要组成部分。国与国军方来往是否频繁，合作领域是否宽广，战略互信是否牢固，是两国关系的晴雨表。经历 20 世纪 60 年初的边境冲突之后，中印关系在很长时间内是冷淡对立的，两军之间因而往来很少，基本上没有什么合作。1988 年 12 月，印度总理拉吉夫·甘地访华。这是两国关系的一次"破冰之旅"。两国领导人就解决中印边界问题达成"互谅互让、相互调整"的共识。其后，两国边界问题谈判取得进展。1993 年 9 月 7 日，两国政府缔结了《中华人民共和国政府和印度共和国政府关于在中印边境实际控制线地区保持和平与安宁的协定》。1996 年 11 月 29 日，两国政府达成《中华人民共和国政府和印度共和国政府关于在中印边境实际控制线地区军事领域建立信任措施的协定》。20 世纪 90 年代，中印关系进入全面发展的时期。

但是，1998 年 5 月，印度以所谓"中国威胁"为借口进行的核试验再次重创了中印关系。中印两军关系一度陷入低谷。这就是 1998 年 4 月下旬我抵达新德里履新的大背景。如何同印度军方打交道，对我是个新课题。

印度有一支人数超过百万的大军。按照印度宪法，总统是三军统帅，但这只是名义上的。陆海空三个军种各有一位参谋长，均听命于印度政府总理，即在议会下院（人民院）拥有过半数议席的政党或政党联盟的领导人。印度军队不参政也不干预政治，印度独立后没有发生过一次军事政变。但是，印度军方在印度有重要地位。军方关注中印关系特别是中印边界问题。在印度核试验后中印关系所处的特殊时期，对印度军方来说也有个如何同中国驻印度大使和大使馆交往的问题。

1998 年 7 月 15 日，即在我向印度总统递交国书后的一个多月，中国大使馆武官处的一位老朋友、印度前中部军区参谋长 K·K·南达退役中将举行家庭招待会，欢迎我的到任。我和夫人邓俊秉教授，以及耿克朴武官等应邀出席。我和邓俊秉抵达南达将军的住宅后，南达将军和夫人走向前来同我和邓俊秉握手，感谢我们出席当晚举行的活动。将军说，他是中国大使馆武官处的老朋友，今天很高兴认识中国新任驻印度大使。在主人家宽敞的草坪上，南达将军向我引见在场的印度朋友。首先介绍的是时任印度陆军参谋长 V. P. 马立克上将。4月27日，即我抵达新德里的第五天，我曾陪同访问印度的中国人民解放军总参谋长傅全有上将拜会过印度陆军参谋长马立克上将。当时我们仅是握手问候，没有交谈。这晚见面是第二次了，按中国的说法，是一次生，二次熟。马立克参谋长欢迎我出使印度。他说，他很关心当前的中印关系，希望双方共同努力，使两国关系尽快走上正常轨道，两军恢复交往。他表示，他已命令在中印边境的印军官兵在巡逻中碰到中国军队时，要有礼貌，一定避免发生不愉快的事情。我对马立克参谋长的表态表示欣赏。很显然，南达将军邀请我和马立克参谋长出席他举行的招待会，并见面交谈，是精心安排的。对印度核试验后的中印关系走向，印度军方是密切关注并十分关心的。印军方不希望在这一敏感时刻在中印边境发生任何摩擦，进而为已经受损的两国关系增添不必要的麻烦。显然，马立克参谋长对我的上述谈话是向中方传达一个重要的信息。

1998年9月10日，印度国防学院 (National Defence College, 简称 NDC) 邀请我为该院学员做有关中印关系和中国对南亚政策的报告。印度国防学院是印度最高军事学府，是培养印度将军的摇篮，学员主要是军队上校级军官和政府各部的司局级官员，也有来自西方和发展中国家的进修生。该院的传统做法是，每学期都邀请联合国安理会五个常任理事国驻印度的大使分别为新学员做有关外交形势讲课。

我和夫人邓俊秉参赞到达国防学院时，学院主管军官迎接我们，并引导我们到会客室。院长库马尔空军中将会见我们，表示欢迎。他介绍了学院的情况和当天报告会的安排，由我先讲，然后同学员进行问答互动。在报告大厅的学员们整齐入座后，院长陪同我们进入大厅。他先致辞欢迎，感谢我应邀来国防学院给学员讲课，然后请中国大使登讲台做报告。

　　我先向学员致意，表示很荣幸到印度最高军事学府同大家见面。为了表达对印度朋友的尊重，我讲了两句印地文"namasde"（大家好）和"apse milkar muje bahut kushi hai"（我很高兴同大家见面），受到了学员的掌声欢迎。报告中，我先讲对中印关系的看法。强调中印是两大文明古国，又是山水相连的邻邦。中印两国有长达两千年的友好交往史。在近代反对殖民主义争取民族解放和独立的斗争中，两国人民相互同情和支持。印度是最早承认新中国并同之建交的非社会主义国家。中印曾共同倡导著名的和平共处五项原则，为亚非团结和反帝反殖事业做出宝贵贡献。中印建交后，两国关系中虽出现过波折，但睦邻相处、友好合作是主流。当前中印关系的局面不是中国希望看到的，也不是中方引起的。中国不构成对印度的威胁，也不认为印度是中国的威胁。中国真诚希望，在和平共处五项原则的基础上使中印关系回到正常发展的轨道，尽快把今天的一页翻过去。这是中印两国人民的愿望，符合中印双方的利益。

　　在我介绍完中国对南亚的政策后，院长宣布茶歇。在大厅外面，我和邓俊秉教授以及大使馆外交官同印度国防学院的领导和听课的学员边喝茶边交谈。

　　茶歇后，回到大厅开始问答互动。我请夫人邓俊秉教授（北京外国语学院英文专业毕业）上台坐在我旁边准备英文咨询。印度和外国学员们踊跃举手提问。

　　有学员问："中国在60年代进行过核试验，并拥有核武器。为什么中国现在谴责印度进行核试验？"我回答道："中印进行核试验的时代背景和目的不同。在50和60年代，美国和苏联都曾威胁对中国使用核武器。为了应对核讹诈，捍卫自己的安全，中国不得不进行核试验。中国发展核武器完全是为了自卫。中国从一开始就向全世界宣告，中国不首先使用核武器，不对无核国家和地区使用核武器。中国主张全面禁止和彻底销毁核武器，反对核军备竞赛。印度的情况则不同。在冷战结束后，和平与发展是国际大趋势。国际社会普遍要求加快国际核裁军和防扩散进程。在此背景下，印度进行核试验违背历史

印度内政部长阿德瓦尼出席中国大使馆活动

潮流和国际社会广大成员国意愿，破坏了国际社会多年来防核扩散的努力，给南亚乃至世界和平与稳定带来严重后果。"

　　有学员问："印度进行核试验后，多次表示愿意同中国改善关系，而中国却一再要求印度就核试验对中国的指责有个说法。你认为印度应该怎样做才能使中印关系恢复正常？"我回答称："据美国《纽约时报》5月13日披露，在5月11日印度进行核试验的当天，印度政府领导人致函美国总统克林顿等外国领导人，为印度核试验辩解。声称印度进行核试验的主要原因是对不断恶化的安全环境深感不安。印度领导人在信中不指名地指责中国是对印度的威胁，是印度进行核试验的原因。而印度国防部长在5月3日对记者公开声称'中国是头号威胁'。很明显，印度为了核试验不惜向中国头上泼脏水。中国外交部已就印度核试验发表声明，中国外交部负责人已约见印度驻华大使进行严正交涉。中方指出，印度对中国的指责是不负责任的，中方不能接受。印方做法严重损害了中印关系，给两国关系发展蒙上阴影。解铃还须系铃人。印方必须停止对中国的诬蔑，向中方有个说法，并有实际行动。"

有学员问："中巴（基斯坦）关系是印度的关切。没有中国的帮助和支持，巴基斯坦不敢向印度叫板。我在回答中强调，印巴是南亚的两个重要国家。中国真诚希望同所有南亚国家发展睦邻友好合作关系。中国同巴发展关系不针对任何第三国。近年来，中巴关系保持发展势头，中印关系也有明显改善和发展。这说明中印关系和中巴关系完全可以并行不悖地发展。中国也希望印巴两国改善关系，通过对话和平解决争端。这不仅符合印巴双方利益，而且有利南亚地区的和平、稳定和发展。"

外军学员也提了问题。

报告会结束后，院长请我和邓俊秉教授到会客室喝茶，并赠送印度国防学院院徽以资纪念。

在 1999 年和 2000 年，我又应邀到印度国防学院为学员做报告各两次。每次都受到院长库马尔中将的友好接待。我向学员们介绍中国的外交政策、中国的建设成就、中国的国际形象。报告后照例都回答印度和外国学员的各种提问。

我在印度 3 年多的任期中，到印度国防学院做报告 5 次。这不仅使印度国防学院的学员增加了对中国的外交政策和建设成就的了解，而且也使我有机会同印度国防学院的领导人直接接触交谈。

2000 年 5 月底 6 月初，印度总统纳拉亚南对中国进行国事访问，标志中印关系在印度核试验后重新回到正常的发展轨道。此后，中印两国军队恢复友好往来。2000 年 8 月 22 日，我在陪同中国国防科技和训练代表团出席印度陆军副参谋长逊尼中将的晚宴时，逊尼将军邀请我和夫人邓俊秉教授于 10 月中旬以后访问位于威灵顿的印度国防参谋学院和位于孟买的印度海军高级指挥学院。

11 月初，我的秘书已就我和邓教授访问上述两军事学院的具体安排同两个学院商定。但是，11 月 6 日，就在我们动身前往的前一天，威灵顿国防参谋学院联络官突然给大使馆来电话称，原为大使夫妇安

访问威灵顿国防参谋学院同院长合影

排的贵宾楼因故腾不出来，故请大使夫妇在从科因拜陀机场来学院的途中，下榻一旅馆，第二天上午再乘汽车来学院做报告。对此变动，我叫秘书答复对方：大使夫妇访问贵院的日程双方原已商定，建议不要改变。大使夫妇是应陆军副参谋长逊尼将军的邀请前往贵院访问的，他们不是一般的旅游者。如贵院临时有困难，不便接待，也不必勉强。大使将如实告诉逊尼副参谋长。不久，对方打来电话称：他已报告学院领导。院长表示，中国大使夫妇是贵宾，院方将克服困难，按原计划接待他们。

　　11月7日上午9时，我和邓教授乘飞机前往位于泰米尔纳杜邦的科因拜陀，大使馆赵宁宁三等秘书和武官助理李漫天随行。下午1点半，我们抵达科市机场后，参谋学院的联络官阿舒坦已等候多时。他陪同我们乘汽车前往学院，于下午4点许抵达学院，受到礼宾官南达尔中校的欢迎。中校安排我们下榻贵宾楼。这是一栋两层的小楼，造型美观大方，内部陈设典雅整洁。

　　印度国防参谋学院的前身为英国建于1905年的陆军参谋学院。印度独立后，于 1947 年 10 月 18 日改为国防参谋学院（Defence Services Staff College，简称 DSSC），院址在威灵顿。该学院的任务是负责为陆海空三军培养高级参谋人员，此外，也培训地方官员和友好国家的军官。院长由资深陆军中将担任。陆军系、海军系、空军系分别由一位军种少将担任主任，有上校教官若干名。学院每年招生一次，除教官授课外，还邀请各行各业杰出人士举办讲座。

下午 5:40，我们拜会学院院长（Commandant）艾因加尔中将（S. R. R.Aiyengar）。院长对我和邓俊秉教授表示热烈欢迎，我感谢院长的盛情邀请和精心安排。简短寒暄后，院长陪同我们到学院讲课大厅。大厅座无虚席，约有 300 名学员。在院长致辞欢迎后，我开始演讲，内容是中国的国内形势、对外政策和中印关系。我讲完后，大约半小时的问答互动。这时离印度核试验已近两年半，学员提的问题虽然仍涉及中印边界问题、达赖问题以及中巴关系，但更多是希望听到中国大使介绍中国的看法。我从积极发展中印关系的角度对提问一一作了详细而坦诚的答复，赢得学员的鼓掌。报告会后，院长请我和邓教授在大厅外面的草坪上同教官们见面。宾主品尝着印度著名的红茶，互相友好交谈。山区的天气早晚温差很大。晚风吹来，令人心旷神怡。但赵宁宁一身单衣，不胜寒气，而她此行又未带外套。细心的礼宾官马上为小赵拿来自己夫人的毛衣。此情此景使我们深为感动。

在其后的两天里，主人为我们安排了内容丰富的参观游览项目。8 日上午，礼宾官南达尔中校陪同我们参观学院邻近的国家植物园，会见当地的原居民，登临奥蒂山。之后，泛舟皮卡拉湖上。植物园繁茂的热带花木，朴实热情的当地居民，连绵起伏的青山，一望无际清澈见底的湖水，使人陶醉其间，流连忘返。下午，陪同我们打高尔夫球。9 日上午，参观学院的三军展览馆、会议厅和图书馆。接近中午时分，我们告别了威灵顿，感谢主人对我们的热情款待和周到安排，然后乘汽车前往科因拜陀机场，于 14:45 飞往孟买，16:30 抵达。中国驻孟买总领事馆高振家副总领事迎接我们。总领馆为我们安排了在孟买的三天日程。

孟买之行的首要活动是向孟买海军高级指挥学院（Naval Higher Command College，Mumbai，简称 NHCC）的学员做报告。无独有偶，这里也发生了上面提到的到达威灵顿国防参谋学院前出现的类似一幕。我们到达孟买的当晚，孟买海军高级指挥学院的中校联络官来电话称：大使 10 晚为学院学员做报告时，大使夫人和总领事不参加，总领事也不出席为大使夫妇举行的晚宴。另外，鉴于海军高级指挥学院是军事单位，报告会不在学院所在的海岛，而是在位于另一岛上的旅馆举行。

印度朋友做事有时实在令人匪夷所思。看来威灵顿国防参谋学院没有和孟买通气，或者孟买海军学院没有很好领会印度陆军副参谋长逊尼将军邀请我们前来该学院的良好用意。在此情况下，我让赵宁宁秘书答复中校联络官：周大使夫妇是逊尼将军邀请的客人。大使夫人邓俊秉教授是中国大使馆的参赞，她在新德里多次陪同周大使出席在印度国防学院的报告会。中国在孟买设有总领事馆，中国驻印度大使访问孟买时，总领事自然要陪同大使出席印方为大使举行的活动。希望贵学院收回成命，邀请大使夫人出席报告会，总领事陪同大使出席报告会和晚宴。相信贵方能够理解，不至有什么困难。至于报告会的地点，大使尊重印方的安排。通话不久，中校来电话表示，学院将按大使的意见办理。

10 日晚 6 点，我们来到海军航海俱乐部，孟买海军高级指挥学院院长特奥加拉吉海军准将接待我们。他欢迎我和夫人来访。我对他的邀请盛情和安排表示感谢。寒暄后，他陪我们到大厅为学院学员做报告。学员人数不多，共 18 人，均是上校舰长。我在报告中向舰长们介绍了中国的外交政策和中印关系，并回答了他们的提问。报告会后，院长举行晚宴，印度西部海军参谋长辛格海军少将和 18 位舰长出席。宴会上，我和邓俊秉教授一行以及黄权衡总领事同印度海军将校交谈甚欢。

我和夫人邓教授对印方两个军事学院的访问非常成功。总的来看，印方两个学院的领导是重视的，安排细致周到，待客彬彬有礼。虽然印方开头有点拘谨，但一经沟通，反倒对整个访问起了促进作用。初次见面，但能坦诚交流，达到了增进相互了解的目的。可谓不吵不相识吧！

这次在孟买的 3 天里，我接受了印度记者的采访，参加了印中商会朋友蒂奥加和印中协会老朋友巴夫纳的宴请；会见孟买华人社会的朋友；看望中国驻孟买总领馆的同志，并为他们作当前中印关系情况的报告；另外，也参观了圣雄甘地博物馆和王子博物馆。12 日下午返回新德里。

11. 达赖集团在印度的反华分裂活动

1959 年 3 月，西藏上层反动农奴主发动叛乱失败后，达赖逃往印度。此后几十年里，达赖集团以印度为基地进行"藏独"分裂活动。达赖集团在印度建立"流亡政府"，设有完整的立法、司法和行政机构。利用达赖集团牵制中国，在不同时期不同程度地纵容和支持达赖集团的"藏独"活动，是印度政府的对华政策消极面的一部分。

我在印度期间，在印度的西藏人约有 11 万，其中约 7 万人被印度安置在 10 多个邦（相当于中国的省）的 35 个居住中心。德里约四五千人。

1998 年 4 月 22 日，我抵达新德里履新。5 月 11 日和 13 日，印度以"中国威胁"为借口先后进行 5 次核试验，致使中印关系迅速滑入低谷。在中印关系恶化的情况下，达赖集团变本加厉地在印度进行反华分裂活动。

达赖本人会见印度领导人和外交部高官。其目的在于向印度摇尾乞怜，争取支持；向外界显示达赖的存在，骗取印度民众和西方舆论的同情，为"藏独"分子打气。对于这种会见，我均向印度外交部进行交涉，重申中国政府的一贯立场，要求印方切实履行承诺，不允许达赖集团在印度领土上进行反华的政治活动。印方照例辩解称，印度认为西藏是中国的一个自治区，这一政策没有变化。但说什么达赖是

一个宗教人士，他在印度进行的是和平的宗教文化活动。

3月10日是西藏叛乱的周年日期。达赖集团指使在印度首都和来自外地的"藏独"分子举行各种反华分裂活动，有时到中国驻印大使馆前闹事。这些人到大使馆门前摇旗呐喊，高呼"藏独"口号，并向使馆大门内扔"藏独"传单。1999年3月5日，我向印度外交部东亚司联合秘书朗加恰利交涉，要求印方采取切实有效措施制止达赖集团围绕"3·10"搞反华活动。2000年3月9日，我往见朗加恰利联秘就达赖集团拟在3月10日搞反华活动事提出交涉，要求印方采取措施阻止达赖集团的分裂活动，并确保中国大使馆的安全。

达赖集团为扩大影响还竭力挤进印度的一些社团活动。1998年12月20日，我同外交部外事秘书交涉达赖拟出席印度工业联合会举办的"伙伴关系"峰会事，对方表示，印度工业联合会邀请达赖是荒谬的，外交部将解决此问题。12月24日，我约见印度工业联合会总干事，阐述了中国对达赖的态度，指出达赖是一个披着宗教外衣的政治流亡者，一贯搞"西藏独立"。要求对方撤回对达赖的邀请。

破坏中国领导人访问印度是达赖集团的惯用手法。2000年12月20日，我约见外交部联秘纳林·苏利，谈达赖集团拟在李鹏委员长访印期间搞破坏活动事，要求印方采取切实措施，确保代表团成员和访问活动安全。在此前后，我同印度外交部礼宾司长在商谈访问日程时，一再强调安全问题。代表团先遣组抵达德里后，同印方就访问有关事项进行会谈，包括强调安全的重要性。我还陪同先遣组去孟买等地现场落实各项安排。

李鹏委员长2001年1月9日至17日对印度进行正式访问。这是继印度总统纳拉亚南2000年5月至6月对中国进行国事访问之后，中国主要领导人对印度的一次重要访问。访问的第一站是孟买。马哈拉施特拉邦邦长和夫人会见并宴请李委员长和朱琳同志及代表团。李鹏委员长夫妇会见柯棣华大夫的亲属。抵达新德里时，印度人民院议长巴拉约吉、副议长赛义德、联邦院副议长赫卜杜拉等到机场迎接。李鹏委员长同巴拉约吉议长会谈，出席议长的专场文艺演出和欢迎宴

李鹏委员长访问印度拜会纳拉亚南总统

接待访问印度的李鹏委员长和夫人朱琳

李鹏委员长和夫人朱琳会见印度国大党主席索尼娅·甘地

李鹏委员长会见印度国大党领导人

会，并会见纳拉亚南总统夫妇、副总统兼联邦院议长坎特夫妇、瓦杰帕伊总理、国大党主席索尼娅·甘地、外交部长和联邦院副议长。李鹏委员长同印度领导人的会谈和会见气氛友好。李鹏委员长在印度国际中心发表演讲，接受印度两家重要媒体采访，还会见了印度各党派领导人、工商界人士和印中友好组织代表。乘印方专机到阿格拉参观泰姬陵。访问班加罗尔时，卡纳塔克邦首席部长（相当于中国的省长）和班加罗尔市长迎接。卡纳塔克邦邦长（邦的名誉首脑）黛微会见并举行欢迎宴会。李鹏委员长参观了中国华为公司、国际科技园。访问电子城时，在名人园植树留念，公司3千名员工在露天会场欢迎，聆听李鹏委员长讲话。李委员长访问海得拉巴时，安得拉邦首席部长奈杜专程从国外赶回迎接。访问虽仅2小时，但奈杜仍陪同李鹏委员长从机场到去市区途中临时搭建的欢迎大棚举行会谈，邦政府全部部长（相当于中国省的厅局长）等50余人参加。访问很成功，达到了扩大共识、增进互信、加强合作的目的。从李鹏委员长的上述主要活动看，印方对访问是重视的，安排精心周到。

在这种气氛下，达赖集团竟不择手段，用各种手段进行捣乱。1月10日，李鹏委员长和夫人在孟买参观王子博物馆时，一群"藏独"分子突然出现在二楼看台上，拉起鼓吹"藏独"的横幅。1月13日，代表团一行在去新德里印度国际中心途中，一伙青年"藏独"分子从路旁小巷中跑出来，有人竟冲到车队中躺倒，企图造成车祸，破坏访问气氛，为中国代表团抹黑。在印度联邦院副议长主持李鹏委员长在印度国际中心演讲时，一群"藏独"分子在离会场不远的地方呼喊反华口号。我立即从会场出来，要求印方礼宾和安全官员快速处理。1月14日，代表团部分工作人员乘汽车去阿格拉途中，有"藏独"分子向汽车扔西红柿。

凡此种种表明，达赖集团的"藏独"反华活动表现得淋漓尽致，到了肆无忌惮的地步。对于达赖集团拟在访问期间搞破坏活动事，我和代表团先遣组均提前向印方一再提醒和交涉，印方也作了承诺。印

度是一个大国，从其情报和警方实力讲，事先如采取有效措施，阻力达赖集团的上述活动应该是不成问题的。

12. 纳拉亚南总统：很高兴看到为恢复和发展印中关系的努力取得成功

2001 年 6 月，我结束了在印度三年零两个月的任期，奉调回国。6 月 7 日，我和夫人邓俊秉向纳拉亚南总统和夫人乌莎女士拜会辞行。总统夫妇热情地接待了我们。总统说："很高兴看到印中关系在周大使任期内得到进一步发展。我一直关注周大使在德里关于印中关系的各种讲话，这些话讲得很得体，有利于两国关系的恢复和发展。我一向认为，印中两个世界上人口最多的国家发展睦邻友好合作关系是维护世界和平、促进共同发展的需要。我历来强调印中友好的意义，主

向纳拉亚南总统夫妇辞行

张加强印中合作。两年半前，我在会见程瑞声前大使和周大使时曾有意识地表示，中国不是印度的潜在威胁，而是印度的朋友，中国的发展符合印度的利益。"我希望借这番话推动两国关系的恢复和发展，如今很高兴看到这一努力取得了成功。

总统深情地回顾了 2000 年 5 月至 6 月对中国的访问。他说："我对中国领导人的热情款待难以忘怀，对江泽民主席和其他中国领导人的智慧非常赞赏。我对中国怀有深厚感情，对中国人民怀有良好祝福，为自己能对促进印中了解和友谊作出贡献感到欣慰。"

作为离任大使，我回顾了在印度三年多富有挑战性的时光，为两国关系克服了暂时困难回到健康正常的轨道而高兴。我特别赞扬纳拉亚南总统为恢复和发展中印关系作出的宝贵贡献，以及他和夫人乌莎女士对中国人民的友好情谊，衷心感谢总统和夫人对我和邓俊秉工作的关心与支持，祝愿年届 80 高龄的总统夫妇健康幸福。谈话中，乌莎女士一直拉着邓俊秉的手。在我们起身告辞时，总统夫妇同我和邓俊秉紧紧握手拥抱。他们破例从客厅经过走廊把我们送到主楼大门口，看我们登上汽车，并挥手送别。这一幕一直留在我们的脑海里，成为永恒的记忆。

13. 德里重逢话友谊："西方的"印中冲突论"是错误的

2003 年 2 月，中印名人论坛第三次会议在新德里举行。这个论坛是纳拉亚南总统在访华时同江泽民主席共同倡议成立的。纳拉亚南总统已于 2002 年 7 月任满退休。我作为参加这次会议的中方代表团成员提出希望拜会纳拉亚南前总统。2 月 15 日，纳拉亚南前总统和夫人乌莎女士在家中亲切地接见了我。老朋友谈话无拘无束。纳拉亚南对我说很高兴看到印中关系近年来有很大发展。不久前中国共产党十六次代表大会召开实现了领导班子的平稳交替，特别难能可贵的是大政方针得以延续。这不仅对中国的未来发展十分重要，也有利于继续推

动印中关系。当前，世界上问题很多。印中在众多领域有共同利益，两国应当相互支持，加强合作。西方有人预言印中必有冲突。我认为，印中友好是印度全国人民的共识。印中两国将共同努力证明西方的上述预言是错误的。

纳拉亚南前总统来京出席和平共处五项原则 50 周年国际研讨会

2004 年 6 月 13 日至 15 日，中国人民外交学会在北京举办"和平共处五项原则 50 周年国际研讨会"。印度前总统纳拉亚南作为主宾应邀出席，夫人乌莎女士同行。外交学会请我和邓俊秉全程陪同前总统夫妇。6 月 13 日，我代表外交学会专程去上海，迎接从德里经上海转机来北京的纳拉亚南前总统夫妇。他一下飞机就看到了我对我说："你来接我们，我十分高兴。有你和邓俊秉教授全程陪同，我就没有任何困难了。"

2014年6月28日习近平主席会见参加"和平共处五项原则发表60周年纪念大会"的印度和缅甸领导人

6月14日，"和平共处五项原则50周年国际研讨会"开幕。应邀出席研讨会的外宾除印度前总统纳拉亚南外，还有德国前总理科尔、澳大利亚前总理霍克、美国前国务卿基辛格和舒尔茨、巴基斯坦前外长夏希、缅甸前部长埃博尔、印度前外交国务部长帕蒂亚等。中方出席的领导人有全国人大副委员长王兆国、全国政协副主席阿不都热西提和前国务院副总理钱其琛。

纳拉亚南前总统作主旨发言。他首先回顾了和平共处五项原则诞生的经过。他说："中国革命胜利后，中国人民政治协商会议第一届全会通过了一项《共同纲领》，该纲领包含了和平共处五项原则中的核心原则，新中国提议在这些原则的基础上发展同世界各国的关系。"他强调，和平共处五项原则由周恩来总理最先向印方提出，是古老的亚洲大陆对国际关系理论与实践的新颖而富有创造性的贡献。1954年6月，尼赫鲁总理邀请周恩来总理访问印度，这是亚洲历史上关键时刻的一次重要事件。两位总理得出的结论是，只能通过中印两国签署的和平共处五项原则，才能在亚洲建立共同安全和集体和平。

他介绍了和平共处五项原则逐步被国际社会所公认的演变进程。他说，五项原则几乎被全世界普遍接受并最终被联合国接纳，这在国际关系史上是很罕见的；在万隆召开的亚非会议接受了和平共处五项原则，并在《万隆十项原则》中进行了详细阐述；在贝尔格莱德举行的不结盟会议则将和平共处五项基本原则作为不结盟运动的核心原则加以接纳；联合国将和平共处五项原则看作国际关系的行为准则。1957年12月11日，南斯拉夫、瑞典和印度三个国家在联合国发起了一份包含五项原则的和平共处决议，并被这一世界性组织全票通过。

他阐述了五项原则在当今世界的重大现实意义。他说，在冷战已经终结的今天，世界仍不太平，霸权势力的主导依然给世界笼罩着浓重的阴影。在这种新形势下，和平共处五项原则对于国际关系行为来说变得愈加重要，事实上已经成为建立正义和平的世界秩序之支柱。他尖锐批评发达国家的政治理论家鼓吹主权终结甚至是国家终结，有的学说主张建立一个单极世界，由某个或某些拥有强大经济和军事实

周刚和邓俊秉重访德里时拜会纳拉亚南前总统和夫人乌莎

力的国家称霸。他强调，单极和干预性理论与实践是不可能持续的，同时也与民主多元的世界秩序背道而驰。中国和印度信仰多极世界，全球化世界的适当行为准则应该是和平共处五项原则，而不是一个超级大国或某几个国家称王称霸。他说，'我希望引用伟大的中国领导人邓小平先生1988年12月所说的话："中印两国不发展起来，就不是亚洲世纪。'邓小平的话在今天显得更加正确了。"

他展望印中携手进一步发扬光大和平共处五项原则的必要性。他说："亚洲的命运不是孤立的，而是世界命运的一部分。我认为，新世纪亚洲乃至全世界两个最大国家之间的合作是历史的必然。有了中国和印度，新世纪将会稳步地朝着亚洲命运迈进。我们必须通力合作，让和平共处五项基本原则像周恩来总理说的那样，在全世界永放光芒，今天我们相聚北京，和平共处的古老思想以一种现代形式在这里获得新生。因此，我相信，它对于已经经历巨大变革而且仍在经历变革的今天和明天的世界将继续具有重大意义。"

从纳拉亚南的主旨发言中，我们可以看到这位政治家对当代形势的深刻剖析，以及他对未来印中合作弘扬和平共处五项原则的高度重视。

6 月 22 日，我们在浦东机场为老总统夫妇送行。他同我和邓俊秉紧紧握手，热情拥抱，相约后会有期。

2005 年 2 月，我和邓俊秉到孟买参加印中改革研讨会。在经停德里的时候，纳拉亚南前总统夫妇于 21 日应邀到中国大使馆参加孙玉玺大使为我们举行的晚宴。22 日，他在家中又设午宴款待我们。时隔半年老朋友再次相见，畅叙友情。老总统特别为中印关系的全面改善和发展感到欣慰。告别时，我们同老总统夫妇亲切拥抱，衷心祝愿他们多多保重。

没有想到，这竟是我们同老总统的最后一次见面。2005 年 11 月 9 日，纳拉亚南前总统因急性肺炎引发并发症在新德里病逝，终年 85 岁。10 日从网上看到这一噩耗，我和邓俊秉十分悲痛。第二天，我们前往印度驻华大使馆吊唁。在老总统遗像前，我们鞠躬默哀。这时，纳拉亚南总统 30 年来为发展中印关系和增进中印人民友谊的一幕幕情景又浮现在我的脑海中。我们在留言簿上写道："印度人民伟大的儿子、中国人民亲密的朋友纳拉亚南总统永垂不朽！"

邓俊秉

14. 不同寻常的夫人活动

1998 年 4 月 22 日，我随丈夫周刚大使结束了在雅加达两年半的任期后抵达新德里履新。我们到任仅仅三周，印度政府不顾世界舆论的反对，于 5 月 11 日和 13 日连续进行了 5 次核试验，并公然声称"中国威胁"是印度进行核试验的理由，致使两国关系霎时间跌入低谷。两国中止了双边高层互访，即便司局级的访问也寥寥无几。

为了打破僵局，推动双边关系回到正常轨道，周刚多次外出演讲阐述中国对印度核试验的立场和对印度的友好睦邻政策。为了这个目的，在新年即将到来之际，我想到了一个主意：由我出面举行一次大型的夫人活动，主宾为印度总统夫人。我的提议得到了使馆领导的全力支持。

印度总统纳拉亚南与夫人乌莎对我国非常友好。1976 年中印恢复互派大使后，纳拉亚南是印度派驻我国的首任大使。我们到任一个多月后的 6 月 1 日，在印度总统府举行的周刚递交国书仪式时，总统夫人乌莎同我一见如故，亲切地握着我的手，动情地回忆起总统与她当年在中国度过的难忘岁月。这位优雅、开朗的印度第一夫人，第一次见面就对新任中国大使夫人如此热情友好，着实令我十分感动。后来，她好几次亲自打电话给我，约我参加她主持的活动，或邀请我到总统府同她无拘无束地聊天。基于同印度总统夫人这样的关系和交往，我才萌生了在使馆举行一次邀请乌莎女士为主宾的夫人活动的念头。

为此，我特地打电话给总统夫人乌莎。当她得知我想请她作为"中国之晨"夫人活动的主宾后，热情而爽快地接受了邀请，并表示她将准时到达，不会错过活动的各项节目。悬在我心头的石头一下子落了地。周刚和使馆其他领导同志获悉后也很高兴。这个活动如能举行，

邓俊秉欢迎总统夫人乌莎和前总理古杰拉尔夫人

无疑将是可喜的突破：乌莎女士应邀参加活动不仅表明印度总统夫妇重视中印关系、对华友好，也表明印度政府愿借机松动对华关系。

第二天，总统秘书正式通知中国大使馆，印度总统夫人纳拉亚南·乌莎博士将应邀参加中国大使周刚夫人邓俊秉教授举行的夫人活动。但是，这应是一次中印夫人之间的双边活动，无须邀请其他国家的大使夫人出席，切勿邀请新闻媒体人士，不作公开报道。我们理解印方为何提出这些要求，为了顺利举行这次活动，全盘接受了对方的建议，将原定拟邀请中外媒体参加的大型多边夫人活动改为中印夫人双边活动。

1998 年 12 月 22 日上午，中国驻印度大使馆张灯结彩，虽是初冬时节却显得春意盎然，像过节一般。印度一些军政要员和各界名人的夫人陆续抵达，大家一边喝着中国茶，一边等待着主宾—印度总统夫人的光临。容光焕发的乌莎女士准时到达。她一下车就操着悦耳的"洋

味"汉语说："你好，俊秉。"接着又用娴熟的英语说："I feel I'm back in China again.（我感到又回到了中国。）" 她举起挂在胸前的中文"寿"字形金胸坠对我说，这是她来中国使馆为参加我举办的夫人活动特地佩戴的。

我扶着这位身着印度纱丽的缅甸裔总统夫人来到宾朋满座的客厅。乌莎女士向大家一一问候后，拿出一本她的译作《甜与酸》说道："这是我翻译的一本缅甸作家登佩敏的短篇小说集，送给中国大使夫人邓俊秉教授。希望印、中、缅这三个和平共处五项原则的倡议国今后为世界和平多做贡献。"

"中国之晨"夫人活动的第一项节目是由使馆厨师李师傅教印度来宾包春卷。夫人们个个兴致勃勃，把长长的餐桌围得密不透风。每个人面前早已放好盛着春卷皮的小盘子，餐桌中间放着一长排盛着三鲜馅的大盘子。身穿雪白工作服、头带厨师高帽的李师傅热情耐心地教授这些"洋学徒"。我虽尽力为"师徒"双方翻译沟通，却难以满足她们应接不暇的提问。乌莎女士不愧是个"中国通"，不时给身旁的夫人们指点一些诀窍。

第二项节目是参观使馆的菜园。这更使总统夫人和其他来宾欣喜不已。位于使馆中部的林中空地上是两大块长势喜人的菜地，种着二十来种中国蔬菜。放眼望去，绿油油，晶莹莹，令人心旷神怡。总统夫人虽行动有些不便，却紧紧拉着我的手，漫步在菜垄之间，寓意深长地说："想不到中国蔬菜在印度土地上长得如此鲜活，如此茁壮……"久久徘徊，流连忘返。来宾们一会儿摸摸水灵灵的雪里红，一会儿碰碰"心里美"萝卜，不停地向陪同她们的使馆夫人们问这问那。

我和使馆夫人们请来宾回到大客厅后，开始了第三项节目——为她们放映一部名为《花》的英文配音的中国科教短片。这部片子堪称杰作：寓教于乐，内容丰富，色彩鲜艳，画面精美。自始至终，全场鸦雀无声，看到入神之处，她们才会发出轻声的赞叹："Fantastic（妙不可言）！ Wonderful （精彩绝伦）！"

一小时前的包春卷大厅，已布置成为雅致的宴会厅。主桌安排的是总统夫人和其他印度军政官员夫人，其他几桌则是印度各界夫人和陪同她们的中国大使馆外交官夫人。第四项节目——富有中国风味的午宴隆重开始。席间，宾主频频举杯祝愿中印两国妇女之间的友谊长青，祝愿来年两国国运昌盛，人民幸福。此时的印度夫人们显然已忘了她们的节食计划。有的在聚精会神学习如何使用筷子，有的则在津津有

纳拉亚南总统夫人乌莎女士出席邓俊秉的夫人活动

味地品尝着一道道的美味佳肴。快到席终时，我起身将 4 篮刚从菜园摘来的新鲜蔬菜，一一送给了总统夫人，印度前总理古杰拉尔夫人，总理首席秘书米什拉夫人和陆军参谋长马立克上将夫人。整个宴会厅爆发出热烈的掌声，我和总统夫人紧紧拥抱在一起，心中感到暖洋洋、热乎乎的。我耳边仿佛响起了英国诗人雪莱的名句："If winter comes, can spring be far behind？（冬日已到，春天还会远吗？）"

事后，驻新德里的不少外国大使夫人对于中国大使夫人在中印关系如此冷淡之时竟能够举行如此盛大高规格的双边夫人活动而深感震惊，更是羡慕我能有此殊荣请到印度总统夫人当主宾。这次联谊活动更加增进了乌莎女士对我的友好情谊。之后，她又热情地邀请我到总统府做客，兴奋地回忆起这次夫人活动的感人场面。

15. 纳拉亚南总统夫人乌莎女士《甜与酸》译著的两次发行式

2000 年 1 月某天的下午，应纳拉亚南总统夫人乌莎女士的邀请，我和周刚大使一起前往总统府，与她讨论将在中国大使馆举行她的译作《甜与酸》中文版发行仪式的事宜。在此，我需补充说明几句：在举行第一次"中国之晨"夫人活动时，我有幸得到乌莎女士赠送的这本书后，就想将它译成中文出版，借此为推动中印关系和增进两国人民友谊尽点微薄之力。然而，由于工作忙没有时间搞翻译，这一工作则由中国外交部亚洲司印度处的一些年轻同志代劳完成，并由世界知识出版社于 1999 年 12 月出版。

出乎意料的是，会见安排在总统书房而不是夫人办公室，总统纳拉亚南竟然亲自出席。总统对我和周刚说："你们夫妇为印中两国关系的发展和增进两国人民的友谊做出了杰出的贡献。"总统夫人热情感谢我为此书中文版的出版尽了力。经过讨论，双方同意在 1 月底或 2 月初在中国大使馆举行《甜与酸》中文版发行式，大使馆请柬上将写明总统夫人为主宾。总统答应届时若有空，将同夫人一道出席。此外，除了邀请驻印使团有关大使夫妇参加这次发行仪式外，还将邀请印度政府有关部门的官员、学术、民间以及新闻界人士。

1 月 31 日上午，中国大使馆喜气洋洋，高朋满座。我和周刚迎来了身着华丽纱丽的总统夫人乌莎和她的长女绮特拉（总统因故不能前来，特派女儿作为代表）。在布置得像过节气氛的大厅里，《甜与酸》中文版发行式隆重开始。首先，在向总统夫人乌莎献花后，我和周刚相继致辞。然后，我俩共同将第一本中文版《甜与酸》赠予总统夫人，当宾主三人洋溢着幸福的微笑时，全场爆发出热烈的掌声。最后，乌莎女士作了动人的答谢词，她说："我感到自豪的是缅甸作家登佩敏撰写的《甜与酸》经过印度到了中国。早在 20 世纪 50 年代，印度、缅甸和中国有着独一无二的三边关系。三国共同创立的和平共处五项原则在稍后举行的万隆会议上为众多亚非国家所认可。今天，这五项原则已被普遍视为亚洲对现代国际关系的一大贡献。"随后，她回忆起与丈夫作为中印恢复互派大使后印度派驻中国的首任大使夫妇，从1976年7月至1978年12月在中国所亲身感受的人民友谊和度过的难忘岁月。仪式结束后，总统夫人兴高采烈地将她签了名的《甜与酸》中文版，一一送给前来向她道别的来宾。

次日，印度媒体热情报道了这一活动。《印度教徒报》写道："中国大使馆举行的中文版《甜与酸》发行仪式今日为印中之间架起了一座文学桥梁……该书的出版是对即将来临的印中建交50周年盛典的献礼。"是啊，中印关系源远流长，近年虽经历了一些曲折，主流是健康向上的。为了推动两国关系和庆祝这一庆典，对中国和中国人民怀有友好情谊的纳拉亚南总统夫妇将于2000年年中访华。作为中国大使夫人，怎能不为中印关系重新走上健康发展的轨道而欣喜呢？

前面提到的周刚和我应总统夫人邀请赴总统府约会之际，纳拉亚南总统和乌莎夫人还和我们讨论了他们将于2000年年中访华一事。

为总统夫人乌莎的《甜与酸》中文版举行发行式

国家元首的国事访问安排由两国外交部或通过两国大使馆商讨。印度总统夫妇将周大使和我视为知己，邀请我们前往总统府以便亲自听取我们的建议。总统夫妇对未能有机会参观我国的三峡工程感到遗憾，虽仍很感兴趣，但知道这次访问时间紧迫无法前往，故想征求我们的意见。为此，我们建议，总统夫妇访华时除北京外，可访问一南一北各具特色的城市——大连和昆明。经我们介绍后，总统和夫人欣然接受了这个建议。

2000年5月28日至6月3日，印度总统纳拉亚南偕夫人对中国进行了国事访问。中方非常重视这次访问。再次为乌莎夫人在钓鱼台国宾馆隆重举行中文版《甜与酸》的发行式就是个极好的例子。

5月31日上午，钓鱼台2号楼的四季厅里摆放了各色鲜花，布置得高雅漂亮。大厅正前方的墙上挂着红色横幅，上面写着"乌莎女士译作《甜与酸》中文版发行式"的醒目大字。聚集在大厅里的有中印两国的官员和名流：中方有文化部长孙启正、外交部副部长杨文昌以

总统夫人乌莎在《甜与酸》中文版发行式上讲话

纳拉亚南总统出席在钓鱼台国宾馆举行的《甜与酸》中文版发行式

及全国妇联副主席华福周等政府官员和人民团体的领导，印方有重工业与国有企业部长乔西、总统首席秘书甘地（圣雄甘地的嫡孙）以及陪同总统来访的印度议员，另外还有来自北京学术界和世界知识出版社的代表。周刚大使和我陪同印度总统夫妇到场后，全场响起了热烈的掌声，中文版《甜与酸》的发行式在中国的国宾馆再次隆重举行。纳拉亚南总统代表夫人乌莎热情致辞，感谢中方破格为此书先后在中国驻新德里的大使馆和北京的钓鱼台国宾馆举行两次发行式，希望中印关系不断发展，两国人民友谊日益增强。随后，乌莎夫人亲自将该书一一赠送给出席活动的中方官员，并邀请他们加上周刚大使和我同她与纳拉亚南总统一起拍了一张"全家福"。

仪式结束后，总统夫人挽着我的手臂激动而兴奋地说："俊秉，感谢你为我做的一切。今天能在中国风景如画的国宾馆钓鱼台为我的译作《甜与酸》举行如此隆重的中文版发行式，还有中方高级官员的光临，不仅是我终生难忘的喜事，更是印中两国之间友谊的象征。我

希望通过缅甸作家登佩敏的这本短篇小说集，印、缅、中三国人民的兄弟情谊能得到进一步加强，和平共处五项原则将能更加发扬光大。"

16. 出席总统夫妇的特别晚宴

2001年1月23日，周刚和我有幸应邀参加了纳拉亚南总统夫妇为其长女绮特拉即将出任印度驻瑞典大使在总统府举行的晚宴。除了瑞典驻印度大使夫妇外，周刚和我是唯一应邀出席这个小规模而高规格的私人宴会的外国使节夫妇。

当晚8:00，我们在参加中国大使馆春节除夕联欢后，准时到达总统府客厅。具有民族特色的宽敞大厅布置得令人赞叹。柔和的灯光下，摆放着各种盛开的花卉和绿草，隐约之中能听到潺潺的流水声。头缠红色的头巾，身着雪白制服和脚蹬黑色短靴的侍者默默穿梭在宾客之中递茶递水，形成了一道颇具民族特色的活动风景线。总统夫妇和绮特拉女士专门带着我俩走到他们的印度来宾圈中热情地将中国大使夫妇介绍给他们，还告诉他们这些年来和我们结成的亲密友谊。我们非常感谢总统夫妇对我们的情谊，当众宣布，在绮特拉大使赴任前，将在中国大使官邸为她举行送行晚宴。乌莎夫人喜滋滋地打趣说，虽然没请她和总统作为主宾参加将为他们长女举行的晚宴，她将代表丈夫带领女儿前来赴约。我当即对此表示感谢。过了不久，总统夫妇兴致勃勃地引着来宾来到幽雅别致的宴会厅。厅堂当中摆放着好几张铺着雪白桌布的餐桌，桌子中央则摆着富有民族特色的烛台和蜡烛，隐约而柔和的烛光将放在烛台周围色彩各异的兰花映照得更是多姿多彩，芬芳扑鼻。厅堂一侧，席地而坐的是几位印度民族乐器演奏家，他们弹奏出的天籁之音使宾主陶醉在显示印度灿烂文化和古老文明的乐声之中。来宾们尽情享受了这顿富有民族特色的佳肴美餐。告别时，我和周刚再次感谢主人，并期待不久后在中国使馆再与总统夫人母女相聚。

回到使馆后，我立即同中国驻瑞典大使王桂生（我在北京外语学院的老同学）联系，请他和夫人惠杏英（也是外院老同学）在绮特拉大使到任后，尽早同她联系并宴请她，以便将这份难得的友谊保持下去。

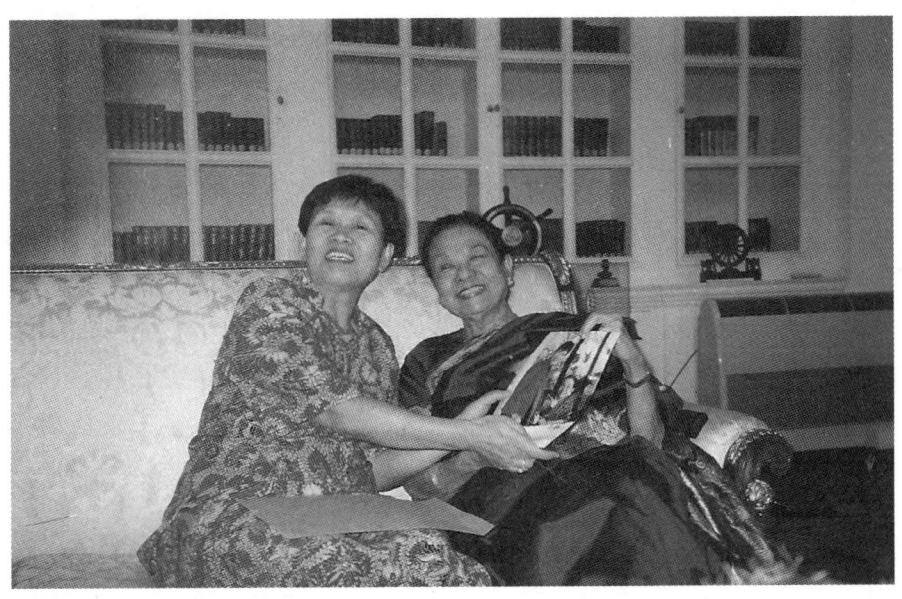

总统家宴时第一夫人乌莎同邓俊秉交谈

　　2月上旬一个晚上，总统夫人乌莎偕同长女绮特拉（单亲母亲）和外孙女莫汉准时应邀来到我馆赴宴。乌莎表示，他们一家和中国的友谊定要代代相传，因此在 2000 年年中印度总统夫妇访华时，他俩特意让长女和外孙女以及小女儿阿姆丽塔陪同前往，这次总统夫人又让外孙女陪同前来同中国大使夫妇相见。我和周刚衷心感谢印度总统夫妇对中国的深情厚谊以及总统一家对我俩的亲人般的情谊。我特地告诉绮特拉，我已告知老同学王桂生大使夫妇有关她即将出使瑞典的消息，他们让我首先向纳拉亚南总统一家致意，并期待在斯德哥尔摩欢迎印度女大使。印度第一夫人和女儿、外孙女同中国大使夫妇像亲人一样，在新德里的中国大使馆度过了一个惬意而愉快的夜晚。对历时 13 年出使 4 国的我俩来说，举行这样轻松兴奋而寓意深刻的晚宴是少有的一次。

17. 纳拉亚南前总统夫妇再次访华

　　为了纪念和平共处五项原则 50 周年，中国人民外交学会于 2004

年 6 月 14 日至 15 日举行了一次规模空前的国际研讨会。印度前总统纳拉亚南和夫人乌莎应邀作为贵宾前来北京与会，然后顺访杭州和上海。

作为和平共处五项原则三个倡议国之一的印度前国家元首夫妇与会，受到了中方高规格接待。外交学会特请周刚和我全程陪同纳拉亚南前总统夫妇。6 月 12 日，周刚专程赴上海迎接印度前总统夫妇，13 日下午，外交学会副会长王珍和我前往首都机场欢迎印度贵宾。时隔三秋，老总统看上去依然精神矍铄，然而，乌莎夫人却发生了不小的变化。无情的老年痴呆症已经入侵了这位印度前总统夫人。她失去了当年的风采，见到我这个老朋友仿佛像见到陌生人一般，只是怯生生地偎依在丈夫身旁。

14 日上午 9 时，和平共处五项原则国际研讨会在钓鱼台国宾馆正式开幕。卢秋田会长致开幕词后，钱其琛前副总理和纳拉亚南前总统相继作了主旨演讲。接着是上、下午的两次研讨会，中外宾客发言踊跃，德国前总理科尔、澳大利亚前总理霍克、联合国前秘书长加利和美国前国务卿基辛格等来宾各抒高见。晚上，时任北京市市长的王岐山在北京饭店为来宾举行了隆重宴会。15 日上午，在钓鱼台举行了研讨会闭幕式。戴秉国副外长在与会代表发言之后，热情致闭幕词并邀请大家出席他主持的午宴。

中央领导人很重视这次国际研讨会，国家副主席曾庆红在 15 日下午会见了与会的外国代表，印度前总统纳拉亚南代表全体与会代表致辞。16 日下午，黄菊副总理会见了纳拉亚南前总统夫妇。当晚，戴秉国副部长在他们赴杭州访问前夕专门设晚宴送行。印度驻华大使馆临时代办邵德仁代表前总统夫妇于 15 日举行了答谢晚宴，92 岁高龄的前副总理黄华携夫人何理良应邀前来与印度朋友相会，并亲自向印度贵宾赠送了一本他的影集画册。

17 日至 22 日，印度前总统夫妇由周刚和我陪同先后访问了杭州与上海。纳拉亚南老总统已年过八旬，且体弱有病行动不便，夫人又受到老年精神疾病的困扰处处需人关照，故印方派了三名医护人员陪

2004 年 6 月纳拉亚南前总统访华时在杭州

同访华。考虑到上述情况，我有关方面接受了周刚和我的建议，从北京派了两名中医专家陪同印度贵宾去外地访问。老总统不愧是个令人佩服的政治家和令人尊敬的长者。白天参加各种活动时，精神饱满，兴趣盎然；晚上回到宾馆后，则需要中国和印度医生的呵护和治疗，有时因身体之故都没有胃口吃晚餐。他将周刚和我视为知己和亲人，一再感谢中方的高规格接待和热情关怀，表示由于我俩的无微不至的体贴和关照，这次访华无拘无束，就像走亲戚一样。

　　在杭州，老总统夫妇参观了仰慕已久的灵隐寺。方丈热情陪伴这两位坐着轮椅的印度贵宾一路作了生动的讲解，临别时特地将他亲自开光的佛珠和该寺的珍贵佛经送给印度贵宾。参观雷峰塔时，更有一件感人的事令人难以忘怀。塔内的电梯通不到顶层，要走一层楼梯才能登顶。老总统虽然兴致极高，想到顶层参观，但担心自己无法上楼而谢绝了。周刚和我与陪同的中方警卫人员悄悄耳语了一番，这些身强力壮的年轻人，二话没说，上前抬起了两位印度贵宾的轮椅，将他

纳拉亚南前总统夫妇参观灵隐寺

们顺利地送上了顶层。参观完毕后，又小心翼翼地将他俩的轮椅抬到电梯内。老总统深为感动，紧紧地握着小伙子们的手表示感谢。他动情地对我说，在出访他国期间，从来未受到如此无微不至犹如亲人的关照，这说明了中印之间的友谊。在印度贵宾结束参观后，陪同参观的雷峰塔领导请老总统题词留念。我将他的意愿转告纳拉亚南前总统后，他欣然接受，挥笔写下了长长一段感人的留言。我先口头翻译给大家听，然后将他的英文题词笔译成中文，以便人们准确理解印度前总统的情意。雷峰塔领导读完中文译文后，热情地握着老总统的双手连声感谢，并表示将把他的题词加进介绍该塔的说明书中，以便今后让更多的参观者分享这份中印友谊。

老总统夫妇在华访问的最后一站是上海。鉴于两位长者腿脚不便，20日早上，中方有关方面特在沪—杭 N504 次列车加挂了一个车厢，专门送印度贵宾一行人前往上海。抵沪第二天，老总统夫妇从下榻的虹桥国宾馆来到了浦东新区。新区领导作了简要介绍，并陪同老总统

2004 年 6 月纳拉亚南前总统夫妇访华时在上海

纳拉亚南前总统访华时接受中国记者采访

夫妇乘车参观了浦东新区的一些标志性建筑。令我惊喜的是乌莎夫人见到这些宏伟壮观的高楼大厦时轻轻摇晃着丈夫的胳膊露出了难得的微笑。当晚，上海市政府请印度贵宾乘船游览了黄浦江。江两岸耸立的五彩缤纷、建筑风格各异的大楼景色诱人；灯火辉煌的东方明珠露出了灿烂的微笑，仿佛在欢迎来自五洲四海的朋友。老总统虽然旅途劳顿，仍坚持在 22 日访华的最后一天按计划参观了上海博物馆，由于体力不支，只好放弃了观光市容等节目。老总统夫妇回到宾馆好好休息和用过晚餐之后，在周刚和我以及上海有关领导的陪同下，乘车前往浦东机场，于当晚 11 时半乘机回国，结束了他们最后一次难忘的访华。老总统夫妇同我们热情拥抱，相约再见。

18. 与纳拉亚南前总统夫妇最后一次会面

2005 年 2 月下旬至 3 月上旬，周刚和我应英迪拉·甘地发展研究院、南亚战略研究中心的邀请先后赴印度和巴基斯坦参加国际会议和讲学。这是我于 2001 年 6 月下旬自新德里离任回京退休后首次重访印度。时隔 3 年多，印度的首都发生了令人欣喜的变化：基础设施大有改观，高架桥和地铁建成了，道路拓宽了，出租车增多了，人民生活改善了。几年前在德里很少看到老百姓拥有手机，这次却看到收入有限的出租车司机几乎人人都有手机，并且在驾车时，津津乐道地对着手机说个不停。

2 月 21 日凌晨，我们抵达德里的英迪拉·甘地国际机场，郑清典公使衔参赞前来迎接，驱车到达中国大使馆后，孙玉玺大使站在官邸前亲自将我俩接进官邸贵宾套间。当天中午，印中友协辛格主席（前邦长）特地邀请前中国大使夫妇与该组织的领导成员共进午餐，愉快地回忆我俩在任时同他们的频繁的交往，畅谈近年来印中两国友好关系的发展。

当天晚上，孙玉玺大使夫妇代表我们邀请前总统纳拉亚南和夫人乌莎来中国大使馆赴宴。两位老人准时到达官邸，应邀前来的还有印度前驻华大使任嘉德和中国研究所所长。我和周刚从心底里感谢纳拉亚南前总统夫妇前来赴宴，这对我们来说是莫大的荣誉。席间，老总统兴致勃勃地谈起他与我国结下的不解之缘。1976 年，他作为中印恢复互派大使后的印度首任驻华大使，目睹了中国"文化大革命"后的艰难局面。90 年代他和夫人重访中国，看到了中国改革开放的初步成就。2000 年作为印度总统对中国进行国事访问期间和 2004 年最后一次访华时，欣喜地目睹了中国发生的巨大变化。他对中国今后的发展充满信心，认为中国的发展是对印度的强有力的支持，并坚信两国的友好关系将继续稳步发展。

令周刚和我更为惊喜的是，纳拉亚南前总统夫妇邀请我们于次日前去他们私邸午宴。孙玉玺大使应邀陪同前往。印度政府将前总统安排在一座环境优雅的宁静院落里，既有士兵站岗，又有后勤服务。老总统还邀请了一位前议长和一位前邦长作陪。乌莎夫人病情没有好转，仍是默默待在丈夫身边。纳拉亚南总统很辛苦，既是男主人，又当女主人。他告诉我们，他特意让厨师准备了富有缅甸特色的什锦拌面（乌

2005 年 2 月 22 日纳拉亚南前总统夫妇在家中会见周刚和邓俊秉

莎夫人为印度籍缅甸人），以此"家常便饭"来招待中国客人。我似乎领略了主人的用意，作为和平共处五项原则的创始国，印度、缅甸和中国就该像亲朋好友一样，和睦友好相处。为了记录下这次难得聚会，我们拍了不少照片以志纪念，一直珍藏至今。

谁会料到，这次竟成为我们和纳拉亚南夫妇的最后一次聚会。半年之后，印度前总统病故。2008年初，周刚和我在新德里访问期间打算去拜访乌莎夫人时，悲痛地获悉她老人家已撒手人寰，到天国去追随丈夫了。

然而，纳拉亚南总统和夫人乌莎和蔼可亲的音容笑貌，热情友好的谈吐雅兴却时时浮现在我的眼前。他们对中国人民的真挚友谊，永远留在我的心中。我相信，中国人民不会忘记纳拉亚南总统和夫人乌莎为发展中印友好关系所做的可贵贡献。

19.《我的祖父——圣雄甘地》中文版漫长的问世过程

2009年，我的译作——圣雄甘地嫡孙拉吉莫汉·甘地教授撰写的《The Good Boatman: A Portrait of Gandhi》（中文译名为《我的祖父——圣雄甘地》）的中文版在北京面世。这不仅完成了我个人多年的夙愿，而且为推动中印人民之间的了解和友谊尽了自己的一点微力。本文将向读者介绍有关圣雄甘地，这个好"船夫"，是如何"驾船"来到中国的鲜为人知的故事。

2000年12月19日，圣雄的孙女塔娜甘地·巴塔恰尔吉——甘地宣传纪念委员会副主席，一位知名的社会活动家，特地来到中国大使馆拜访我。虽是第一次相见，我和这位社会活动家一见如故，交谈甚欢。我表示，周刚大使和我很幸运有缘同圣雄甘地的晚辈相识。先是结识了她的兄长戈帕尔克里什纳·甘地（Gopalkrishna Gandhi）—纳拉亚南总统的首席秘书。他为协助我们同纳拉亚南总统和夫人乌莎建立亲密的关系发挥了不可替代的重要作用。现在我又有幸同圣雄甘地的孙女相聚。临行前，她将一本《The Good Boatman—A Portrait of Gandhi》（《好船夫——甘地画像》）赠送给我，并告这是她的兄长拉吉莫汉·甘地

（Rajmohan Gandhi）用英文写的祖父传记。拉吉莫汉·甘地不仅是个知名的教授，还是位国际问题专家。他的这本著作不仅是怀着晚辈的亲情，更是从一个学者的客观视角来撰写他敬爱的长辈和印度人民尊敬的领袖。我对塔娜甘地女士表示，将认真拜读这部珍贵的大作。

2001 年 6 月底，我随周刚大使结束任期回国，从此我开始了退而不休的生活。在学姐孙苗伊女士的关心下，成了她领导的中国前外交官联谊会属下的信达雅翻译公司的高级顾问，开始了经常笔译和偶尔授课的新生活。这时我有时间拜读拉吉莫汉·甘地教授写的《甘地传记》，萌发了将此书介绍给中国读者的念头。但是，我与他素昧平生，也不知他身在何处。若得不到作者的首肯，我是无权翻译此书并在中国出版中文版本的。2003 年 2 月，经老朋友、印度驻华大使梅农的热心协助，我终于联系上了在美国伊利诺斯大学任客座教授的拉吉莫汉。他非常乐意帮助我实现我的愿望，将其祖父和当时的印度介绍给中国人民，欣然同意我作为他的全权代表，负责翻译和推动出版等具体事宜。在翻译和出版的漫长过程中，我经常同他通过电子邮件联系，告知有关的进展情况。

本书长达近 500 页，共分为 12 章，内容包罗万象，不仅介绍了圣雄甘地为了印度的独立不懈奋斗的一生，他的性格、为人、理想、抱负和信仰，以及他和南非非洲人和美国黑人的关系，而且阐述了印度漫长的独立运动，南亚次大陆在印度独立前的非暴力、宗教、民族、种姓、文化等各种问题。

我虽然在南亚三个国家——孟加拉国、巴基斯坦和印度先后工作过 10 年多，并出版了一本译作《阿尤布·汗——巴基斯坦首任军人统治者》，但要译好这本著作绝非易事。我先后花了约 3 年的时间译完了这部巨作。为了保证译著的质量，我让丈夫周刚校阅了我的译稿。他大半辈子献身于南亚外交事业：早年在莫斯科国际关系学院专攻南亚专业。毕业回国于 1962 年加入外交部，分配到亚洲司印度处工作。1970 年派往中国驻印度大使馆工作两年，任研究室主任。之后回国在亚洲司先后担任印度处副处长、处长和主管南亚的副司长。1988 年至

2001 年历任中国驻马来西亚、巴基斯坦、印度尼西亚和印度大使。他熟悉印度的今昔，仍很仔细查阅有关资料，花了大半年的时间将译稿校阅了两遍。

接任梅农的印度驻华大使苏里宁和夫人普纳姆非常关心该书中文版的进展情况，热情表示将在印度大使馆为其举行发行式。遗憾的是苏里宁大使于 2006 年 10 月回国担任印度外交部秘书（副部长）要职，无法履行诺言。10 月国庆节假期期间，周刚和我特地请苏里宁大使夫妇和他们的二女儿前来我家小坐，然后在一家餐馆为他们举行送别午宴，我的儿子周巨洪拍摄了这场难得的告别聚会。席间苏里宁大使主动提出回到新德里忙完接任新工作后，将给该书的中文版写篇序言，并请他的继任拉奥大使届时为该书中文版举行发行式。10 月 26 日，印度驻华大使馆临时代办拉瓦特给我寄来印度外交部秘书苏里宁当天在新德里写好的序言复印件。2007 年 3 月，周刚访问德里期间，苏里宁秘书又将其所写序言原件托他回京后面交我。苏里宁秘书在前言中

同印度驻华大使拉奥琪合影

写道："…邓俊秉教授的译作将给中国读者提供一个难得的机会观察现代印度历史最为关键的阶段。这将有助于他们理解、领会、吸收并且希望他们应用圣雄推崇的和平、非暴力和社会友爱…"

拉奥大使自2006年10月上任后，很关心该书中文版印刷的进展情况，曾表示如有可能，将在印度大使馆新开设的文化中心隆重举行中文版发行式，作为中心的第一次活动。她将亲自出席发行式。然而，直到她离任前，由于出版费用问题该书一直未能出版。2009年6月29日，应中国网的邀请，我、周刚和拉奥大使共同为此书做了一个专访。事后，该网站将此专访制成光盘赠送给中印双方有关领导和专家学者。拉奥大使于7月中旬离京前，明确向其副馆长马宗达公使交代，一旦该书面世，由他来主持发行式。

2009年8月4日，印度驻华大使馆临时代办马宗达公使在大使馆文化中心隆重地主持了《我的祖父——圣雄甘地》中文版的发行式。这是一次洋溢着中印友谊的活动。宾主欢聚一堂：中方与会的有资深的前副外长、国务院外办前主任刘述卿、前副总理和前全国人大委员会副委员长黄华的夫人何理良和外交部、外交学会等部门的有关官员、媒体和学术界的朋友；印方出席的有使馆主要外交官、驻京的学术、媒体和工商界人士。临时代办发表了热情洋溢的讲话后，邀请我和周刚先后发言。我在讲话中讲述了翻译此书的经过，同圣雄甘地3位晚辈的缘分，以及3位印度驻华大使的鼎力相助。最后，我引用圣雄的话表达了我的愿望，圣雄说："我渴望这一天终将到来，自由的印度和自由的中国为了两国的福祉，亚洲和世界的福祉，将开展友好和兄弟般的合作。"仪式结束后，许多中、印与会者热情邀请我和周刚合影留念，接着，我不得不坐下来为手持我译作的长长队伍逐个签名。

该书发行式引起了中印两国媒体的关注。当晚，《人民日报》资深记者吴迎春在该报网站上发表了图文并茂的报道，次日又在该报上登了简短报道。中国网在网站上发表了文章。《印度教徒报》驻京记者克里希纳为该报写了一篇动人的文章，他写道："坐在桌后，手握钢笔，一位年过花甲的中国女士正耐心地为等候她签书留念的与会者

同《我的祖父——圣雄甘地》的作者拉吉莫汗·甘地合影

签名……"，该篇报道还刊登在该报的网站上。《印度斯坦时报》驻京女记者帕蒂尔特地到我家中采访。

拉吉莫汉·甘地教授在收到他的原著的中文版时，写了以下的感言："对于我们世界的未来来说，没有多少事情比中印这两个人口大国之间真正的相互理解更为重要的了。邓俊秉教授将我的《The Good Boatman: A Portrait of Gandhi》译成中文版，为深化这一必要的理解迈出了有意义的一步。"自我收到拉吉莫汉·甘地教授的原著，到他收到我翻译的中文版本，9 年间我们一直未有机会见面。令我十分高兴的是拉吉莫汉·甘地教授和夫人 2016 年 5 月 1 日来北京旅游。我和周刚立即于次日到他们下榻的新侨饭店看望这位闻名多年且一直通信往来、但从未见面的老朋友和他的夫人。这是作者和译者激动人心的会面，双方的喜悦心情难以言表。教授虽年逾八旬，满头银发，但高大的身材依然笔直，声音洪亮，思维敏捷，谈笑风生。午餐间，双方畅谈多年的神交，纵论中印人民的友谊，热情评价近年来中印关系的全面发展。告别时，互道珍重，盼望还有再会的一天。

塔娜甘地·巴塔恰尔吉收到我回赠的译作后，热情洋溢地回信说："非常非常感谢！我无法想象《好船夫》竟同你一起航行到中国。你们伟大的国家始终令我神往，希望有朝一日访问贵国。"

2009年秋，戈帕尔克里什纳·甘地收到我的译作后，回信说："欣接来信，愉快地回忆起在现已作古的纳拉亚南总统手下工作时有幸结识你们的时光。感谢将我兄长拉吉莫汉·甘地著作的中文译本赠我。我们在北京的使馆为你的译作举行了发行式确是一大喜事。请接受我的衷心感激和良好祝愿。对于加强我们两个伟大国家之间的关系，我充满信心。"

为了将这本书背后的故事以更生动和形象的方式介绍给中印两国读者，中国网决定制作一张精致的双语光盘，由我和周刚来讲述这些故事。具体负责这一任务的是该网站的发展门户网站刘宇明副主任。他工作认真，多次向我征求意见，拟定出详细的计划，然后不辞辛劳地带着网站工作人员几次前来我家录像和录音。先后花了几个月的功夫才完成了这一光荣的任务，制作出一张中文名叫《中国外交伉俪与印度圣雄甘地的不解之缘》、英文名叫《The Good Boatman Sails to China》的双语光盘。中印双方政要和外交界领导为此书发表的感言也收录在光盘中。他们是黄华夫妇、李肇星、刘述卿等领导。已作古的中印文化交流的先驱者、中国著名的东方学家、印度"莲花奖"中国唯一的获奖者季羡林教授病重期间为此书写了简短的寄语。季老的题词是：学习圣雄甘地的爱国主义和国际主义精神。印方请了作者三兄妹和拉奥、苏里宁、任嘉德三位印度前驻华大使。CCTV 9 的 James Chau 热情相助，为光盘作了精彩地道的英文配音。

2010年3月30日，国务院新闻办的外文局在中印名人论坛和印度驻华大使馆的合作下，为庆祝中印建交60周年举行了中印发展论坛。有幸的是，周刚和我是此次活动的倡议者，并在主办方筹备过程中多次提出建议，给予具体帮助。论坛办得非常成功。论坛开始前，在会场的两大视屏上放映了这张双语光盘，并将此光盘作为对中印建交60周年的献礼赠送给每一位与会者。

同印度驻华大使苏利宁夫妇合影

为了增进友谊和了解，我向中印外交界、学术界、媒体和有关部门的领导和朋友赠送了上述译作和光盘。他们之中有：前国务院副总理，前全国人大委员会副委员长黄华和夫人何理良，前人大副委员长顾秀莲，前人大副委员长，中印友协会长蒋正华，时任国务委员戴秉国，人大外委会主任、前外长李肇星和夫人秦晓梅，外长杨洁篪和夫人乐小妹，对外友好协会会长陈昊苏，前副外长、前国务院外办主任刘述卿等人。印度朋友有：作者三兄妹和梅农、拉奥、苏里宁、任嘉德4位印度前驻华大使，2010年5月访华的印度总统普拉蒂巴·帕蒂尔，请印度朋友转交给国大党领导人索尼娅·甘地、印度总理莫迪，以及印度外交、学术和工商界的不少朋友。

作为一个年逾古稀的退休老人，虽然花了几年时间翻译了《好船夫》这本书，但是看到这本译作和光盘在问世后在增进中印人民了解和友谊方面起到的沧海一粟的作用，我感到无比荣幸。

鸣谢：
外交部老干部笔会
青岛聚大洋藻业集团有限公司